AWS 전환 모범 사례와 엔터프라이즈 IT의 미래

AWS 전환 모범 사례와 엔터프라이즈 IT의 미래

스티븐 오반 지음
남궁영환 옮김

i!i
에이콘

추천의 글 I

앤디 재시[Andy Jassy] / 아마존 웹 서비스[AWS] CEO

2003년 아마존 웹 서비스[AWS, Amazon Web Services] 회사를 만들기로 결정했을 때 우리 중 어느 누구도 이만큼 엄청나게 크고 빠르게 성장할 거라고 예상하지 못했다.[1] 하지만 다음과 같은 이유에서 사업성은 있을 거란 생각이 들었다.

첫째, 우리는 안정성이 높고 비용 효율적인 데이터 센터 같은 인프라 서비스(예: 컴퓨팅, 스토리지, 데이터베이스 등)를 잘 운영할 수 있었다. 이를 통해 아마존 설립 후 첫 8년 동안 빠른 속도로 아마존의 리테일 비즈니스를 성장시킬 수 있었다. 우리는 뛰어난 확장성을 지원하는 인프라를 운영하는 데 강력한 역량을 갖추고 있었다.

둘째, 2000년대 초 아마존은 Merchant.com이라는 회사를 설립했다. 아마존은 다른 회사의 전자상거래[e-commerce] 웹사이트를 대행하는 전자상거래 기술을 제공하고 있었다. 이를 위해 모든 기술 구성요소를 분리해 API[Application Programming Interfaces] 방식으로 액세스할 수 있게 해야 했다. 이는 우리가 예상했던 것보다 훨씬 더 어렵고 시간을 많이 들여야 한다는 걸 알게 됐다. 그리고 아마존 내부뿐만 아니라 외부의 많은 팀들이 잘 정리된 문서와 강화된 API를 통해 우리의 전자상거래 기술에 더 빠르게 액세스할 수 있다는 사실을 깨닫고, 이와 같이 느슨하게 결합된 서비스 지향 아키텍처[SOA, service-oriented architecture]로 구축하는 것에 대한 일종의 철칙을 만들었다.

---

1 2017년 말 기준으로 AWS는 약 200억 달러의 연 매출을 올렸고 매년 45%씩 성장하고 있다.

셋째, 2002년과 2003년 아마존에서 많은 소프트웨어 개발자를 충원했다. 이 과정에서 우리는 프로젝트를 완료하는 데 필요한 시간이 리소스가 적었을 때와 별 차이가 없다는 걸 알고 충격을 받았다. 팀들이 예측한 것과 완전히 반대였기 때문이다. 원인을 조사해보니, 실질적으로 모든 팀이 수개월을 들여 동일한 인프라 소프트웨어 구성요소(컴퓨팅, 스토리지, 데이터베이스, 분석, 머신러닝 등)를 매번 다시 만들고 있었음을 알게 됐다. 즉, 아이디어를 차별화하는 데 들이는 시간은 고작 20%일 뿐이고 전체 프로젝트 진행 시간의 80%를 별다를 것도 없는 인프라 구축에 사용하고 있었던 것이다. 아마존의 많은 팀이 더 빠르게 새로운 것을 만들고 실험할 수 있는 방정식이 머리에서 떠올랐다. 아마존 같은 훌륭한 IT 기술 회사가 이러한 어려움을 겪고 있다면, 크고 작은 수많은 기업 및 다른 여러 빌더 회사들도 마찬가지일 거라고 생각했다.

이를 통해 우리가 무엇을 추구해야 하는지 깨달았고, 이것은 'AWS의 인프라 플랫폼에서 모든 기업, 정부 또는 개발자가 기술 애플리케이션을 구축하고 실행할 수 있게 한다'는 AWS의 미션으로 오늘날까지 남아 있다. 2006년 초 첫 번째 서비스인 아마존 S3 Simple Storage Service 를 출시했으며, 이를 바탕으로 클라우드는 효과적으로 탄생했다.

모든 경우에서 낫다고 보긴 어렵지만 클라우드의 장점은 비교적 잘 알려져 있다. 보통 비용 절감 효과를 가장 먼저 얘기하는 편이다. 대부분의 회사에서 무거운 CapEx(예: 데이터 센터 및 서버의 업프론트 예산)를 다루는 옛날 모델을 OpEx(소비할 때 지불하는) 모델로 바꿀 수 있다면 상당히 좋을 것이다. 무엇보다도 고객의 가변 비용 규모가 회사 자체에서 해결하는 것보다 AWS상에서 더 작다. 왜냐하면 AWS는 규모가 커서 저렴한 가격으로 고객에게 서비스를 제공할 수 있기 때문이다(AWS는 지난 10년간 60차례 이상 가격 인하 정책을 단행해왔다). 그리고 클라우드는 진정한 탄력성을 제공한다. 피크 트래픽을 기준으로 프로비저닝할 필요가 없다. 오히려 이렇게 하면 평상시의 트래픽 패턴을 보이는 상황에서는 예산을 낭비하게 된다. 클라우드를 사용하면 필요한 만큼 프로비저닝하고, 필요할 때 원활하게 확장하고, 더 이상 필요 없을 때는 리소스와 비용을 절감할 수 있다.

대부분의 기업에서 비용 절감은 어찌 보면 반드시 고려해야 할 사항일 것이다. 그러나 기업이 클라우드로 전환하는 가장 큰 이유 중 하나는 속도와 민첩성이다. 민첩성이란 서버를 확보하려고 할 때 기존의 온프레미스^{on-premise} 환경에서 10~18주 정도 소요되던 것이 클라우드에서 단 몇 분 만에 가능하다는 것만 의미하지는 않는다. 더 중요한 핵심은 여러분이 100개 이상의 기술 서비스를 자유롭게 사용할 수 있게 되면서 아이디어를 제품과 서비스로 전환하기가 훨씬 쉬워진다는 것에 있다. 모든 기본 소프트웨어를 빌드하지 않아도 된다. 또한 대규모 컴퓨팅 및 가상화 클러스터를 만들어놓지 않아도 된다. 데이터베이스를 빌드하고 조정할 필요도 없다. 스토리지 솔루션을 구축하거나 지속적으로 용량을 관리할 필요도 없다. 대신, 여러분은 가장 귀중한 리소스인 소프트웨어 개발자가 아이디어를 내는 데 집중하게 할 수 있다.

AWS를 의미 있는 방식으로 사용하고 있는 사례는 여러분이 상상할 수 있는 모든 비즈니스 영역에서 찾을 수 있다. 캐피털 원^{Capital One}, 인튜이트^{Intuit}, 미국 금융산업규제기구^{FINRA}, 나스닥^{NASDAQ} 같은 금융 서비스 조직, 존슨 앤 존슨^{Johnson & Johnson}, 브리스톨 마이어스 스퀴브^{Bristol Myers Squibb}, 노바티스^{Novartis}, 머크^{Merck} 같은 헬스케어 회사, 넷플릭스^{Netflix}, 디즈니^{Disney}, HBO, 터너^{Turner}, 폭스^{Fox} 같은 미디어 플레이어, 켈로그^{Kellogg's}, 코카콜라^{Coca Cola}, 네슬레^{Nestle} 같은 소비재 용품 회사, GE^{General Electric}, 지멘스^{Siemens}, 필립스^{Phillips} 같은 제조 회사는 모두 클라우드에서 이익을 얻고 있으며 많은 사람이 그 과정에서 스스로 재발명하고 있다.

또한 민간 부문의 회사뿐만 아니라 정부 기관, 교육 기관 및 비영리 단체가 클라우드를 사용해 임무를 수행하고 있다. 미항공우주국NASA의 제트 추진 연구소Jet Propulsion Laboratory는 AWS를 사용해 화성 탐사선인 Mars Curiosity Rover 착륙 과정을 스트리밍 서비스했으며, 싱가포르 국토교통부Singapore Land Transport Authority는 AWS를 사용해 싱가포르 거주자의 통근 경험을 향상시켰다. 미국 심장 학회American Heart Association는 AWS상에 심혈관 연구를 위한 큰 데이터 플랫폼을 만들고 있다. 또한 US 인텔리전스 커뮤니티Intelligence Community는 AWS를 핵심 업무에 대한 인프라 제공업체로 선택했다. 현재 전 세계 약 3,000개의 정부 기관, 8,000개의 교육 기관, 22,000개 이상의 비영리 단체가 AWS를 사용하고 있다.[2]

클라우드로의 이동이 엄청나게 빠른 속도로 진행되고 있으며, 이를 빠르게 도입하고 배우지 않는 기업은 뒤처질 수밖에 없다. 현재의 비즈니스 환경에서 살아남으려면 진화하는 기술 동향을 활용할 수 있어야 하며, 지난 10년 동안 계속 변하지 않았고 앞으로 20년 또는 30년 동안 지속될 것이라고 믿는 것은 '기술은 빠른 속도로 계속 변화할 것'이라는 점이다.

클라우드는 우리 생애 최고의 기술 변화다. 그러나 동시에 이 변화를 실현하기 위해 도움을 얻고자 하는 많은 기업이 있다. 스티븐의 책에서 그 해답을 찾을 수 있을 것이다. 이 책에는 여러분이 알아야 할 많은 사람의 학습 내용이 포함되어 있으며, 이러한 트랜스포메이션 기술을 활용하는 데 필요한 모범 사례와 주요 핵심 변화사항도 소개한다.

내가 AWS를 경영하면서 알게 된 가장 가치 있는 것들을 스티븐이 쓴 이 책을 통해 얻을 수 있을 것이다. 내 생각에는 클라우드에 대해 많이 이야기하는 사람들과 실제로 성공한 사람들이 보이는 가장 큰 차별화 요소는 조직을

---

2 2018년 2월 기준

클라우드로 옮기고 싶다는 시니어 리더십 팀의 확신이 아닐까 한다. 좋은 아이디어라고 생각만 하는 것, 얘기만 하는 걸로는 충분하지 않다. 회사의 리더 몇 명이 당신의 생각에 동의하는 것 역시도 충분하지 않다. 소위 '관성'이라고 부르는 '변화를 주저하고 하던 대로 하는 습관'은 대규모 조직의 발전에 있어 발목을 잡는 대표적인 요인 중 하나다. 시니어 리더는 그들이 클라우드로 이동하고, 전체 리더십 팀을 조정하고, 움직일 수 있도록 최선을 다하며, 적극적으로 하향식 목표를 설정해 조직이 그렇지 않은 경우보다 빠르게 움직이도록 하는 비전을 제시해야 한다. 실제 진행 상황을 확인하고 대규모 조직에서 때때로 발생하는 변화의 거부를 피할 수 있는 메커니즘이 있어야 한다.

가장 선호하는 사례 중 하나는 클라우드 도입의 선두주자인 GE에서 찾을 수 있다. 몇 년 전 CIO인 제이미 밀러Jamie Miller는 GE를 클라우드로 이전하기로 결정했다. 그녀는 많은 직원을 방으로 소집해서 GE가 앞으로 30일 이내에 AWS로 50개의 애플리케이션을 옮길 것이라고 말했다. 이어진 45분간의 토론에서 이건 말도 안 되는 생각이고, 실현 불가능하다는 여러 가지 의견이 있었다. 제이미는 이러한 의견을 모두 들은 후 다음과 같이 얘기했다. "여러분의 모든 생각과 의견 잘 들었습니다. 하지만 맨 처음 얘기한 대로 추진할 겁니다." 결과적으로 GE는 30일 만에 50개까지는 아니지만 약 40개의 애플리케이션을 클라우드로 옮겼다. 그 과정에서 GE는 클라우드를 명확하게 이해할 수 있었고 클라우드 보안 및 컴플라이언스 모델을 잘 파악했다. 또 큰 전환점을 만들어냄과 동시에 다른 워크로드도 마이그레이션할 수 있는 아이디어를 얻을 수 있는 성공을 거뒀다. 이후 GE는 수천 개의 애플리케이션을 AWS로 마이그레이션했다.

우리는 또한 과욕을 부리지 않으면서도 전체 맥락에서 애플리케이션을 생각하는 것이 얼마나 중요한지도 보았다. 대부분의 엔터프라이즈 고객은 애플리케이션들을 클라우드로 이동하기 쉬운 것들, 중간 정도의 난이도를 지닌 것들, 가장 옮기기 어려운 것들로 분류한다. 또 클라우드로 쉽게 옮기고 이동시킬 수 있는 애플리케이션과, 클라우드로 이동하기 전에 재구성이 필요한 애플리케이션으로 구분하기도 한다. 내가 여태까지 많은 회사에서 봐온 공통적인 실수가 있다. 모든 애플리케이션을 어떻게 클라우드로 옮길지를 파악할 수 없을 경우 스스로 '우리는 안돼'라면서 포기해버리는 것이다. 그러나 실상은 많은 사람이 쉽게 클라우드로 옮길 수 있기 때문에 앞에서 언급한 모든 이점을 누릴 수 있으며 이 초기 경험은 더 어려운 애플리케이션을 마이그레이션하는 방법을 알리는 데 도움이 된다.

이러한 많은 교훈을 더 많이 들려드릴 수 있긴 하지만, 스티븐의 책이 훨씬 명쾌하게 설명하고 있으니 여러분에겐 이 책이 더 낫지 않을까 한다.

세상은 빠르게 움직이고 있다. 경쟁사에 비해 2~3년 뒤처지면(일부는 아직 시작도 못 했을 수도 있다) 매우 힘들어질 수 있다. 고객을 대신해 발명하고, 지속 가능하고 장기적인 비즈니스를 구축하고, 여러분의 회사가 빌더들이 영감을 얻고 일하기 좋은 곳이 되도록 이 책이 여러분에게 동기부여, 도구, 지침을 줄 수 있었으면 하는 바람이다.

여러분, 화이팅!

추천의 글 II

아드리안 콕크로프트^{Adrian Cockcroft}

엔터프라이즈 IT의 모범 사례는 어디서 비롯됐을까? 왜 우리에게 새로운 것이 필요할까? 사실 기술은 항상 변한다. 하지만 몇 년마다 한 번씩 근간을 뒤흔드는 변화가 일어나고 이로 인해 업계가 큰 혼란을 겪기도 한다. 결과적으로 공급업체와 고객 모두 이러한 가정에 의문을 제기하고 새로운 패턴과 기회가 나타나는 첫 번째 원칙을 파악해야 한다.

개인적으로 AWS는 엔터프라이즈 IT를 근본적으로 재구성하려는 글로벌한 움직임에 대한 세 번째 경험이다. 첫 번째 경험은 1988년 썬 마이크로시스템즈^{Sun Microsystems}에 입사했을 때였다. 그 당시 새로운 급진적 기술은 유닉스^{Unix}, NFS(네트워크 파일 시스템), TCP/IP, 이더넷^{Ethernet} 같은 개방형 표준이었으며 DEC의 VAX/VMS 같은 독점 운영체제 및 네트워킹 표준, 또는 PC^{Personal Computer} 및 미니 컴퓨터 등에 맞대응하는 위치에 있었다. 나는 썬 마이크로시스템즈 영국 영업지사의 솔루션즈 아키텍트였고 매일 여러 고객을 만났다. 세상을 변화시키는 빠르게 성장하는 회사에서 고객 및 업계 최고의 인재들과 함께 즐겁게 일했다. 물론 지금은 AWS에서 맡은 일을 가장 즐겁게 하고 있다.

월드 와이드 웹^{World Wide Web}과 상업용 인터넷이 막 시작되고, 스타트업 및 엔터프라이즈 IT에서 채택하기로 한 시점인 1993년 썬은 실리콘 밸리로 이전했다. 이것이 글로벌한 '움직임'에 대한 나의 두 번째 경험이었다. 나는 고객과 함께 많은 시간을 들여서 고객들이 새로운 종류의 애플리케이션을 개

10

발하고, 웹사이트를 확장하고, 지속적으로 운영할 수 있게 했다. 2000년대 초, 나는 썬이 인터넷을 통해 중앙 컴퓨터를 고객에게 대여하겠다는 회사 내부의 제안 작업을 위해 노력했다. 하지만 이러한 아이디어를 좋아하는 IT 임원은 아무도 없었다. 썬은 소비자 중심의 비즈니스 모델이나 자체 웹 서비스를 운영해본 경험이 없었다. 결국 웹 서비스, 소비자/개발자 직접 비즈니스 모델을 하나로 합쳐서 이를 실현한 것은 아마존이었다. IT 경영진은 여전히 이 아이디어를 마음에 들어 하지 않았지만 중단시킬 수 없었고 결국 실행에 옮겨졌다.

넷플릭스가 스트리밍 서비스를 시작하던 2007년, 나는 넷플릭스로 직장을 옮겼다. 거기서 개인화personalization 알고리즘을 연구하는 개발자 팀을 관리하고 예전 경험을 활용해 서비스의 확장성과 가용성을 높였다. 스트리밍의 급속한 성장에 대응하려면 아키텍처의 급진적인 변화와 대규모의 인프라 투자가 필요하다는 사실이 분명해졌다. 2009년까지 대규모 데이터 센터의 글로벌 네트워크 구축을 피하고 클라우드로 마이그레이션해 AWS를 활용하기로 결정했다. 마이그레이션 작업을 위해 여러 팀이 구성됐으며 나는 개인화 플랫폼의 클라우드 마이그레이션을 이끌었다. 그 후 넷플릭스 시스템 전체를 파악할 수 있는 클라우드 아키텍트 역할을 담당했다. '클라우드 네이티브' 아키텍처를 문서화하고 회의에서 발표하기 시작했으며 사람들이 민첩성, 확장성, 고가용성을 제공한다는 증거를 보면서 점점 더 많은 관심을 갖게 됐다. 스타트업뿐만 아니라 전 세계의 엔터프라이즈 및 정부 부처에게 대화를 요청하기 시작했고 IT 임원 중 일부는 마침내 클라우드가 흥미롭다고 결정했다. 이러한 계기로 나는 결국 넷플릭스를 떠나 클라우드 마이그레이션으로 다른 모든 사람을 돕는 일에 집중하기로 했다. 내 경력에서 세 번째로 큰 '움직임'이었다.

스티븐이 인용한 피터 드러커Peter Drucker의 "문화는 아침식사로 전략을 먹는다."라는 문구에 전적으로 동의한다. 넷플릭스에서는 회사 문화에 대한 MBA 사례 연구를 사내에서 실현하는 것 같은 일을 했다. 아마존 역시도 크고 다양한 조직을 하나로 묶는 문화에 중점을 두고 있다. 그러나 문화는 계속 변화하며 관리하기가 매우 어렵다. 나는 "여러분이 돈을 지불한 만큼 문화를 향유할 수 있다"라는 나만의 인용문을 추가하고자 한다. 사실 엔터프라이즈에서 기술 이전의 주요 방해 요인은 기술 문제가 아니라 사람과 프로세스다. 효과적으로 클라우드로 전환하려면 데브옵스^{DevOps}를 잘 이해해야 한다. 그러나 데브옵스란 통상 조직을 재구성하는 것이지, 새 팀을 추가하거나 팀 이름을 변경하는 것이 아니다. 제대로 된 문화를 정착시키기 위한 전략과 리워드^{reward}를 바탕으로 전체 조직을 만들고 보상^{compensation} 해줄 수 있어야 한다. 즉, 4년 또는 장기적 관점에 초점을 맞춘 연봉 체계를 지원하는 문화 없이는 아마존이나 넷플릭스처럼 장기적 관점의 전략에 관한 결과를 얻지 못할 것이다. 일부 기업의 경우 "클라우드로 전환하려고 하는데 도와주실 수 있나요?"라는 질문을 한다. 이에 관한 가장 좋은 답은 "물론입니다. 여러분의 문화 및 연봉 체계에 관해 경영진과 의논할 수 있죠?"일 것이다. 또한 올바른 기업 문화라면 사내 인재를 묶어두지 않는다. 왜냐하면 이건 회사에 혁신을 더하는 것도 아닐뿐더러 앞길을 막는 것이기 때문이다. 한 임원은 "우리는 사람이 없기 때문에 넷플릭스와 똑같이 구현할 수 없다."라고 하는데, 그에 대한 내 대답은 다음과 같다. "그들이 어디서 일했다고 생각하시나요? 우리는 여러분의 회사에 다니던 사람들을 채용했고 그들을 말리지도 않았는데요…"

2016년 AWS에 합류했을 때 스티븐 오반^{Stephen Orban}은 나에게 중요한 인물 중 한 사람이었다. 우리는 같은 팀에서 함께 일하고 있다. 나는 스티븐을 몇 년 전에 만났고 그가 AWS를 위한 엔터프라이즈 IT에 집중하고 있다고 알고 있었다. 나는 보완적 관점에서 스타트업, 대규모 웹 기술 기업, 오픈소스 등에 집중했다. 그러나 모든 사람은 서로 배워갈수록 겹치는 영역이 커진다. 스티븐은 훌륭한 경험을 지닌 팀과 함께 일했고 이 책에서 그들이 지닌 것과 같은 경험을 얻었다. 이 책에는 마음속에 새길 만큼 소중한 조언, 좋은 기법, 패턴, 프로세스에 관한 내용이 가득 담겨 있다. 우리가 만나는 모든 고객으로부터 새로운 것을 배우고, 이 책에 대한 여러분의 의견을 언젠가 이그제큐티브 브리핑 센터 EBC, Executive Briefing Center 에서 들을 수 있기를 진심으로 기원한다.

마크 슈워츠 Mark Schwartz

오늘날 엔터프라이즈는 특별한 상황에 처해 있다. 우선, 엔터프라이즈 기업들은 기존의 질서가 파괴되고 있고 변화의 속도도 빨라지고 있음을 느끼고 있다. 반면, 그들은 현상 유지(즉, 과거에 그들에게 좋았던 것) 상태를 만들고 현상 유지를 관리하는 통제 수단들을 수립하는 데 많은 노력을 기울여왔다. 이런 것들은 현 시점을 위해 만든 것이지만 결국 이런 것들을 바탕으로 미래가 만들어지게 된다.

우리가 '디지털 트랜스포메이션'에 관해 많은 얘기를 하는 것도 바로 이런 이유 때문이다. 스타트업 회사는 트랜스포메이션을 강제로 할 필요가 없다. 그 자체로 끊임없이 변화하고 있기 때문이다. 그러나 엔터프라이즈의 경우 과거에 해오던 관행 등을 완전히 끊겠다는 자세가 필요하다.

나는 『The Art of Business Value』라는 책에서 시간의 흐름에 따라 기업이 주어진 환경과 자산으로 성공하는 방법, 성공을 이끄는 기술이 문화, 규칙, 프로세스에 어떻게 스며드는지를 배울 수 있는 방법을 소개했다. 즉, 과거에 잘됐던 모든 것이 회사 문화 속 깊숙히 자리 잡고 있는 것이다.

내가 미국 이민국 US Citizenship and Immigration Services CIO였을 당시, 지나칠 정도로 조심하려 하고 위험을 회피하려는 조직 문화가 있음을 알게 됐다. 또 종종 『워싱턴 포스트 Washington Post』의 1면에 우리가 나오지 않게 해야 한다고 했다. 왜 그랬을까? 음, 언론에서 우리에 관해 부정적인 언급이 있을 경우 일을 하기 어려워진다는 걸 알게 됐다. 그뿐 아니라 국회에서 해명도 요구할 것이다. 그에 따라 새로운 규율, 규제가 닥쳐올 수 있으며 일상적인 업무 방식에 영향을 미칠 수 있다. 생각해보면 결국 이것이 조직 문화다. 성공을 이끌어내는 행동을 강화하기 위해 생기는 규범이다.

마찬가지로 기업은 과거에 업무를 수행한 것들을 바탕으로 한 규칙, 즉 관료주의를 만든다. 예를 들면, 표준 운영 프로세스 같은 것들이 있다. 이런 것들이 현실을 무시하고 그냥 만들어진 것은 아니다. 효과가 있는 절차이므로 서면으로 기록된다. 문화와 관료 모두 제도적 기억의 형태이며, 이것이 우리가 일하고 생활하는 데 필요한 것이다.

경기가 좋아지면, '슈욱~!'하고 새로운 플레이어가 시장에 진입하고, 기술이 바뀌고, 새로운 법률이 통과되고, 경쟁 업체가 놀라운 혁신을 도입하는 등 갑자기 모든 것이 급격하게 변화하기 시작한다. 어제까지 통하던 것이 더 이상 통하지 않을 수 있다. 기업의 문화와 공식화된 프로세스는 더 이상 적용 불가 상태다. 과거에 성공을 거둔 방법으로는 미래에 성공을 거두지 못할 것이다.

그래서 기업은 변화해야 한다. 그러나 여기에 문제가 있는데, 그들은 지금 당장은 성공하기 위한 변화를 필요로 하지 않는다는 것이다. 하지만 우리가 처한 환경은 실제로 끊임없이 바뀔 것이다. 우리는 일회성 변화가 아닌, 지속적인 변화를 위한 변화를 얘기하고 있다. 나의 두 번째 책 『A Seat at the Table』에서는 지속적인 트랜스포메이션과 우리가 IT에 대해 어떻게 생각하는지에서 요구되는 일종의 적응에 대해 다루고 있다.

우리가 미래의 변화를 따라잡을 수 있는 유일한 방법은 기업에 민첩성을 구축하는 것이다. 간단히 말해, 일상적 감각과 기술적 감각 모두에서 민첩성을 가져야 함을 의미한다. 기업은 신속하고 지속적으로 변화할 수 있도록 투자

해야 한다. 나는 미국 이민국에서 이러한 도전을 정면으로 경험했다. 내가 미국 이민국에서 근무하기 훨씬 전부터 오랜 시간 동안 '포괄적인 이민 정책 개혁'이 곧 있을 것이란 소문이 계속 있어왔다. 안타깝게도 아무도 그것이 언제 일어날지 알 수 없었다. 그리고 언제 일어났는지, 결과는 어땠는지에 대한 것도 고작 몇몇 사람들만 알고 있었다. 의회가 잘 대처한다면 마지막 몇 분 동안 엄청난 교섭이 있을 것이므로 새로운 규제가 어떻게 될지 막판까지 알 수 없을 것이라고 들었다. 그러나 의심의 여지 없이 변경사항에 대해서는 바로 공표해야 한다고 들었다. 예를 들어, 오바마 대통령이 DACA(미성년 입국자 추방 유예) 제도를 도입했을 때 우리가 모든 IT 변화를 수용하는 데 60일밖에 걸리지 않았던 것처럼 말이다. 그리고 포괄적인 개혁은 훨씬 더 파괴적일 것이다.

이 경우 CIO의 역할은 무엇일까? 우리는 이민 정책 개혁을 위해 무엇부터 해야 할지 알 수가 없었다. 왜냐하면 결과가 어떤 모습일지 알지 못했기 때문이다. 할 수 있는 거라곤 시스템, 기본 기술, 직원, 조직에 민첩성과 유연성을 구축하는 것임을 깨달았다. 이 민첩성은 우리의 위험 요인을 완화하고, 상황에 반응할 수 있게 해준다.

대부분의 기업은 민첩성을 최적화하지 않았다. 효율성을 높이는 데 있어 최저 비용을 최우선으로 놓았는데, 이렇게 하면 일종의 딜레마에 빠진다. 기업은 문화를 바꾸고, 관료제를 바꾸며, 조직을 변화시키고, 기술 아키텍처를 변화시키고 민첩하게 만들어야 한다.

이를 위해 꼭 필요한 도구들 중 하나가 바로 클라우드다. 바로 여기에 애자일 개발을 위한 모든 것이 있어서다. 그러나 진짜 이유는 오늘날 애자일의 모범 사례들인 데브옵스, 마이크로서비스, 컨테이너화 같은 것들이 모두 클라우드와 밀접한 관련이 있다는 것이다. 이들은 마치 숟가락으로 건물의 기초 공사를 할 수 있다고 하는 것처럼 이론상으로는 클라우드 없이도 가능은

할 수 있다. 그러나 클라우드는 민첩성 측면에서 모든 것을 바꾼다.

클라우드를 사용하면 물리적이고 고정적인 자산을 없애고 그와 동일한 가상의 자산을 즉각 만들고 명령어를 통해 즉시 사라지게 할 수 있다. 예전에는 하드웨어를 주문하고 선적할 때까지 기다렸다가 랙에 장착하고 복잡한 케이블을 포설하고 구성해야 했다. 그 모든 단계마다 시간이 필요했다. 하지만 이게 필요 없다고 결정된다면? 이를 어쩌나! 벌써 비용을 지불해버렸다. 클라우드에서는 필요할 때 바로 인프라를 가동하고, 더 이상 필요하지 않을 때 폐기하고, 사용한 시간 만큼만 비용을 지불한다. 이것이 바로 민첩성이다.

클라우드는 갈수록 좋아지고 있다. 클라우드를 사용하면 IT 프로세스인 데브옵스의 모범 사례를 구현할 수 있다. 특히 (1) 낭비를 막고 (2) 사이클 시간을 단축하는 린 프로세스의 두 가지 중요한 특성이 있다. IT 제공 조건에서는 새로운 IT 기능을 사용자가 신속하고 저렴하게 얻을 수 있음을 의미한다. 이것이 바로 민첩성이다.

한 가지가 더 있다. 클라우드에는 빌딩 블록처럼 사용할 수 있는 많은 고급 서비스가 있다. 무언가를 신속하게(그리고 안전하고 안정적으로) 만들고 싶다면 AWS가 즉시 IT 시스템에 통합 가능한 서비스를 제공할 수 있다. 이를테면, 인공지능과 머신러닝을 위한 강력한 기능이 있다. 웹 로그 분석, 보안, ID 관리, 이동성 등 원하는 모든 것이 있다. 이것이 바로 민첩성이다.

따라서 기업은 변혁이 필요하고 지속적인 변혁으로 전환해야 하며 클라우드는 지속적인 변혁의 열쇠다. 따라서 이들이 해야 할 일은 그들이 수년간 축적해온 그리고 과거에 항상 성공을 가져다줬던 문화, 규칙 및 관행을 변화시키는 것이다.

기업의 경영자가 그동안 열심히 노력해온 문화와 프로세스를 더 이상 유지하지 않기로 했을 때 나락으로 떨어지는 것 아닌가 하는 어리석은 생각을 할 수 있는데, 다분히 그럴 수 있다.

그래서 스티븐 오반과 엔터프라이즈 전략 팀이 있는 것이다. 이 책은 블로그에 쓴 글들을 하나로 모은 것으로, 기업 리더들이 작은 혁명을 이뤄내는 데 필요한 가이드북이다. 또한 스티븐은 이 책에서 조직이 어떻게 성공할 수 있는지에 대한 모범 사례와 스토리를 조용하지만 강한 확신을 가지고 얘기하고 있으며, 동시에 클라우드가 무엇을 할 수 있는지에 대해 열정적으로 설명하고 있다.

스티븐은 특히 엔터프라이즈를 위해 클라우드로 이동하고 클라우드를 최대한 활용하기 위한 최고의 아이디어를 이 책에 담았다. 마치 기업 최고 경영진의 귀에 다음과 같이 속삭이듯 얘기하는 것 같다. "걱정 마세요. 내가 모든 경험을 이미 해봤으니 말이죠. 한 걸음씩 차근차근 해나가면 모든 것이 잘될 겁니다." 그리고 다음과 같이 희망 가득한 소리를 외치고 있다. "여러분이 앞으로 할 수 있는 게 무엇인지 보세요! 정말 끝내주지 않나요?"

우리에겐 이런 책이 필요하다. 왜냐하면 트랜스포메이션은 어렵기 때문이다. 하지만 여러분이 생각하는 것만큼 어렵진 않을 것이다.

지은이 소개

스티븐 오반 Stephen Orban

다우 존스의 CIO로서 디지털 민첩성을 향한 여정을 주도했고, 현재 AWS의 엔터프라이즈 전략 사업부를 이끌고 있으며, 세계 최대 기업의 리더들이 비즈니스를 혁신하는 데 도움을 주고 있다. 그가 이 책에서 보여준 것처럼 기업은 클라우드로 이동하면서 사람들을 재교육하고, 그들의 프로세스를 발전시키며, 그들의 문화를 변화시켜야 한다. 오반은 자신의 경험과 수많은 비즈니스 리더들의 경험을 결합해 기업이 클라우드를 사용해 스스로를 혁신할 수 있는 방법, 즉 되는 것과 안 되는 것이 무엇인지를 친절하게 설명한다.

감사의 글

가장 먼저, 나에게 끊임없는 사랑과 지지를 보내준 아내 메건과 딸 하퍼, 핀리에게 감사의 마음을 전한다. 항상 내가 기술에 대해 얘기하는 것을 들어준다는 게 어떤 기분일지 상상이 안 되고, 아내와 딸들이 나의 출장 일정을 잘 참아줬다는 사실에 큰 고마움을 느낀다.

분에 넘칠 정도로 헌신적으로 나를 보살펴주신 어머니께 감사드린다. 내 자식들을 키워보지 않았더라면 어머니께서 나를 위해 해주신 일들이 얼마나 감사한 일인지 알지 못했을 것이고, 이 책이 세상의 빛을 본 것 역시도 당신의 사랑과 뒷받침이 없었다면 불가능했을 것이다.

모든 리더들 덕분에 나는 길을 따라가며 일하고, 함께 일하고, 지켜볼 수 있는 기회를 가질 수 있었다. 이상하게도 나는 어떻게 조직을 이끌면 되는지보다 어떻게 이끌지 않아야 하는지를 관찰하면서 더 많은 것을 배웠다.

블룸버그, 다우 존스, 그리고 현재 AWS에서 나의 불평을 참아주고 받아준 모든 이들에게 감사의 마음을 전한다. 나는 늘 내가 좋아하는 팀에서 일을 했던 것 같다. 여러분 모두와 함께 제품을 만들 수 있어 감사했다.

내 블로그(그리고 이 책)에 게스트 게시글을 써주신 모든 분들께 감사드린다. 함께 일하면서 많은 것을 배웠고, 여러분이 나의 동료이고 친구여서 너무나 기쁘고 행복하다.

나와 함께, 그리고 AWS 팀과 함께 시간을 보낸 많은 고객들께도 감사드린다. 여러분은 우리가 매일 제공하는 제품들을 다루고 있으며, 나의 전체 경력 기간보다 최근 3년간 더 많은 비즈니스, 그리고 대규모 조직에서 변화의 영향력이 얼마나 큰지 많이 배울 수 있었다. 앞으로 더 좋은 일들이 생기기를 바란다.

그리고 제니퍼 마스텐, 빌 마이어스, 피터 이코노미 등 이 책에 수록된 블로그 게시글의 연구와 편집으로 나를 도와준 사람들에게도 감사의 마음을 표한다.

원고들을 합치며 많은 시간을 들여 피드백을 준 잭 레비, 미구엘 산초, 마크 슈워츠에게 특별한 감사를 표한다. 최종 판단은 독자들의 몫이다. 여러분의 피드백이 가끔 받아들이기 어려울지라도 아주 유용하다는 걸 알고 있다.

마지막으로, 이 책을 나의 '나니와 감파'(할머니와 할아버지)께 바치고 싶다. 할아버지는 내가 8살 때부터 시장에 대해 가르치기 시작하셨고, 당신이 온라인에서 주식 행사 가격을 발견하기 전에 어떻게 주식선택권이 작동하는지 가르쳐주셨다. 근면과 교육의 중요성을 가르쳐주셨고, 내가 아주 어렸을 때 사업에 대한 강한 열정이 생기도록 도와주셨다. 할아버지는 2012년에 돌아가셨고 할머니도 몇 달 후 할아버지를 따라 하늘나라로 가셨다. 매일 조언을 구하고자 그분들께 전화를 걸고 싶은 마음이다. 하지만 나는 할아버지 할머니께서 이미 하늘에서 내 마음을 듣고 계신다는 걸 잘 알고 있다.

옮긴이 소개

남궁영환(youngnk@gmail.com)

고려대학교 컴퓨터학과, 서던캘리포니아 대학교를 거쳐, 플로리다 대학교에서 데이터 마이닝을 주제로 컴퓨터공학 박사학위를 취득했다. 클라우드 컴퓨팅, 빅데이터 플랫폼, 데이터 과학 등 다양한 분야에서 기술 연구, 컨설팅 경험 등을 쌓았다. 현재 아마존 웹 서비스Amazon Web Services에서 인공지능/머신 러닝 전문 시니어 컨설턴트Sr. AI/ML Consultant, Professional Services로 활동 중이다.

옮긴이의 말

'산업혁명'이라고 부르는 시대별 대변혁을 찬찬히 살펴보면, 혁신의 출발은 늘 과거의 엄청난 저항을 받았던 것 같습니다. '익숙한 것과의 결별', '오래 살아남기'처럼 수많은 난관을 극복한 후에야 비로소 '이것이 진정한 혁신입니다'라고 많은 사람들에게 인정을 받곤 하죠. 클라우드도 초기에는 기존의 인프라, 네트워크, 스토리지 기술의 연장선상에 있는 그 무언가로 취급받았던 것 같습니다. 그러나 성능, 확장성, 안정성, 경제학, 기업 문화, 데브옵스 등 새로운 관점에서 클라우드를 생각하기 시작했고, 이것은 결국 지금의 커다란 변화와 혁신의 핵심 요소가 되어 있습니다.

이 책에서 소개하는 다른 기업들의 다양한 경험담을 통해 혁신을 위해 어떤 노력을 해야 하는지, 실패했을 때 어떻게 지혜롭게 극복하면 되는지 등의 노하우를 잘 얻으셨으면 하는 바람입니다. 세상은 끊임없이 바뀌고 있습니다. 우리가 바쁘게 일상을 보내다 보면 때로는 거대한 패러다임의 변화와 혁신이 우리 옆에 와 있다는 걸 알아차리기 어려울 수 있습니다. 현실에 안주하기보다는 끊임없는 고민과 실험이 중요하다는 걸 잊지 않으셨으면 합니다.

이 책이 잘 마무리될 수 있도록 처음부터 끝까지 애써주시고 배려해주신 에이콘출판사에 깊은 감사를 드립니다. 끝으로, 곁에서 저에게 기쁨과 행복을 주는 소중한 우리 가족 모두에게 큰 사랑과 감사의 마음을 전합니다.

에이콘출판의 기틀을 마련하신 故 정완재 선생님 (1935-2004)

차 례

머리말

나는 2014년 9월부터 AWS Amazon Web Services의 글로벌 기업 전략 담당 책임자로 일하고 있다. 살면서 경험할 수 있는 가장 대단한 기술 변화의 최전선에 있을 수 있다는 것에 너무나 기쁘고 감사한 마음이 든다. 우리가 알고 있듯이 AWS는 클라우드 컴퓨팅이라는 것을 처음 만들어냈다. 2006년부터 지금까지 AWS는 고객의 의견을 경청하고, 현상 유지 status quo에 그치지 않고 더 높은 도전을 두려워하지 않으며 장기적 목표를 바탕으로 어떤 IT 인프라가 제공되고 소비되는지에 대한 패러다임을 끊임없이 변화시키고 있다. 아마존의 설립자이자 CEO인 제프 베조스 Jeff Bezos의 명언들 중 특히 마음에 들었던 건 "언제가 되더라도 올바로 이해될 때까지 우리는 인내한다."라는 말이다. AWS는 이 방법을 사용해 역사적으로 가장 많은 기능과 파괴적인 기술 플랫폼 중 하나를 구축하고 있으며, 전 세계 190개국 이상에서 수백만 명의 고객이 AWS를 사용하고 있다. 오늘날 AWS는 컴퓨팅, 네트워킹, 스토리지, 데이터베이스, 개발, 서버리스 컴퓨팅, 빅데이터, 분석, IoT, 인공지능, 머신러닝 등 매우 다양한 분야에서 수많은 서비스를 제공하고 있으며, 서비스와 신규 기능의 수는 매년 엄청나게 증가하고 있다.

내가 AWS에서 이 일을 맡아서 시작한 이래, 수백 개의 기업 중역 수천 명과 만날 수 있는 기회가 있었다. 그들은 AWS 플랫폼의 힘을 어떻게 활용할 수 있는지 이해하기 위해 애쓰고 있으며, 이를 통해 데이터 센터 관리처럼 하지 않아도 될 일보다는 비즈니스를 변화시키는 일에 더 많은 시간과 리소스와 주의력을 쏟기 위해 노력하고 있다. GE, 캐피털 원Capital One, 뉴스 코퍼레이션News Corp, 버라이즌Verizon, 에어비엔비Airbnb, 넷플릭스Netflix, 핀터레스트Pinterest, 코카콜라Coca-Cola 등 전 세계적으로 가장 크고 잘 알려진 기업이 그들의 사업에 변화와 혁신을 추구하기 위해 AWS를 사용하고 있다.

나는 나 자신이 정말 행운아라고 생각한다. 사랑하는 아내 메건과 항상 건강하고 놀라운 영감을 주는 똑똑한 두 딸 하퍼, 핀리와 함께 살고 있어서다. 아내와 두 딸은 내가 책을 쓰느라 며칠씩 심지어 막판에는 몇 주씩 집에 있지 못했던 사정을 이해해주고 힘을 보탰다. 이러한 우리 가족의 헌신적인 노력이 없었다면 이 책은 세상에 나오지 못했을 것이다.

사랑하는 우리 가족 덕분에 나는 늘 열정적으로 일할 수 있었고, 마음의 휴식을 얻을 수 있었다. 이러한 행운에 더해, 내가 무엇을 하고 싶은지 항상 인지할 수 있는 큰 축복을 받았음에 감사한다.

내가 소프트웨어의 매력에 빠지기 시작한 건 7살이었던 해의 크리스마스에 처음으로 NES Nintendo Entertainment System를 선물로 받았을 때부터였다. 대학 졸업, 그리고 본격적인 직장 생활을 시작하기 전까지 나는 비디오 게임이 전부인 것처럼 살았다. 나는 지금도 중간에 한 번도 죽지 않고 〈콘트라Contra〉를 이길 수 있다(조이스틱을 위, 아래, 아래, 왼쪽, 오른쪽, 왼쪽, 오른쪽, b, a, b, a, 시작 버튼까지… 한 번에!). 〈젤다의 전설The Legend of Zelda〉에서 하트 컨테이너, 비밀 계단, 타오르는 나무, 폭파할 수 있는 동굴 등 모든 것이 기억나지 않는가?

삼촌의 다락방에서 TI-99[1]와 베이직BASIC 책을 발견하고 1년쯤 지난 후 소프트웨어 개발을 위한 여정이 시작됐다. 나는 별로 힘들지 않게 책의 예제

---

[1] https://en.wikipedia.org/wiki/Texas_Instruments_TI-99/4A

프로그램을 TI-99 콘솔에 입력한 다음, 화면을 바꿀 수 있는지 보기 위해 좌충우돌하면서 코드를 수정하는 데 수없이 많은 시간을 보냈다. 혹시 이 얘기가 재미있게 생각되더라도 여러분은 절대로 이렇게 하면 안 된다. 왜냐하면 기술에 대한 나의 집착이 너무 강했던 탓인지 다른 과목은 완전히 망쳤기 때문이다. 수학, 과학, 체육을 포함한 거의 모든 과목에서 형편없는 점수를 받았음에도 고등학교를 졸업할 수 있었던 건 정말 행운이 아닐 수 없다. 지금 나는 눈이 부실 정도로 아름다운 고등학교 역사 선생님(나의 아내 메건)과 결혼했고 어렸을 때 공부할 기회를 놓친 것을 깊이 후회한다. 과거 수천 년 동안 지구상에서 일어난 일들을 알기 위해 지난 10년간 아내 메건이 추천해 준 모든 것을 공부하려고 노력했다. 이를 통해 역사는 오늘날의 기업 경영진을 위한 통찰력 있는 교훈들로 가득 차 있음을 깨달았다. 음… 한때 기회를 놓쳤더라도 나중에 또 다른 기회가 있는 것 같다.

운 좋게 대학에 입학했고 전공은 컴퓨터 과학으로 정했다. 이에 맞춰 관심 있는 과목들로 시간표를 짤 수 있었고 그 결과 성적이 껑충 뛰어올랐다. 사회 과학 수업 하나만 수강 신청을 취소했는데, 현대 서구 문명에 대한 10페이지짜리 레포트를 써야 했기 때문이었다(너무 어려웠다). 나는 내 전문 분야에서 글쓰기가 얼마나 중요한지 당시엔 미처 알지 못했다(참고로 아마존에는 회사 문화와 의사결정 과정에 글쓰기가 깊숙이 뿌리 박혀 있다).

사회에 진출한 후로 나는 블룸버그, 다우 존스, 아마존 같은 유명한 기업을 위한 소프트웨어, 새로운 비즈니스, 전략, 그리고 (내심 바라던 것인) 지속적인 가치를 창출할 수 있는 기회를 얻었다. 인터넷, 모바일, 그리고 이제는 클라우드가 기술이 비즈니스에서 수행하는 역할을 바꾼다는 것을 봐왔다. 이러한 혁신은 이전보다 빠르게 확산하고 있다.

블룸버그 L.P.의 웹 인프라 담당 CTO였던 2011년, 나는 온프레미스 '프라이빗 클라우드'를 구축하는 일이 얼마나 힘들고 쓸모없는지 경험을 통해 깨달았다. 나는 같은 실수를 반복하고 싶지 않아서 다우 존스가 기술 활용 측면에서 혁신을 이룰 수 있도록 CIO로서 3년 동안 클라우드 관련 업무를 수행했다. 그리고 2014년부터 아마존 웹 서비스^{AWS}의 엔터프라이즈 전략 담당 글로벌 책임자로서 대기업의 경영진이 클라우드에서 가치를 얻을 수 있도록 돕고 있다.

모든 중대한 변화가 그렇듯 클라우드로 넘어가는 건 과거에 그러한 경험이 없는 사람들에겐 어려울 수 있음을 알게 됐다.

이 책에서는 대기업이 클라우드로 이동하면서 직면하는 문제와 그 도전을 극복하는 방법에 대한 관점을 제공하려고 노력할 것이다. 나 자신의 경험뿐만 아니라 성공적으로 무언가를 이뤄낸 경영진들의 개인적인 경험들도 함께 담았다. 언젠가는 여러분의 성공 사례도 소개할 수 있었으면 한다. 내 연락처는 stephen.orban@gmail.com이다. 많은 관심 부탁드린다.

들어가며

_{IIIIIIIIIIIIIIIIIIIIIIIIIIIIII}

내가 이 책을 내기로 생각했을 때 결정해야 했던 많은 것 중 하나가 '책 제목을 어떻게 지으면 좋을까?'였다. 맨 처음에는 '디지털 트랜스포메이션? 완전 헛소리!'처럼 사람들의 이목을 끌고 논란을 불러일으킬 만한 제목은 어떨까 했었다. 우선 비즈니스에서 기술의 역할이 무엇인지 충분히 인식하지 못하고 있는 회사에게 경영 컨설턴트가 안전하게, 큰 규모로 컨설팅을 수행하기 위한 예산을 받아내는 데 있어 '디지털 트랜스포메이션'만큼 좋은 용어가 있을까 싶다. 동시에 다른 관점에서 보면 현재 수천 개의 대기업이 실제로 디지털 회사로 변모하려 하고 있는 것도 사실이다.

이래저래 고민한 끝에, 『Ahead in the Cloud: Best Practices for Navigating the Future of Enterprise IT』로 결정했다. 왜냐하면 우선 재미도 있고 이 책이 무엇을 담고 있는지를 잘 설명하고 있기 때문이다.

왜 클라우드에 주목해야 할까?

AWS의 기업 전략 글로벌 책임자로서 현재의 역할을 볼 때, 일단 나 혼자 먹고 사는 데 지장은 없겠지만 클라우드 컴퓨팅은 평생 동안 가장 의미 있는 기술 발전이라고 생각한다. 클라우드는 비즈니스 세계를 완전히 바꿔놓을 것이다.

AWS는 클라우드 컴퓨팅을 '인터넷을 통해 사용한 만큼 지불하는^{pay-as-you-go} 방식을 기반으로 IT 리소스를 주문형으로 제공하는 것'으로 정의한다. 많은 비용을 들여서 자체 데이터 센터 및 서버를 구매, 소유, 유지 관리하는 대신 기업은 컴퓨팅 성능, 스토리지, 데이터베이스 및 기타 서비스를 필요한 만큼 제공받아서 사용하고 비용을 지불하면 된다.

클라우드는 수많은 새로운 비즈니스를 가능하게 했으며 어떤 면에선 우리 각자에게 영향을 줄 가능성이 크다. 예를 들어 에어비엔비, 핀터레스트, 넷플릭스 스트리밍은 2000년도 중반까지는 존재하지도 않았다(넷플릭스 스트리밍은 2007년 5월에 출시됐다). 이들 회사는 서버, 스토리지 및 데이터 센터의 신속한 확보에 대한 제약이 없기 때문에 기동성이 높다는 장점이 있다. 또한 최신 기술을 전략적 경쟁 우위로 활용할 수 있는 능력을 갖췄다.

예를 들어, 오늘날 클라우드상의 모든 기술을 실행하는 에어비엔비는 2008년 이후 8천만 명 이상의 고객이 서비스를 사용 중이다. 190개 국가에 200만 가구가 있다. 현재 300억 달러가 넘는 가치 평가와 함께, 에어비엔비가 놀라운 성장세를 보이고 있는 사업이라는 데는 반박의 여지가 없어 보인다. 넷플릭스는 자신들의 기술 역량을 클라우드로 마이그레이션한 또 다른 대표적인 사례로서, 사람들이 TV를 사용하는 방식을 완전히 재정의하고 있다. 그뿐 아니라 넷플릭스 스트리밍은 최근 미국의 저녁시간대 인터넷 트래픽 중 36.5%[1]를 차지하는 것으로 추산됐다.

정리하자면, 클라우드를 통해 글로벌 규모의 IT 인프라에 언제 어디서나 액세스할 수 있게 되면서 주목받는 신생 기업도 동등한 조건에서 다른 기업들과 경쟁할 수 있게 됐다. 그렇다면 이로 인해 과거에 자본이나 글로벌 IT 리소스를 경쟁력으로 갖고 있던 대기업은 어떨까?

그들도 현재 상황에 적응해야만 한다. 그렇지 않으면 역사 속으로 사라질 것

---

1   https://www.sandvine.com/downloads/general/global-internet-phenomena/2015/global-internet-phenomena-report-latin-america-and-north-america.pdf

이기 때문이다.

이 말은 전혀 과장된 게 아니다. 우리 모두는 빠르게 변화하는 시장 상황에 적응하지 못하고 역사 속으로 사라져버렸거나 그저 껍데기만 남아버린, 과거 한때 잘나갔던 회사들의 이야기를 알고 있다. 이스트먼 코닥Eastman Kodak 은 디지털 카메라를 발명했다. 하지만 디지털 카메라를 판매하는 회사들로 인해 코닥은 사업을 중단할 수밖에 없었다. 비디오 대여업계의 거인이었던 블록버스터Blockbuster 는 미국 전역에서 활발하게 매장을 운영했고 사업도 번창했었다(덕분에 나의 대학 생활도 행복했다). 하지만 넷플릭스가 고객이 더 편리하게 콘텐츠를 소비할 수 있는 서비스를 제공하면서 블록버스터 매장들은 높은 비용으로 골칫거리가 됐고 결과적으로 쇠락했다.

나는 코닥과 블록버스터의 운명이 의도적이었다고는 생각하지 않는다. 오히려 그들은 적응하고자 노력했다고 본다. 그러나 오늘날 내가 이야기하는 많은 회사와 마찬가지로 변화는 정말로 어렵다. 한 가지 다행스러운 점은 이것이 불가능하지는 않다는 것이다. 이를 증명하기 위해 우선 제너럴 일렉트릭 GE, General Electric 의 사례부터 살펴볼 필요가 있다.

GE는 1896년에 창업한 회사로, 다우 존스 산업 지수Dow Jones Industrial Index의 회사들 중 유일한 원년 멤버다. GE의 탄력성resilience은 변화하는 비즈니스 환경에 항상 적응할 수 있는 능력에 기인한 것이라고 볼 수 있다. 머릿속에 GE의 최신 TV 광고를 떠올려보자. 회사의 여러 엔지니어가 GE의 다양한 비즈니스 라인에서 디지털 기술을 구현하는 방법을 이야기하는 장면이 생각날 것이다. 퍼블릭 클라우드 전략을 바탕으로 GE와 협력하면서, 나는 그들이 디지털 트랜스포메이션에 대해 매우 진지하다는 사실을 확인할 수 있었다.

여러분이 경영하거나 일하고 있는 조직은 오늘날 그 자체를 기술 회사라고 보기 어려울 수도 있다. 하지만 여러분이 속한 업계의 '파괴자들disruptors'은 스스로 그렇게 되려고 진지하게 고민하고 있다. 중요한 점은 이러한 파괴자들이 여러분이 하고 있는 사업을 더 개선할(또는 멸종시킬) 수 있는 방법을 찾아내는 건 단지 시간 문제일 뿐이라는 것이다.

다만 다행스러운 점은 이러한 위협을 잘 피할 수 있다는 것이다. 아울러 여러분의 조직이 더 커질수록, 클라우드의 혜택과 기업 문화의 변화도 더 확산될 수 있다.

이 책의 대상 독자

이 책은 대기업 임원이라면 꼭 읽어봐야 한다고 생각한다. 클라우드 여정에서 얼마나 멀리 떨어져 있는가와 관계없이 다른 회사 임원진들이 겪었던 것과 동일한 도전 과제에 직면할 가능성이 높다. 이 책을 통해 그들의 경험을 배울 수 있을 것이다. 아울러 이 책은 IT 임원진뿐만 아니라 마케팅, 재무, 영업, 운영 업무 분야의 리더들에게도 도움이 될 만한 많은 내용을 담고 있다.

여러분이 IT 리더라면 이 책은 여러분이 팀을 이끌고 조직을 재편성하고, 동료들에게 영향을 주고, '엔터프라이즈 IT'를 코스트 센터에서 수익 창출의 원천으로 재편성하는 데 많은 도움이 될 것이다. 클라우드 마이그레이션은 단지 인프라를 변경하는 것만 의미하지는 않는다. 클라우드 기반의 회사는 데브옵스, 마이크로서비스, 컨테이너화 같은 많은 기술을 도입한다. 이 책은 이 모든 것을 정리해 하나로 묶어놓았으며 이전에 있었던 멘토들의 경험도 덧붙일 것이다. 또한 ERP 시스템 마이그레이션이나 클라우드 관련 기술에 대한 직원 교육 같은 일반적인 상황의 솔루션을 찾을 수 있다.

끝으로, 단순히 클라우드에 관심이 있고 영향도 받고 있다면 다음의 여러 사례를 살펴보기 바란다. 허리케인 하비^{Harvey} 이후 48시간 만에 새로운 클라우드 기반 콜센터를 가동했기 때문에 미국 적십자사가 엄청난 양의 전화 통화를 처리할 수 있었다는 사실을 알고 있는가? 미국 FINRA는 AWS를 사용해 수백만 개의 CD 또는 수십억 개의 플로피 디스크에 비할 수준인 1,000조 바이트의 데이터를 분석해 금융 사기의 패턴을 파악할 수 있다.

이 책의 구성

첫 번째 장에서는 기술 분야에서의 내 여정과, 어떻게 클라우드를 바탕으로 일하게 됐는지를 간략하게 설명한다. 블룸버그, 다우 존스, 아마존에서 팀을 이끌었던 경험을 이야기하며, 클라우드 컴퓨팅이 오늘날 기업에 얼마나 중요한지를 설명한다. 내가 지난 몇 년간 배운 교훈들이 조직의 혁신을 이끌어가는 중요한 요소가 되었으면 하는 바람이다.

1부에서는 대규모 조직이 클라우드를 사용해 자신의 문화를 어떻게 변화시키는지 다룬다. 모든 문제를 해결할 수 있는 청사진이란 없다. 대신 현대 기술과 클라우드를 사용해 조직의 변혁을 이끄는 과정에서 본 패턴들을 정리한다.

2부에서는 트랜스포메이션, 즉 변화/혁신하는 조직에서 공통적으로 나타나는 모범 사례를 살펴볼 것이다. 2부의 내용 대부분은 이 책의 목적에 맞게 수정했지만 내 블로그를 읽은 사람들이라면 익숙할 것이다.

3부에서는 조직에서 디지털 트랜스포메이션을 주도하거나 이끌어온 미래 지향적 사고방식을 지닌 경영진 중 몇몇의 사례를 소개한다.

다음과 같은 사람들의 조언을 들을 수 있을 것이다.

- 콕스 오토모티브^{Cox Automotive}의 CTO인 **브라이언 랜더만**^{Bryan Landerman}은 콕스 자동차의 클라우드 여정을 설명한다.

- SGN의 CTO **폴 한난**^{Paul Hannan}은 유럽의 유틸리티 제공업체 SGN이 클라우드를 사용해 IT를 현대화하는 방법을 설명한다.
- 캐피털 원의 Retail & Direct Bank 사업부 플랫폼 엔지니어링 담당 부사장인 **테렌 피터슨**^{Terren Peterson}은 캐피털 원의 SofA 관점에서 클라우드로의 여정을 설명한다.
- **제이 하크**^{Jay Haque}는 클라우드 여정에서 뉴욕 공립 도서관을 이끌면서 실험 문화를 어떻게 만들어냈는지 소개한다.
- 캐피털 원 UK(영국지사)의 CTO를 역임하고 현재 AWS에서 유럽을 맡고 있는 엔터프라이즈 전략가 **조나단 앨런**^{Jonathan Allen}은 캐피털 원이 트랜스포메이션에서 얻은 교훈을 자세히 설명한다.
- 액센추어^{Accenture} IT 전무 이사를 역임하고 현재 AWS 엔터프라이즈 전략가로 활동하고 있는 **조 청**^{Joe Chung}은 클라우드 여정의 핵심 지침을 제공한다. 또한 혁신을 주도하고 클라우드 퍼스트 비즈니스를 혁신하는 방법을 연구한다.

내가 경험했던 만큼 여러분이 이 책을 즐겁게 읽었으면 좋겠다. 여러분의 의견은 언제든 환영이다. 여러분이 클라우드, 트랜스포메이션 여정을 시작할 때 어땠는지 경험도 듣고 싶다. 이를 통해 나는 블로그와 이 책의 후속판에서 여러분이 어떤 기여를 했는지 공유할 것이다. 그와 더불어 여러분은 조직의 트랜스포메이션 노력이 주목받을 기회와 업계 동료들로부터 인정받을 기회도 얻을 수 있을 것이다. 아무리 사소하더라도 여러분이 흥미를 느끼는 것이 있다면 stephen.orban@gmail.com으로 메모를 보내주기 바란다.

01
나의 클라우드 여정

"행운은 준비된 자에게만 오는 기회다."
— 세네카^{Seneca}

클라우드 컴퓨팅을 향한 나의 여정은 클라우드 컴퓨팅이 무엇인지 알기 훨씬 전부터 시작되어 있었다.

클라우드 이전 시대

나는 2001년 블룸버그^{Bloomberg}에서 개발자로 일하기 시작했다. 여기서 7년 동안 자본 시장 전문가들이 기업을 이해하고 투자 여부를 판단하는 데 쓸 소프트웨어 개발 업무를 했다. 그리고 블룸버그 메시지 플랫폼의 상당 부분도 개발했다. 이 플랫폼은 월 스트리트^{Wall Street} 전문가들이 서로 연락하고 정보를 공유할 수 있게 해주는, 마치 우리 몸의 혈관 시스템 같은 것이다.

여러분도 기억하겠지만 2008년 자본 시장 상황은 최악이었다. 베어스턴스^{Bear Stearns}와 리먼 브러더스^{Lehman Brothers} 같은 블룸버그의 최대 고객 중 몇몇은 파산에 이르기도 했고, 많은 기업이 전에 없던 큰 시련을 겪기도 했다. 블룸버그 역사상 처음으로 회사가 역성장에 직면하기도 했는데, 이는 20년간 성장만 해온 블룸버그에게 엄청난 충격이었다. 그러나 다니엘 닥터로프

Dan Doctoroff 블룸버그 회장은 물러서거나 운명처럼 받아들이기보다는 기업들을 대상으로 '10B'라는 새로운 금융 인센티브 플랜을 준비했다. 그가 세운 목표는 매출액이 60억 달러 이상인 기업들이 최대한 빠르게 100억 달러로 매출 규모를 키울 수 있게 하는 것이었다.

금융 서비스 회사로부터 밀려오는 흐름(물결)에 얽매이지 않고 우리는 블룸버그의 핵심 경쟁력을 데이터, 분석, 소프트웨어, 고객 서비스 등에서 찾았다. 그리고 회사의 성장을 위해 새로운 기업에 이러한 핵심 경쟁력을 적용했다. 동시에 수익 다각화를 꾀했고, 효율적인 분산 투자도 적용했다.

돌이켜보면 이때의 경력만큼 중요한 순간이 또 있었을까 싶다. 또 내가 스포츠 광팬이다 보니, 자본 시장을 위해 개발한 많은 것을 프로 스포츠에 적용해보는 것도 꽤 재미있을 거라고 생각했다. 마음이 맞는 동료들과 힘을 하나로 모아 우리의 가설을 다음과 같은 간결한 질문으로 만들었다.

"프로 스포츠 선수를 자본처럼, 그리고 프로 스포츠 팀을 포트폴리오처럼 취급한다면 어떻게 될까?"

프로 스포츠에서 생성되고 수집된 데이터를 모아서 월 스트리트에 유비쿼터스 환경으로 만들어놓은 분석 기술을 동일하게 적용했을 때 우리는 프로 스포츠 팀이 운영 업무를 더 효과적으로 관리하도록 도움을 줄 수 있었다. 오클랜드 육상팀 총괄 책임자 빌리 빈Billy Beane이 소개한 통계학자 빌 제임스Bill James의 데이터 야구 분석법 아이디어 사용 방법을 담고 있는 마이클 루이스Micheal Lewis의 책 『머니볼Moneyball』(비즈니스맵, 2011)에 대해 잘 알고 있다면 우리의 아이디어는 프로 스포츠계의 모든 사람이 이걸 생각할 수 있게 하고 스포츠 외에 다른 비즈니스를 만드는 것이었다.

이후 우리는 4년 동안 블룸버그 스포츠Bloomberg Sports에서 일했다. 먼저 야구에서 각 구단이 선수들의 수비 위치를 결정하는 데 도움이 되는 분석 기능을 개발했다. 이를 위해 투수/타자의 대결('시프트 shift') 정보, 투수가 특정 타자를 상대하는 방법, 타자가 투수를 상대하는 방법, 선수들의 상대적 역량을 비교하는 방법 등을 활용했다. 이 정보가 쓸모있다고 생각한 구단이 많았으며, 30개의 메이저리그 구단 중 28개 구단이 첫해에 최소 1회 이상의 구독 계약을 했다. 하지만 이는 일부 구단이 적절한 비용을 지불할 생각이 있다고 했던 자동화된 스카우팅 시스템을 이용한 분석 기능이 반영되고 나서야 가능했다.

전문 비즈니스 외에도 판타지 야구 및 축구 선수를 위해 다양한 웹, 모바일 분석 서비스를 구축했다. 이런 도구들 모두 쓸 만하긴 했지만, 이후 우리는 비즈니스 모델이 잘못됐음을 깨달았다. 판타지 플레이어가 연간 구독 계약을 하는 식으로 사업을 만들려고 했지만 판타지 플레이어는 정보 사용료에 대한 비용을 지불하려고 하지 않았다. 그래서 우리는 광고를 제공하는(또는 무료인) 비즈니스 모델을 시도해야 했다. 결국 블룸버그 스포츠는 분사되어 스탯Stats Inc.에 합병됐다. 하지만 나는 몇 년간 야구에 담긴 많은 것들을 배웠고 재미도 있었다.

클라우드 컴퓨팅과 관련된 경험이 무엇인지 궁금할 것이다. 2008년부터 2011년까지 블룸버그 스포츠를 구축하는 동안 블룸버그는 10B 프로그램을 위해 또 다른 ('오프 터미널off-Terminal'이라는) 비즈니스에 투자했다. 블룸버그 정부Bloomberg Government, 블룸버그 웰스Bloomberg Wealth, 블룸버그 탤런트Bloomberg Talent 등은 동일한 아이디어에 기반을 두고 있었다. 즉, 특정 산업 분야와 관련된 데이터를 수집하고 그 위에 몇 가지 분석 모델을 만든 다음 전문가와 의사결정권자가 더 나은 의사결정을 내릴 수 있게 도와주는 것이다.

하지만 2011년까지 이러한 비즈니스 중 상당수는 성공할 수 있는 투자 대상으로 보이지 않았다. 이는 주로 이러한 시스템을 실행하기 위한 인프라 구축에 많은 비용을 낭비했기 때문이다. 우리가 블룸버그 터미널을 구축할 때 익숙했던 IT 인프라 기술과 동일한 것을 사용하고 있었는데, 이는 30년 이상 숙성된 안정적이면서도 시간 지연에 민감한 기술이다. 수많은 스타트업 비즈니스에서 인프라를 직접 구축하는 것은 그리 좋은 방법이 아니다. 블룸버그 터미널과 오프 터미널 비즈니스 모두에서 일한 경험이 있었기에 나는 이러한 문제 해결을 위해 '참여해달라는 요청'을 받았다.

클라우드에 대한 학습

우연히도 우리는 블룸버그 스포츠를 구축하는 동안 클라우드 기술에 익숙해지기 시작했다. 나는 특히 AWS에 매료되어 여러 관련 콘퍼런스 행사 및 모임에 참석했다. 기존에 하던 대로 서버를 마련하느라 몇 개월을 기다리는 게 아닌 수요에 맞춰 서버를 프로비저닝할 수 있는 것, 무엇보다도 사용하지 않을 때 서버 가동을 멈추는 것이 더 빠른 제품 출시와 비용 절감 측면에서 좀 더 효과적인 방법인 것 같았다. 비용이 높았던 주된 이유는 ("트래픽의 최대치를 고려해서 구축해주세요" 하는 것처럼) 애플리케이션에 필요한 향후 리소스 규모를 최대로 놓고 인프라를 구축했기 때문이다. 하지만 이러한 예상은 단 한 번도 맞은 적이 없었다. 항상 과다한 규모로 인프라를 구축했고 결국 비용 낭비로 이어졌다.

이것이 퍼블릭 클라우드 기술을 사용해 시스템을 구축했던 첫 번째 경험이었다. 안타깝게도 나는 모든 사람을 설득할 수 있을 만큼 충분한 끈기, 정치적 영향력이 없었다. 그리고 우리 조직에는 우리보다 인프라 운영 관리를 더 잘할 수 있는 사람이 없었다(규모도 크고 성숙도도 높은 여러 IT 조직들이 여전히 이런 상황 속에서 사투를 벌이고 있다. 여러분도 같은 상황이라면 이 책을 통해 많은 도움을 얻을 수도 있다).

그래서 우리는 온프레미스on-premises 환경의 프라이빗 클라우드를 자체적으로 구축했고 몇 개월도 안 돼 적절한 가상화 역량을 확보했다. 이를 통해 오프 터미널 비즈니스는 매우 기본적인 구성을 이용해 온디맨드 on-demand 방식으로 여러 종류의 서버를 신속하게 배포할 수 있었다. 운영 비용은 신속하게 관리할 수 있는 상태가 됐고, 기존에 수개월 걸렸던 서버 랙 rack 장비 설치, 서버 스택 stack 생성, 배포가 몇 분 안에 가능해졌다.

적어도 몇 가지 관점에서 볼 때 이것은 매우 성공적인 전략이었다. P&L, 즉 손익 계산에서 인프라 비용 손실은 더 이상 중요하지 않게 됐고 그 결과 비즈니스 자체만으로 성과를 입증해야 했다. 둘째, 우리에게 가장 큰 문제였던 서버를 프로비저닝하는 것, 비즈니스를 시작하고 실행하는 데 소요됐던 시간이 올바른 방향으로 변화하기 시작했다. 서버를 프로비저닝하는 것이 비즈니스에서 필요로 하는 기술 역량을 확보하기 위한 단순 투자라는 사실을 우리가 깨닫는 데 그리 오래 걸리지 않았다. 고객에게 이메일을 보내는 기능은 비즈니스에 반드시 필요한 기능이었다. 비즈니스에서는 고객의 응답 속도를 높이기 위해 CDN content delivery network (콘텐츠 전달 네트워크) 기술이 필요했다. 또한 모바일 애플리케이션에 푸시 알림을 보내야 했다. 각 기업들은 블룸버그 터미널의 데이터에 액세스하기 위한 API가 필요했고, 해당 API를 정량적으로 측정해 언제, 어디서, 누구에게 무슨 데이터가 전송됐는지도 파악할 필요가 있었다.

대규모 IT 조직에서 근무 경험이 있는 사람이라면 다음 단계에서 무슨 일이 일어났을지 느낌이 왔을 것이다. 우리는 각 사업별로 비용을 '부과'했고 이를 통해 문제들 각각을 해결하기 위한 '공유 서비스'를 개발하는 데 필요한 예산을 확보할 수 있었다. 그리고 우리 팀은 사업부의 사업 목표 달성을 방해했던 리소스 낭비와 병목 현상을 신속하게 파악할 수 있었다. 퍼블릭 클라우드를 배울수록 우리 스스로 해내고 기존에 들었던 비용의 일부만 들여서 이러한 성과를 달성할 수 있다는 것도 알게 됐다. 그리고 프라이빗 클라우드는 진정한 클라우드가 아니며 회사가 리소스를 잘 활용하지 못하고 있다는 사실도 깨달았다.

그래서 다우 존스Dow Jones가 2012년 사업을 대대적으로 변화시킬 기회에서 나는 같은 실수를 되풀이하지 않으리라는 걸 알고 있었다.

클라우드 여정의 시작

다우 존스는 125년이 넘는 역사를 자랑하는 회사이며, 지난 몇 년간 매우 혁신적인 성과를 이룩해왔다. 그 가운데서도 주 6일에 걸쳐 200만 부가 넘는 「월스트리트저널」 종이 신문을 전 세계 구독자에게 배달하고 있다. 대부분의 사람들이 인터넷을 역사상 가장 놀라운 발명품이라고 생각하겠지만, 대량의 신문을 만들고 배달하기 위한 신문 인쇄 기술과 물류 시스템을 최적화하는 것 역시도 그에 못지않게 대단하다고 본다.[1]

또 다우 존스 PIBProfessional Information Businesses(전문 정보 비즈니스)의 두 가지 대표적인 상품인 다우 존스 뉴스와이어스Dow Jones Newswires와 팩티바Factiva처럼 뉴스 상품을 엄청난 규모로 신속하게 전달할 수 있는 여러 가지 기술을 개발했다.

그러나 다른 많은 산업과 마찬가지로 인터넷은 언론 산업을 완전히 바꿔놓았다. 무료 온라인 콘텐츠가 확산되면서 왜 매월 30~40달러를 지불하면서 「월스트리트저널」을 구독해야 하는지에 대한 당위성을 설명하기가 어려워졌다. 게다가 신문을 위한 광고 수익도 구글Google, 페이스북Facebook을 비롯한 여러 온라인 미디어 회사로 옮겨가기 시작했다.

---

1 다우 존스는 고객에게 인쇄 공장 방문 기회를 제공하는데 나는 꽤 여러 번 방문했었다. 혹시 여러분에게 그런 기회가 생긴다면 꼭 한번 가보기 바란다!

2008년 금융 위기는 블룸버그와 마찬가지로 다우 존스의 PIB에도 큰 타격을 주었다. 다른 많은 회사들처럼 이렇게 혼란스러운 상황 속에서 건전한 P&L을 유지하기 위해 다양한 비용 절감 조치가 필요했고 다우 존스는 IT 운영, 제품 개발의 대부분을 인도에 아웃소싱했다.

나는 IT 아웃소싱에 우호적이지도 적대적이지도 않다. 그러나 점점 더 디지털화되어가는 세상에서 경쟁력을 유지하려면 여러분은 고객 피드백을 바탕으로 디지털 제품을 빠르고 효과적으로 만들고, 개선하고, 최적화할 수 있는 역량을 유지해야만 한다. 다우존스는 아웃소싱 계약 때문에 이러한 것들이 더욱 어려워졌음을 깨달았다.

특히 IT 부서는 기존의 인프라를 계속 유지 관리하는 데 어려움을 겪고 있었다. 비용 절감을 위해 감가 상각 주기를 늘리면 결국 하드웨어 갱신 주기는 길어질 수밖에 없었다. 노후 장비와 시스템은 점점 더 자주 다운되고, 기술 유지도 어려울 수 있는데다가, 운영 비용도 늘어날 수 있다. 특히 대규모 아웃소싱 모델에서 여러 가지 인수 인계가 필요한 프로세스와 결합될 경우 이러한 문제는 더 커질 수 있다.

나는 다우 존스가 기존과는 다른 방식으로 제품을 개발하는 업무를 맡고 있는 사내 소규모 R&D(연구개발) 팀에서 일을 시작했다. 다우 존스의 CEO이자 블룸버그의 전 CEO인 렉스 펜윅Lex Fenwick은 회사가 기술을 배포하는 방법, 그리고 기존의 다우존스 아키텍처, 프로세스에 제약을 받지 않는 방법에 대해 완전히 새로운 아이디어를 만들어줄 것을 우리에게 주문했다. 렉스는 「월스트리트저널」 구독자가 전 세계 부의 상당 부분을 '차지하고' 있으며, (팩티바, 다우 존스 뉴스와이어스 같은) PIB 상품 구독자들이 전 세계 부의 많은 부분을 '관리한다'고 생각하고 있었다. 이러한 사용자들이 서로 의견을 교환하고 비즈니스를 수행할 수 있는 채팅 플랫폼을 구축할 수 있다면 뭔가 있을 것 같았다. 블룸버그 메시지 시스템 개발에 참여한 우리 모두에게 이것은 상당히 익숙한 컨셉이었다.

블룸버그에서 공유 서비스를 구축할 당시 좌절했던 경험도 있었고, 기존과는 완전히 다른 새로운 방식도 자유롭게 시도해볼 수 있었기에 퍼블릭 클라우드가 실제로 결과물을 만들어낼 수 있음을 보여줄 기회를 얻었다. 편리한 AWS 서비스와 몇몇 오픈소스 기술을 사용해 단 2개월 만에 경영진의 주요 관계자와 고객에게 보여줄 만한 가치 있는 애플리케이션을 만들어냈다.

우리가 빠르게 진행한 덕분에 경영진과 리더십 팀은 한껏 분위기가 좋아졌고 많은 이들이 우리가 예전에 얻은 교훈을 다른 곳에 적용할 수 있기를 진심으로 바라고 있었다. 또한 기존 IT 팀 중 일부는 새로운 것에 대한 큰 기대감을 갖기도 했다. 하지만 또 다른 일부는 팀을 어떻게 만들어야 할지, 어떻게 접근해야 할지, 그리고 과거에 사용하던 기술이 그들이 맡을 역할에 어떤 영향을 미칠지 알 수 없었기 때문에 다소 불안해하기도 했다.

클라우드 파운데이션 구축

나는 다우 존스 IT 부서를 총괄하는 CIO가 됐다. 다시 한번 운 좋게 내가 원하던 시점에 원하던 자리에서 일할 수 있게 됐다. 이번에는 앞에서 강조했던 문제를 해결하고 회사 내에서 IT의 역할을 바꿀 수 있을 거라는 충분한 야망과 진정함이 있었다.

변화를 위해, 우리는 '사람People, 프로세스Process, 플랫폼Platforms'이라는 세 가지 전략 '3P'를 생각해냈다(사람, 프로세스, 기술과 헷갈리지 마시라). 우리의 목표는 디지털 제품 개발에서 IT 부서의 역할을 바꾸는 것이다. 이는 모든 IT 업계 최고 경영자가 궁극적으로 달성하고 싶은 목표일 것이다.

'사람' 관점에서는 우리가 가진 재능에 대한 인소싱insourcing과 투자에 집중했다. 이는 더 많은 개발자를 고용하고, 대학 모집 참여 프로그램을 만들고, 직원들의 기존 역할을 다른 것으로 전환하는 데 필요한 기술을 훈련하는 것을 의미했다. 여기에는 공급업체 주도형 교육 프로그램 같은 명확한 것들이 포함되어 있지만, 사람들이 콘퍼런스 행사에 참석하고, 오픈소스 프로젝트에 기여하고, 다른 회사들과 함께 점심을 먹으면서 공부하는 프로그램에 참석하기 위해 시간과 예산을 따로 정하는 것도 포함됐다. 가장 중요한 주제는 우리가 모든 분야의 능력에 투자해 각자의 분야에서 더 많은 오너십^{ownership}을 가짐과 동시에 책임을 질 수 있고 비즈니스에 더 큰 영향을 줄 수 있다는 것이었다.

미국 동북부, 런던, 홍콩에 있는 12개가 넘는 대학과 함께 자체 캠퍼스 채용 프로그램을 구축하기 위해 나는 블룸버그의 대학생 채용 시스템을 구축하면서 배운 모든 것을 사용했다. 블룸버그 대학생 채용 시스템은 매년 100명 이상의 소프트웨어 공학 분야의 대학생을 채용하는 프로그램이다. 놀라운 점은 매년 유능한 대학 졸업생 수가 점점 늘었는데, 이는 졸업생들이 점점 더 일찍 기술을 사용하기 시작하는 경향을 보였기 때문이다. 그리고 그들이 과거 수년간 '다른 곳에서 했던 것'을 답습하지 않은 게 너무 좋았다. 시간이 지남에 따라 이를 확대하여 아웃소싱 계약을 줄이고 외부 아웃소싱 파트너사에 대한 의존도를 줄일 수 있었다.

'프로세스'는 각 사업부가 변화하는 고객의 요구사항에 대해 더 빠르게 실험하고 대응하도록 더 많은 자유를 부여하는 데 중점을 뒀다. 이를 위해 지속적 전달$^{CD, continuous delivery}$ 방식을 채택하고 프로젝트 승인 프로세스를 간소화했다. 그리고 기존에는 명확하지도 않은(필자가 보기엔 생각나는 대로 아무렇게나 산출한 것 같은) 수행 기간이 몇 년씩이나 되는 프로젝트 예산으로 사업 담당자가 수백만 달러를 승인 요청하는 소위 '사업 예산 결정 위원회'라는 프로세스 대신, 우리는 이 문제를 완전히 다른 방식으로 접근했다. 우선 각 사업부별로 정해진 규모만큼의 컴퓨팅 리소스를 제공하고 스스로 설정한 핵심 성과 지표^{KPI, key performance indicator}를 책임지게 했다. 사업을 총괄하는 기술 담당자 및 사업 담당자는 변화하는 고객의 요구에 맞춰 리소스를 조정할 수 있었다. 리더십 팀은 변화를 필요로 하는 모든 사항에 대해 분기별로 KPI와 분배 현황을 검토했다.

'플랫폼' 관점에서 본다면, 블룸버그에서 인프라를 구축하는 프로젝트는 과 거의 실수를 반복하지 않을 기회였다. 처음에는 심할 정도로 잘 안 됐지만, 그래도 기존의 인프라를 계속 활용할 경우 빠르게 앞으로 나아갈 수 없었고, 경쟁력을 유지할 수 없음을 깨달았다. 우리는 사람들이 제품을 만드는 데 집 중하게 하고, 방해 요인들은 제거하게 했다.

전담 팀 구축

과거에 배운 것을 바탕으로 변화를 주도하고 꾸준히 발전시키는 사람들로만 구성된 팀이 있다면 조직 전체에서 변화는 훨씬 쉽게 이뤄진다는 걸 알고 싶 었기에, 나는 블룸버그에서 일하는 동안 좋은 쪽이든 나쁜 쪽이든 모든 변화 관리 프로그램에서 충분한 경험을 쌓았다(나중에 알았지만 아마존^{Amazon}은 피 자 2판을 먹을 수 있는 규모의 작은 팀을 의미하는 '2피자 팀'에서 개발 및 전달하는 제 품 또는 서비스의 오너십을 가진 수천 개의 팀으로 구성되어 있다. 이 내용은 다음 장 에서 다룬다).

클라우드 패러다임은 전통적으로 뚜렷한 것으로 여겨지는 몇 가지 기술 분 야를 결합한 것이라고 믿게 됐다. 코드를 통해 자동으로 스케일업/다운하는 애플리케이션을 만들고 관리하려면 소프트웨어 개발, 시스템 관리, 데이터 베이스 관리 및 네트워크 엔지니어링(및 기타)의 경계를 넘는 기술이 필요하 다. 대규모 애플리케이션 관리를 위해 엔터프라이즈 아키텍트는 고정된 이름, 주소, 위치를 지닌 물리적 서버 랙이 아닌 그때그때 사용하고 폐기하는 IT 리소스를 관리하는 방법을 생각해볼 필요가 있다.

조직에는 여전히 리더십과 전략 모두에 회의적이었던 많은 사람이 있었지만, 새로운 방향에 기대감을 지닌 여러 분야의 사람들이 퍼져 있었다. 이들은 전담 팀의 일원으로 함께 모인 사람들이었으며 클라우드에서 점점 더 많은 애플리케이션을 실행하는 데 필요한 모범 사례, 참조 아키텍처, 통제 및 제어를 모두 코드로 구현하고, 교육하고, 확장하는 작업을 수행했다.

데브옵스^{DevOps}의 움직임이 산업계에 큰 영향을 끼치기 시작했다. 나는 새로운 제품을 바로 받아들이고 사용하는 걸 약간 꺼려하는 스타일이지만, 이러한 흐름이 많은 소프트웨어 회사에서 모범 사례를 위한 언어와 인식을 만들어낸 방법에 대해서는 매우 좋게 생각했다. 처음 듣는 분들을 위해 간단히 말씀드리면, 데브옵스는 기본적으로 소프트웨어 개발^{Dev}과 프로덕션 운영^{Ops}을 결합하는 데 필요한 상식적인 모범 사례를 다루고 있다. 예를 들어, 블룸버그는 내가 근무를 시작한 해인 2001년보다도 훨씬 전에 이미 '빌드한 것을 실행'하고 '고객을 아는 것'을 실천하고 있었고, 이것은 내가 경험했던 유일한 프로덕션 소프트웨어 환경이었다. 뒤에서 소개할 마크 슈워츠^{Mark} ^{Schwartz}의 글에도 나와 있지만, 이 장에서 작성한 몇 가지 사항에 대해 설명하고 데브옵스의 참신함에 대해 내가 느낀 점은 다음과 같다. "개발과 운영을 함께 작업하는 아이디어는 실제로 우리 모두가 대단히 전문적이지도 않고, 모두가 그때그때 끝내야 할 일을 하는 것과 비슷하다."

데브옵스가 특정 집단이라기보다는 문화적 측면이 강하다는 걸 알고 있었지만, 우리는 의도적으로 팀 이름을 '데브옵스 팀'이라고 지어서 이러한 움직임이 팀과 조화를 이룰 수 있게 했다. 즉, 이를 통해 데브옵스 팀이 우리의 문화를 바꿔나가는 역할을 강조하려고 했다. 데브옵스 팀의 주된 역할은 모든 팀이 개발자 작업을 수행할 수 있게 하고 이를 쉽게 수행할 수 있는 도구와 기능을 제공하는 것이다.

그런 다음 데브옵스에 영감을 받은 팀을 위해 '교리tenet'라고 부르는 세 가지 목표를 전달했다.

첫 번째 교리는 데브옵스 팀은 애플리케이션 팀을 실제 고객처럼 대해야 한다는 것이다. 내 경험상 인프라 팀과 애플리케이션 팀이 항상 서로 잘 어울리지는 않았다. 인프라 팀은 애플리케이션 팀을 일종의 악덕 업자라고 생각하는데, 단기적 성과를 맞추기 위해 장기적 관점의 운영 업무에서 희생을 감수하게 한다는 점에서 그렇다. 반면 애플리케이션 팀은 인프라 팀이 너무 느리게 움직이고 마감일과 확정에 대한 압박을 이해하지 못한다고 생각한다. 나는 이미 몇 차례의 시스템 장애와 마감 시한을 놓쳤을 때 인프라 팀과 애플리케이션 팀이 서로 손가락질하기 시작한다는 걸 알았다. 그리고 이러한 문제를 해결하기 위해 열심히 노력했다. 우리는 모두 같은 팀이고 따라서 성공과 실패도 우리 모두의 몫이었다. 성공을 측정할 수 있는 적절한 방법은 생각해내지 못했지만, 우리는 이 교리를 반복해 많은 팀들도 그들의 최종 고객을 유료 고객으로 대하기 시작했다.

두 번째 교리는 데브옵스가 모든 것을 자동화해야 한다는 것이다. 클라우드에 어떤 것을 배포하려고 한다면 (클라우드에 최적화된) 클라우드 네이티브 아키텍처를 활용해 '올바르게' 수행해야 한다는 것이 우리의 생각이었다. 애플리케이션을 신속하게 배포하고 용량 계획을 세우느라 걱정할 필요가 없도록 애플리케이션의 배포 및 확장을 자동화하고 싶었다. 뒤에서 설명하겠지만, '올바른' 접근 방법은 이것과 비교했을 때 좀 더 미묘한 차이가 있음을 알게 됐다. 그리고 많은 기존 시스템을 리프트 앤 시프트lift-and-shift 방식으로 마이그레이션한 비즈니스 사례를 보고 나서 우리는 이러한 요구사항을 취소했다. 7장 '클라우드 네이티브(리프트 앤 시프트)'에서 이 내용을 다룬다.

세 번째 교리는 데브옵스가 비즈니스 라인이 클라우드에 배포한 애플리케이션의 지속적인 운영에 대한 책임을 지지 않는다는 것이다. 우리는 '구축은 여러분이, 실행 운영도 여러분이' 문화가 될 것이며, 각 사업 부문은 데브옵스 팀으로부터 모범 사례, 참조 아키텍처, 협상 불가 항목들을 활용할 것이다. 그러나 다른 한편으로는 그들이 만든 애플리케이션의 지속적인 운영 및 변경 관리에 대해 책임을 져야 한다. 일단 비즈니스 라인이 무언가를 배포하면, 그때부터는 그들 자신이 맡아서 유지 보수를 해야 한다. 이를 통해 애플리케이션 팀은 데브옵스가 또 다른 C&C Command-and-Control 병목 현상이 되지 않도록 혁신하고 방지할 수 있었다.

데브옵스 팀은 일이 어떻게 진행될지에 대한 역량이나 의견은 거의 없는 상태에서 작게 시작했다. 경험을 쌓으면서 특히 보안 및 변화 관리 같은 분야에서 더 많은 의견을 모았다. 모든 비즈니스 라인이 새로운 도구, 서비스, 오픈소스 기술을 이용해 혁신하기 위한 능력을 유지하면서도 그들의 프로젝트를 구현해야 하는 협상 불가 항목들과의 올바른 균형을 만들기 위해 우리는 끊임없이 노력했다.

클라우드 역량 확장

팀이 빠르게 움직이기 시작하면서 우리는 당연히 데브옵스 팀의 범위를 확대하고 변화 속도를 가속화하고자 했다. 월간 회의를 통해 우리가 자랑스러워했던 변화사항들을 전파할 수 있게 만들고, 변화에 '기대기를 lean in' 원하는 사람들에 대한 관심을 불러일으켰다. 분기별 회의를 마칠 때, 누구든 데브옵스 팀에 합류할 의향이 있는지 물어본다. 매번 더 많은 사람이 이 기회에 관심을 갖고 데브옵스 팀으로 옮겼다. 종종 우리는 의도적으로 팀 전배로 인해 발생한 기존 자리에 인력을 채워 넣지 않았다. 예를 들어 다우 존스 뉴스와

이어스를 지원하는 시스템 관리자 또는 네트워크 엔지니어가 전통적인 역할에서 데브옵스 팀으로 옮기면, 현재의 상황에서 운영 능력이 감소하는 것과 동일한 비율로 우리의 데브옵스 역량은 증가했다.

이렇게 하면 데브옵스를 이용해 애플리케이션 팀이 더 효과적으로 작업을 할 수 있다. 리소스가 증가하기 때문인데, 때로는 프로세스가 엉망이 될 수도 있다. 그래서 나는 신속하게 변화를 일으키기 위해 실수가 어느 정도 허용되는 경우에만 여러분이 이 방법을 사용했으면 한다. 몇 차례의 에스컬레이션escalation과 소소한 장애가 있었지만 우리는 많은 것을 배웠을 뿐만 아니라 모든 판단을 우리의 문제 해결 능력을 강화하는 기회로 삼았다.

우리는 모든 기존 시스템을 클라우드로 마이그레이션할 구체적인 계획을 갖고 있지 않았으며 현재 사람들이 하이브리드 모드라고 부르는 환경에서 운영하고 있었다. 데브옵스 팀이 구축하는 참조 아키텍처를 사용해 모든 신규 기능을 클라우드에 배포했으며, 필요한 경우 온프레미스 시스템과 통신했다.

데브옵스 팀은 하이브리드 아키텍처가 잘 동작하도록 모범 사례를 개발하고 역량을 키울 책임이 있었으며, 이러한 역량은 우리의 요구사항의 수준이 높아짐에 따라 더욱 정교해졌다. 우리는 데브옵스 팀이 운영 권한을 갖고 있는 비즈니스 애플리케이션에 제약을 가하고 싶었다(왜냐하면 애플리케이션 팀들이 자신의 애플리케이션을 담당해야 했기 때문이다). 반면 애플리케이션 팀은 데브옵스 팀의 하이브리드 아키텍처뿐만 아니라 사용자 정의 도구를 담당하고 운영하게 했다. 여기서 말하는 사용자 도구란 비용을 관리하기 위해 구축한 것이고 현재 실행 중인 클라우드 리소스는 협상 대상이 아닌 준수해야 하는 대상임을 명심하자.

데브옵스 팀을 이끌었던 밀린 파텔Milin Patel[2]이 한 가장 영향력 있는 성과 중

---

2 밀린에 관한 내용은 48장을 참조하기 바란다.

하나로 'DevOps Days'라는 2일짜리 커리큘럼을 만들었다. 처음 0.5일은 AWS 기본 내용을 학습한다. 나머지 1.5일은 데브옵스 팀이 구축한 모든 참조 아키텍처, 모범 사례 및 관리 방식을 사용하는 방법에 대해 진행했다. 이는 우리 팀을 교육할 수 있는 훌륭한 방법이었을 뿐만 아니라, 이미 이러한 프로그램을 사용하고 있는 사람들로부터 피드백을 얻는 좋은 방법이다.

당시에는 전혀 예상을 못했지만, 이것은 우리의 클라우드 여정에 있어 엄청나게 중요한 전환점이었다. 다우 존스 직원들이 다른 동료 직원들을 가르치기 시작하자 수많은 내부 저항이 나타나기 시작했다. 일부 외부 인사와 상아탑의 최고위층이 가르치는 경우는 더 이상 없었다. 이것은 팀이 자체적으로 구축한 일련의 역량이었기 때문이다. 이것이 공유된 내용들이었고 우리 모두 함께 만들어나갔다. 내가 바란 건 단지 우리가 이걸 좀 더 일찍 했더라면 하는 거였다.

데브옵스 팀이 첫 번째 시도를 통해 얻은 여러 가지 개선사항들을 만들어낸 후, 우리는 DevOps Days를 신입 직원이 입사 교육에서 이수해야 할 사항에 반영하기로 결정했다. 매년 여름 대학생 채용 프로그램을 통해 수십 명의 대졸 신입 직원을 채용했으며 DevOps Days를 통해 우리가 어떻게 일했는지, 우리가 어떤 툴과 기술을 사용했는지, 그리고 비즈니스 라인 관련 정보 등을 그들에게 가감 없이 가르쳤다. 이 프로세스를 통해 신규 입사자의 기본 역량을 예상할 수 있었기 때문에 대졸 신규 입사자들은 자신이 지닌 기술, 열정과 잘 맞는 비즈니스 라인에 더 익숙해지고 쉽게 배울 수 있었다.

단일 데이터 센터 마이그레이션

약 1년간의 클라우드 마이그레이션 여정에서, 변화에 대해 다르게 생각할 수 있는 또 다른 기회가 있었다. 홍콩 데이터 센터가 있는 부지는 다른 용도로 쓰일 예정이어서 2개월 동안 방치 상태였다. 클라우드 마이그레이션을 가속화할 수 있는 기회로 활용하고 싶었지만 팀의 여러 가지 위험 요인들이 빠르게 나타났다.

2개월은 데이터 센터의 모든 것을 클라우드 네이티브 기반으로 리아키텍팅하기엔 부족했다. 즉, 오토 스케일링auto-scaling처럼 퍼블릭 클라우드에서만 가능한 기능을 활용하기 위해 우리의 애플리케이션을 다시 개발할 시간이 없었다. 처음에는 '모든 것의 자동화'라는 목표를 생각했고 리프트 앤 시프트 방식으로 즐겁게 시작했다. 이 방법은 필연적으로 비용이 더 많이 들 거라고 가정했기 때문에 많은 논쟁이 있었다. 그러나 (서버가 고작 수백 대일 정도로) 데이터 센터가 충분히 작았고 장기적으로는 데이터 센터를 사용하지 않을 계획이었기 때문에 이 방법을 고려해보기로 결정했다.

나머지 위험 요소는 기술적인 부분이었다. 모두가 인프라에 중요한 요소라고 믿어왔던 하드웨어 로드 밸런서load balancer와 WANwide-area network (광역 네트워크) 가속기를 운영 중이었다. 또한 Amazon RDSRelational Database Service에서 지원하지 않는 여러 데이터베이스를 쓰고 있었기 때문에 관리형 서비스로 쉽게 마이그레이션할 수 없었다.

경험을 사용하는 데 있어 우리 팀의 독창성은 대단히 인상적이었지만, 우리가 이전에 쌓은 경험과 역량 덕분에 이러한 문제의 해결방안을 찾았다고 확신한다.

데브옵스 엔지니어 중 한 명이 WAN 가속기와 로드 밸런서를 AWS 마켓플레이스AWS Marketplace를 통해 소프트웨어로 사용할 수 있음을 알아냈다. 며칠 만에 우리는 운영 프로세스의 많은 부분을 변경하지 않고도 두 가지 구성요소를 확보해서 실행하고 구성할 수 있었다.

다음으로 아마존 RDS 대신 아마존 EC2 인스턴스로 데이터베이스 서버를 마이그레이션했다. 데이터베이스 서버를 직접 관리해야 했지만 온프레미스 데이터 센터에 데이터베이스 공간을 더 많이 임대해야 하는 것보다는 훨씬 나았다.

우리는 마이그레이션 작업을 대략 6주 만에 마쳤다. 완벽하진 않았지만 문제없이 잘 동작했다. 뉴저지의 메인 데이터 센터에서 지속적으로 데이터베이스를 복제하는 데 약간의 시간 지연이 있었다. AWS 다이렉트 커넥트Direct Connect에 대한 비용이 드는 것을 꺼려했기 때문이다(AWS 다이렉트 커넥트를 사용하면 고객의 네트워크와 AWS 다이렉트 커넥트 로케이션 사이에 전용 네트워크를 연결할 수 있다). 우리는 결국 적절한 데이터베이스 환경 구성법을 찾아냈고 이를 통해 문제가 일어나지 않게 했다(AWS 다이렉트 커넥트도 결국 도입, 설치했다). 하지만 고객에게 충격을 주는 이슈보다 운영상의 부담이 더 컸다.

그러고 나서 아주 흥미로운 일이 일어났다. 우리가 '모든 것의 자동화'라는 목표를 세운 이유는 클라우드를 최적화하지 않으면 클라우드상에서 애플리케이션을 운영할 때 회사 내에서보다 비용이 많이 들 것으로 생각했기 때문이다. 그러나 이 경우 아키텍처를 변경하지 않았으며 기본적으로 리프트 앤 시프트 방법을 통해 30%의 비용을 절감했다.

대규모 마이그레이션

우리가 홍콩 데이터 센터의 폐쇄를 진행하는 동안 모회사인 뉴스 코퍼레이션News Corp은 포트폴리오 내에 있는 (다우 존스를 포함한) 7개 회사의 IT 인프라 및 역할을 중앙 집중형 운영 조직으로 통합하기 시작했다. 이는 비즈니스 전반에 걸쳐 효율성을 제고하고 비용을 절감하려는 노력이었다. 뉴스 코퍼레이션의 CTO 폴 치즈브로Paul Cheesbrough(현재 21세기 폭스21st Century Fox 사의 CTO)는 뉴스 코퍼레이션의 다른 회사들과 이러한 결과를 공유하기 시작했다. 그리고 우리는 훨씬 더 큰 규모의 데이터 센터 마이그레이션이 우리 모두에게 어떤 의미가 있는지 생각하기 시작했다.

뉴스 코퍼레이션 그룹의 모든 회사에 대한 비즈니스 사례 연구에서는 전 세계 50개 이상의 데이터 센터를 6개의 티어 3, 티어 4 데이터 센터로 통합하고 프로세스 내에 있는 인프라의 75%를 클라우드 서비스로 마이그레이션(세일즈포스Salesforce, 워크데이Workday, 구글 앱스Google Apps 같은 SaaSSoftware-as-a-Service 제품으로 옮기는 것도 포함됨)할 것을 제안했다. 우리는 3년도 안 되어 매출을 만들어내는 사업에 연간 1억 달러 이상을 재배정할 수 있었다.

이는 뉴스 코퍼레이션의 IT 부서뿐만 아니라 경영진 모두의 주목을 얻었고, 다양한 마이그레이션 전략(6장 '애플리케이션의 클라우드 마이그레이션을 위한 6가지 전략' 참고)을 활용해 가능한 한 빠르게 기존의 레거시 시스템을 마이그레이션하기 위해 예산을 모두 지원받는 프로그램으로 우리의 기술 환경을 근본적으로 전환할 수 있게 한 비즈니스 사례라 하겠다.

약 1년 후 내가 AWS로 이직할 때까지 우리는 인프라의 약 30%를 클라우드 서비스로 마이그레이션했다. 뉴스 코퍼레이션이 인프라의 75%를 마이그레이션하려 했던 계획보다 조금 오래 걸렸다. 약 4년 후, 그들이 마이그레이션한 비율은 60%를 약간 넘는다. 그러나 수익 창출 활동에 1억 달러 이상을 재배정한다는 재무상의 목표를 달성하는 데는 불과 2년밖에 걸리지 않았다.

기업 문화가 핵심이다

재무상의 결과도 물론 자랑스럽지만, 회사 문화의 진화가 나에겐 가장 자랑스러웠다. 다우 존스 기술 부서는 비즈니스의 원동력이 됐으며 고객에게 제공한 제품이 매우 긍정적인 변화를 가져올 수 있는 것으로 인식됐다. 전이 과정에서 정규 직원은 약 400명에서 450명으로, 계약 직원은 약 1,100명에서

300명으로 조정됐다. 규모는 상당히 작아졌지만, 제품을 담당하고 있고 진정 고객과 비즈니스에 이익을 주고자 빠르게 움직이려는 의욕이 넘치는 직원들이 훨씬 더 잘 섞일 수 있었다.

AWS로 이직하기 위해 내가 다우 존스를 떠날 준비를 했을 때 MarketWatch. com의 엔지니어링 관리자인 케빈 도첸로드Kevin Dotzenrod는 나에게 작별 선물을 보냈다. 내가 다우 존스를 떠나기 전 한 달 동안 얼마나 많은 소프트웨어 릴리스가 있었는지 보여주는 차트가 담긴 이메일이었다. 소프트웨어 릴리스는 화요일부터 목요일 밤까지 이뤄졌다. 다행히 그달에는 수백 건의 릴리스가 성공적으로 완료됐다. 이 모든 작업은 완전 자동화 기반으로 이뤄졌으며 변경 작업을 수행하는 개발자만 관련 업무를 수행했다.

여기서 다룬 얘기가 너무 긍정적인 면만 소개하고, 우리가 직면했던 어려웠던 점들은 무시하는 걸로 보일 수도 있겠다는 생각이 든다. 앞에서 소개한 변화는 매우 어려웠고 우리의 접근 방식에 의문을 제기했던 순간, 해고당하는 것 아닌가 생각했던 순간, 포기하는 게 더 쉬울 것 같다고 생각했던 순간들이 있었다. 우리는 불완전한 정보와 알지 못하는 위험 요인들을 가지고 판단해야 하는 상황에 끊임없이 놓여 있었다. 전반적으로 봤을 때 이건 도전을 두려워하는 겁쟁이들을 제외한 조직의 모든 사람을 위해 좋은 학습 경험이었다. 이 책 뒤에서 내가 언급하는 여러가지 사항들은 우리(그리고 우리와 함께 일하는 수백 개의 다른 회사들)가 직면한 어려움과 그것을 극복하기 위해 사용했던 전략에서 나온 것이다.

경험의 전파

이러한 다양한 경험을 통해, 나는 모든 회사가 기술이 중요한 역할을 하면서 사내 문화를 발전시켜나가는 방법을 찾아야만 한다는 점을 깨달았다. 그리고 이를 위해 클라우드보다 더 나은 것은 없다는 사실도 알게 됐다.

결국 나는 AWS에서 일하게 됐다. 현재 내가 맡은 일은 클라우드 여정 중인 기업들의 모범 사례를 수집하고 지원함으로써 기업 경영인들이 클라우드를 이용해 회사의 인력, 프로세스, 기술을 변화시킬 수 있도록 돕는 것이다. 수많은 경영인과 사업을 경험하고 배울 수 있는 소중한 기회를 갖게 되어 기쁘고 감사할 따름이다. 이 책을 통해 배운 내용을 각자의 조직에서 잘 사용할 수 있기를 바란다.

1부

||||||||||||||||||||||||||

클라우드 도입
단계별 전략

클라우드라는 것이 아직 생소하다면 다음과 같은 것들이 궁금할 것이다. "클라우드가 우리 조직에 어떤 의미를 갖는가?", "어떻게 시작하면 되는가?", "무엇을 바꿔야만 하며, 순서는 어떻게 되는가?" "어려운 점은 없는가? 있다면 어떤 것들인가?", "우리 팀에 누구를 참여시키면 좋을까?", "팀 동료들과 어떻게 의논해야 하는가?" 이 책을 통해 몇몇 질문에 대한 답을 얻을 수 있을 것이다.

클라우드를 활용해 의미있는 일을 해내고 있는 많은 회사 역시 더 넓은 사업 기회를 만들고 싶어 하고 변화를 추구하려 하고 있다. 이를 위한 동력은 문화, 재무, 혁신 등에서 찾을 수도 있다. 상당히 드물지만 일부의 경우 기술 측면을 고려하는 임원진도 있다. 대부분의 노력은 조직의 경쟁력, 현대화, 디지털 역량 등을 좋게 만들고자 하는 기대감을 통해 이뤄진다.

이러한 이니셔티브를 지칭하는 여러 가지 용어들이 있다. 대표적인 예로 IT 현대화, 클라우드 퍼스트^{cloud-first}, 대규모 마이그레이션 등이 있다. 하지만 이들 중 가장 많이 사용하는 것은 '디지털 트랜스포메이션^{digital transformation}'이 아닐까 한다.

회사 내의 어떤 레벨에서는 '디지털 트랜스포메이션'이라고 주장하기가 쉽지 않다. 임원진 대부분은 더 나은 고객 경험을 계획하고 제공할 수 있는 사람들로 이뤄진 팀과 더 많은 자동화 기술을 통해 많은 긍정적 효과를 얻고 있다고 생각하고 있다. 말하자면, 시작, 중간, 끝이 있는 디지털 트랜스포메이션이란 한마디로 완전 '헛소리'라는 얘기다.

그렇지만 나 역시도 완전 초보는 아니다. 디지털 트랜스포메이션을 착수시킨다는 얘기는 조직이 그 바늘을 움직이게 하기 위해 어떻게 해야 할 것인가와 같다. 또한 경영 컨설턴트가 들어와서 해야 한다면 여러분은 그 일을 받아들이고 포용해야 할 수도 있다. 그러나 진짜 목표는 트랜스포메이션에는 일종의 한계가 있는 최종 상태가 있어서는 안 된다는 걸 잊어선 안 된다. 기술이 무엇이든 상관없이 비즈니스 요구를 충족시키기 위해 신속하게 기술을 배치할 수 있는 조직이 돼야 한다.

그리고 '디지털 트랜스포메이션'이라는 용어를 좋아하지는 않지만, 디지털화할 수 있는digital-capable 또는 디지털 네이티브digital-native 회사가 되는 과정은 많은 시간이 걸릴 수 있으며 그 과정에서 많은 시련도 감수할 수 있어야 한다.

회사마다 클라우드 여정은 모두 다르겠지만, 반복되는 패턴과 공통점이 몇 가지 있다. 그리고 경영진은 이러한 클라우드 여정을 완료한 다른 사람들을 통해 전수받으려는 경향이 강하다. 클라우드 성숙도는 모두 다르지만 각자의 수준에 맞춰 트랜스포메이션 과정을 진행하는 수백 개의 회사들을 만나면서 나는 '클라우드 도입 단계SofA, Stages of Adoption'라는 패턴을 만들었다(이 패턴은 앞으로도 끊임없이 업데이트가 이뤄질 수 있다). SofA는 1단계: 프로젝트, 2단계: 파운데이션, 3단계: 마이그레이션, 4단계: 리인벤션으로 구성되며, 각각은 엔터프라이즈에서 디지털 회사가 되려고 하는 끝없는 여정에서 일어나는 일을 보여준다.

1단계: 프로젝트(2장)

대부분의 조직은 기존과는 다른 방식으로 IT 기술을 활용하고 클라우드를 통해 할 수 있는 것을 배울 목적으로 몇 가지 **프로젝트**^{project}를 시작한다. 대부분의 조직은 회사 내부에서 클라우드 기술을 거의 사용하지 않기 때문에 항상 사람들이 관심을 가질 만한 중요한 프로젝트를 선택하는 것이 좋다. 반면 딱히 의미를 찾기 애매한 프로젝트는 잘못되면 해고당할 수도 있으니 선택하지 않는 것이 좋다. 일단 경영진이 클라우드에 대해 감을 잡고 나면 그것을 기반으로 더 많은 것을 하려는 태도를 보인다.

2단계: 파운데이션(3장)

경영진은 스스로에게 이렇게 얘기하기도 한다. "좋아, 가능성은 있어. 이제 진지하게 생각해보자. 시스템 확장에 대해서도 고려하면 조직 전반에 걸쳐 이러한 새로운 기능을 확장할 수 있도록 몇 가지 **기초적인**^{foundational} 투자가 필요해"라고 말이다. 일반적으로 이러한 트랜스포메이션을 향한 노력에 전념할 수 있도록 여러 조직의 역할을 하나로 뭉친 팀을 만들어야 한다. 이를 CCoE^{Cloud Center of Excellence}라고 한다(24~31장 참고). 그리고 'AWS 랜딩 존^{landing zone}' 배포도 필요하다. 이를 바탕으로 클라우드를 대규모로 활용할 수 있는 올바른 관리 및 운영 모델을 갖출 수 있다.

3단계: 마이그레이션(4~9장)

파운데이션 역량을 갖추면, 대체로 누적된 기술 부채^{technical debt}를 덜어내고 이를 통해 혁신에 더 집중할 수 있는 방법을 찾으려고 한다. 이 단계에서 레거시 시스템을 클라우드로 **마이그레이션**^{migration}해서 얻을 수 있는 이점을 정량화하는 비즈니스 사례를 만든다.

4단계: 리인벤션(10장)

조직의 IT 인프라가 온프레미스 환경에서 클라우드로 바뀌었다는 건 일반적으로 IT 비용과 비즈니스 역량(제품 및 서비스)을 최적화하는 데 훨씬 유리한 위치에 서 있음을 의미한다. GE 오일 & 가스[Oil & Gas][1]를 비롯한 많은 기업은 클라우드로 마이그레이션하는 과정에서 얻은 전문성 덕분에 마이그레이션 완료 후 애플리케이션 최적화가 더 쉬워졌다고들 얘기한다. 이러한 조직 대부분은 마치 그들 스스로 리인벤트[reinvent], 즉 재발명한 것처럼 느끼기 시작하고 이 역량을 전체 비즈니스에 적용한다.

클라우드 여정을 통한 클라우드 퍼스트 실현

많은 조직이 앞에서 설명한 여러 단계의 중간쯤 와 있는 상태에서 그들 스스로 '우리는 클라우드 퍼스트'라고 선언하는 경우를 종종 보게 된다. 이 과정에서 이들은 자신들의 비즈니스를 위한 기술 솔루션 구현 과정에서 '왜 클라우드를 사용해야 하는가?'에서 '왜 클라우드를 안 쓰면 안 되는지?'로 증명해야 할 목표가 정반대로 바뀌게 된다.

많은 기업이 이러한 클라우드 여정 중 각자 고유한 시점에서 클라우드 퍼스트 정책에 도달한다. 본능적으로 확신이 선 일부 CIO의 경우 일찍 클라우드 퍼스트를 선언한다. 다른 일부 CIO의 경우 클라우드 퍼스트를 정당화하기 위해 우선 정교한 비즈니스 사례부터 만든 후 클라우드로 이를 옮기기도 한다. 또 다른 CIO들은 기회주의적 개발자 또는 섀도 IT[shadow IT]를 통해 클라우드 퍼스트가 조직에 영향을 미치게 하기도 한다. 또, 일부는 기회주의적으로 클라우드 프로젝트를 하나씩 구현해서 클라우드 퍼스트라는 최종 목표를

---

1 https://aws.amazon.com/solutions/case-studies/ge-oil-gas/

향해 반복해나가는 전략을 취하기도 한다(나는 다우 존스에서 이러한 방법을 적용했다).

나는 모든 조직이 언제 클라우드 퍼스트를 선언하면 좋을지 적절한 시기를 명확하게 알려주고 싶다. 하지만 조직마다 고유한 요소가 너무 많아서 이를 간단하게 만든다는 건 불가능하다.

우리는 보통 많은 기업이 여러 사업 부문의 집합체이고, 이들 사업 부문 각각은 독립적으로 관리되고 서로 느슨하게 결합되어 있다고 생각한다. 기업별로 이러한 사업 부문의 기술 결정 권한은 매우 다양하다. 예를 들어 일부 기업은 고도의 중앙 집중형 모델을 갖고 있는데, 이 모델은 여러 사업 부문들에 걸쳐 어떤 기술이 필요한지를 중앙의 IT 부서가 선택하고 제어하는 역할을 한다. 반면에 사업 부문별로 각자 기술 결정을 내릴 수 있는 자율권을 갖고 있는 기업도 있다. 통상 대부분의 기업은 이러한 두 가지 형태가 혼합된 모델을 적용하고 있다.

조직 전체에서 기술 의사결정을 구조화하기 위한 방법에 정답이란 없다. 하지만 중앙 집중형 모델(효율성, 표준화)과 자율형 모델(시장 출시, 혁신)을 선택했을 때 각각의 장단점을 고려해야 한다. 경영진 대부분은 갈수록 후자를 선호하는 것 같다. 이 책 전반에 걸쳐 미래의 기술 조직 구조, Amazon.com의 2피자 팀 모델, 그리고 CCoE가 어떻게 적용되는지 자세히 알아볼 것이다.

◆ ◆ ◆

앞에서 SofA를 순차적인 여정으로 제시했지만, 많은 경우 종종 서로 관련성 없는 사업 부문들이 동시에 각기 다른 클라우드 도입 단계에 위치해 있는 경우도 있었다. 한 단계의 활동이 조직 전체에서 동시에 진행되어 좀 더 광범위한 조직에 플라이휠 효과^{flywheel effect}(일종의 선순환 효과)를 만드는 것이 바람직하다.

SofA를 통해 다른 조직이 무엇을 진행하고 있는지, 그리고 이 패턴을 자신의 조직에 어떻게 적용할 수 있는지에 대한 아이디어를 얻기 바란다. 여러분의 소중한 경험을 전하고 싶다면 알려주기 바란다!

02
클라우드 시작

원문(2016년 9월 26일): http://amzn.to/getting-started-with-cloud

> "천 리 길도 한 걸음부터"
> — 노자(老子)

1장에서 클라우드 도입 단계^{SofA}라는 멘탈 모델을 소개했다. 이 모델은 기업이 클라우드 퍼스트에 도달하기 위한 일종의 여정을 설명한다. 나는 기술적 실습보다는 리더십과 변화 관리의 실습이 더 필요하다는 사실을 알았다. 그리고 모든 경우를 해결할 수 있는 만병통치약은 없지만, 조직의 클라우드 여정에서 SofA가 경영진이 고려해야 할 유용한 모델이었으면 하는 바람이다.

2장에서는 '프로젝트'라는 첫 번째 SofA를 중점적으로 설명한다. 클라우드를 시작한 기업 내에서 내가 겪은 경험을 자세히 다룬다.

당연하겠지만 대부분의 기업은 비즈니스 요구를 충족하기 위해 어떻게 클라우드를 활용할지 잘 이해할 수 있는 손쉬운 프로젝트로 SofA를 시작한다.

나의 첫 번째 엔터프라이즈 클라우드 프로젝트(1장에서 요약)

2012년 내가 다우 존스의 CIO였을 당시, CEO는 우리 모두가 공통적으로 느낀 것이 있다면 그게 바로 큰 사업 기회라는 가설을 세웠다. 다우 존스의 대표적인 B2C 상품인 「월스트리트저널」의 구독자가 전 세계의 많은 부를 차지하고 있고, B2B 상품인 팩티바와 다우 존스 뉴스와이어스의 구독자는 전 세계 자산의 상당 부분을 관리하고 있다고 가정했을 때, 이들이 서로 연결하고 소통할 수 있는 메커니즘을 제공해서 매우 가치 있는 플랫폼을 만들어낼 수 있었다.

그 전까지 다우 존스는 이런 걸 만든 적이 없었고, 우리는 빨리 움직이기를 진심으로 원했다. 개념 증명$^{PoC, proof of concept}$ 결과를 만들기 위해 엔지니어와 디자이너로 아주 작은 팀을 만들어서, 생각했던 도구가 무엇이든 작업을 하는 데 필요하다면 마음껏 선택하도록 그들에게 전권을 주었다.

6주 후 AWS, 자동화, 오픈소스, 많은 노력을 기울여서 높은 가용성을 만족시키고 장애에도 문제가 없도록 구축한 애플리케이션을 가동시켰다. 비즈니스에 기술을 빠르게 적용하는 우리의 새로운 역량은 결국 소위 '영웅' 프로젝트가 됐다. 이를 통해 (많은 이들이 트레이닝을 받기 전까지 걱정을 하고 있었던) 우리 팀과 경영진의 이해관계자들이 클라우드 여정을 함께 시작할 수 있었다.

어떤 프로젝트로 시작해야 할까?

보통은 조직이 몇 주 안에 결과를 얻을 수 있는 프로젝트로 시작하는 것이 바람직하다. 수년간 수행해야 하는 대형 IT 프로젝트는 오늘날 손에 꼽을 정도이고, 내가 얘기를 나눈 경영진 대다수는 비즈니스에 가져오는 민첩성으로 인해 클라우드에 매료되어 있다.

팀에게 실습에 시간을 투자해 의미 있는 일을 할 수 있는 기회를 제공한다. 내 경험은 이를 통해 순수한 신규 개발 형태로 나타났다. 이것은 다른 많은 기업에서 따라온 패턴이다. 현대 웹 및 모바일 애플리케이션은 이상적인 경우인데, 유스케이스 및 참조 아키텍처가 잘 알려져 있기 때문에 더욱 그렇다. 또한 기업들의 경우 아마존 워크스페이스Amazon Workspaces[1]의 배포, 개발/테스트 환경 마이그레이션 또는 기존 애플리케이션의 현대화/마이그레이션으로 시작했다.

기존 애플리케이션 마이그레이션의 복잡성은 아키텍처 및 기존 라이선스 계약에 따라 모두 다르다. 복잡성에 따라 마이그레이션해야 하는 애플리케이션에 대해 생각해보면, 복잡성이 낮은 부분에 가상화된 서비스 지향 아키텍처SOA, service-oriented architecture를, 복잡성이 높은 부분에 모놀리식 메인프레임을 배포할 것이다. 시스템 복잡성이 낮은 것부터 시작하는 것이 좋다. '마이그레이션' SofA 단계 중 이러한 마이그레이션 시나리오와 패턴에 관해서는 뒤에서 더 자세히 설명한다.

내가 가장 중요하게 생각한 것은 조직이 비즈니스에 어떤 가치를 제공할 것인가다. 하지만 학습 욕구가 일어나지 않도록 중요도가 낮은 것을 선택해야 한다. 생각만 하느라 실행을 못 하는 소위 '분석 마비analysis paralysis'를 피하고 실험을 빠르게 시작하는 용도로 초기 클라우드 프로젝트를 사용하기 바란다.

꼭 실행해야만 하는 강력한 이유가 없는 한, 완벽한 비즈니스 트랜스포메이션 프로그램을 첫 번째 프로젝트로 선정하지 않도록 조심해야 한다. 조직이 변화를 소화할 수 있는 속도가 있으며 그 속도는 조직마다 다르다. 그 속도 이상으로 빠르게 추진할 경우 오히려 부정적 결과를 초래할 수 있음을 알았다. 나는 종종 이것을 의도와 반대되는 결과를 초래할 때까지 애정과 미련을 버리지 못한다는 의미로 '카우보이'에 비유하곤 했다. 누군가는 "결승선에 홀로 있다면 영광은 없다. 즉, 무슨 일이든 혼자 해낸 것은 무의미하다."라고 했다. 나는 이 말을 듣고 가슴이 철렁했으며 그동안 얼마나 카우보이 행세를 해

---

1 https://aws.amazon.com/workspaces/

왔는지 깨달았다. 올바른 균형을 맞추도록 이 말을 계속해서 나 자신이 되새겨야 함을 깨달았다.

초기 클라우드 프로젝트를 수행해야 하는 사람들은 누구인가? (힌트: 태도)

조직 내에서 시작했음에도 초기 클라우드 프로젝트에 대해 일부 사람들은 흥미진진해하는가 하면 일부 사람들은 불편함을 느끼기도 한다.

많은 관심을 보이는 사람들을 잘 육성하고, 어떻게 하면 그들이 클라우드 챔피언/전도자가 될 수 있는지 고민하기 바란다. 나는 그러한 태도가 적성만큼이나 중요하다는 사실을 알았고, 초기 단계에서 클라우드 챔피언은 실험을 두려워하지 않고 호기심이 많은 경향이 있다. 프로젝트 진행 과정에서 이들을 눈여겨볼 필요가 있다. 클라우드 도입 여정의 다음 단계('파운데이션')에서 CCoE(25장 참고)를 이끌어갈 좋은 후보자가 될 수 있기 때문이다.

초기 클라우드 프로젝트를 불편해하는 사람들에게 공감하고 클라우드 여정에서 이들에게 필요한 것들을 제공하기 바란다. 컴퓨터 과학의 원칙은 변함이 없다. 하지만 클라우드가 전통적인 역할들에 제공해야 하는 장점과 혜택을 얻으려면 목표 달성을 위해 기존과는 다르게 생각해야 한다. 그들의 관심사에 세심하게 반응하고 당신의 클라우드 여정을 함께할 사람들을 섭외하는 내용을 소개하는 15장 '클라우드로 성공하기 위해 필요한 사람들은 이미 여러분 곁에 있다'와 16장 '클라우드 기반의 기업 문화를 위한 직원 교육에서 고려해야 할 11가지'를 참고하기 바란다.

초기 프로젝트는 어디서부터 시작하는가?

2010년대 초중반에는 대부분의 클라우드 프로젝트가 개별 비즈니스 단위로 진행된 것처럼 보였다. 대부분의 경우 이러한 프로젝트는 '섀도 IT'로 구현됐는데, 비즈니스가 중앙의 IT를 통해서는 필요로 하는 것을 충분히 빨리 얻을 수 없기 때문이다. 섀도 IT가 전통적으로 조직에 긴장감을 불러일으키는 역할을 해왔다면, 이제는 사업 부서에 클라우드 참조 아키텍처를 제공하는 CCoE(24~31장 참고)가 점점 증가하고 있으며 이로 인해 더 안전하고, 향상된 거버넌스 및 투명성을 지닌 형태로 운영해 탁월한 혁신의 성과를 거둘 수 있게 한다. 이러한 접근 방식은 대규모 IT 영역에서 보안, 컴플라이언스 및 일관성을 강화하기 위해 필요한 안전 장치를 중앙 IT 부서에 제공하면서 여러 사업부 단위로 혁신을 자유롭게 추진할 수 있다. AWS 서비스 카탈로그 AWS Service Catalog[2]는 기업이 대규모로 이러한 작업을 수행할 수 있도록 지원한다.

클라우드가 '뉴 노멀new normal'이 되어감에 따라 중앙의 IT가 주도하는 초기 클라우드 프로젝트들이 점점 늘고 있다. 예를 들어 다양한 금융 서비스 기업은 비용 절감에 중점을 두고 있으며, 주기적인 업데이트를 통해 적절한 규모의 개발 환경/테스트 환경으로 클라우드를 향해 나아간다. 또 다른 예로, 존슨 앤 존슨Johnson & Johnson은 아마존 워크스페이스를 초기 클라우드 프로젝트 중 하나로 구현했다.[3]

---

2   https://aws.amazon.com/servicecatalog/

3   https://aws.amazon.com/solutions/case-studies/johnson-and-johnson/

03
클라우드 여정을 위한 4가지 파운데이션 투자

원문(2016년 10월 11일): http://amzn.to/cloud-foundation

"아름다운 피부보다 더 좋은 파운데이션(기초 화장)은 없습니다."
— 홀랜드 롤랜드 Holland Rolland

클라우드 퍼스트가 되기 위한 조직의 클라우드 여정은 기술적인 연습보다 리더십과 변화 관리 연습에 더 가깝다. 모든 문제를 해결할 수 있는 만병통치약은 없지만, SofA는 경영진이 조직의 클라우드 여정을 안내할 때 고려해야 할 유용한 모델이 되었으면 한다.

대부분의 조직이 클라우드에서 얼마나 빨리 제공할 수 있는지를 알려면 단지 몇 개의 프로젝트만 해보면 된다. 3장에서는 조직에서 일반적으로 볼 수 있는 네 가지 영역을 다루므로 조직 전체에서 이러한 이점을 확장할 수 있다. 이것을 '파운데이션' 단계라고 한다.

1. CCoE 팀 생성(24~31장)

나는 CCoE Cloud Center of Excellence 를 만드는 것이 조직에서 할 수 있는 가장 중요한 기본 투자 중 하나라고 생각한다. 특히 여러분 조직의 문화를 진화시키고 싶다면 말이다. 내가 소개한 많은 조직과 기업은 CCoE를 조직 전체에 변화를 일으킬 지렛대이자, 27장 '여러분의 기업에서 클라우드 플라이휠이란?'에서 다루는 트렌드로 사용하고 있다.

CCoE 직원 배치(25장)에서 설명한 것처럼, 조직은 다양성 측면에서 여러 부서의 사람들로 일종의 연합 팀을 구성하는 것이 좋다. 시스템 관리, 데이터베이스 관리, 네트워크 엔지니어링 및 운영과 관련된 전통적인 역할은 코드로서 점점 더 자동화되면서 함께 혼합된다. 여러분은 이미 성공에 필요한 사람들을 확보했을 것으로 믿는다(15장). 그리고 새로운 것을 배우고자 하는 열정적인 사람들은 CCoE에 이상적이라고 생각한다. 당신은 이미 그 사람들이 누군지 알고 있을 것이다.

CCoE를 구축할 때는 다양한 비즈니스 단위가 어떻게 참여할 것인지, 조직이 기술 선택을 어떻게 관리(중앙 집중화/분산화 등)할 것인지 고려해보기 바란다.

예를 들어, 다우 존스에 CCoE 팀을 구축했을 때 '구축한 것을 직접 실행/운영한다run-what-you-build'는 철학(30장)을 설명하는 용어와 의도적으로 결합시키기 위해 우리는 데브옵스라는 이름을 붙였다. 우리의 목표는 데브옵스 팀이 (1) 사내에서 선호하는 모범 사례, 거버넌스 및 가드레일을 구현한 운영 모델을 진단/처방하고, (2) 동시에 각 사업부에 일정 기간 내에 목표를 달성하는 데 필요한 의사결정을 내릴 수 있는 자율성을 부여하는 것이었다. 데브옵스 팀이 성숙함에 따라 참조 아키텍처도(이어지는 내용 참고) 개선된다. 그리고 더 많은 비즈니스 유닛이 데브옵스 팀이 제공한 기능을 더 빠르고 효율적으로 사용하기를 원했다.

2. 비즈니스 전반에서 재사용할 참조 아키텍처 구축

팀이 자신이 소유한 애플리케이션에서 일반적인 패턴을 찾도록 도와주기 바란다. 여러 애플리케이션의 요구사항을 충족하는 참조 아키텍처를 찾은 경우 보안 및 운영 통제 사항들을 만드는 동안 해당 참조 아키텍처의 구성을 자동화하는 스크립트를 작성한다. 이는 팀이 사용하는 다양한 운영체제의 '골든 이미지^{golden image}'를 만드는 것만큼 간단할 수도 있고, 반대로 호스팅할 모든 웹사이트의 아키텍처 및 운영 모델을 설명하는 청사진만큼 복잡할 수도 있다.

참조 아키텍처 각각이 온프레미스 자산과 통신하는 방법도 고려해야 한다. 32장 '클라우드를 이용하는 하이브리드 아키텍처에 대한 세 가지 근거 없는 믿음'에서 설명하겠지만, "나는 되도록 빨리 클라우드로 인프라를 마이그레이션하고 싶어 하는 많은 CIO들에게 이야기해왔지만, 의미 있는 클라우드 도입은 시간이 오래 걸리는 여정이라는 걸 알게 됐다. 클라우드 여정 속에서, 회사들은 현재 운영 중인 시스템을 계속 유지하기 위한 방법이 필요할 뿐만 아니라 기존의 투자 대부분을 확보해둬야 한다." 기존의 접근 제어로 일관성 있게 온프레미스 방화벽을 통한 통신을 할 수 있도록 몇몇 조직은 손쉽게 쓸 수 있는 AWS 클라우드의 보안 그룹[1]을 만들기도 한다. 그런 다음 다른 참조 아키텍처에도 이러한 보안 그룹을 재사용하곤 한다.

여러분의 전체 IT 포트폴리오를 대상으로 CCoE가 파악하게 하면 참조 아키텍처를 더 쉽게 만들고 확장할 수 있을 것이다. AWS 서비스 카탈로그^{Service Catalog}[2]는 여러분이 시스템을 확장함에 따라 참조 아키텍처를 저장, 허가 및 배포할 수 있게 해준다.

---

[1] http://docs.aws.amazon.com/AmazonVPC/latest/UserGuide/VPC_SecurityGroups.html

[2] https://aws.amazon.com/servicecatalog/

3. 실험 문화 만들기 및 운영 모델 진화(19~20장)

클라우드는 내가 경험했던 것 중 가장 큰 실험의 원동력이며, 많은 조직이 전통적인 IT 운영 모델을 다시 사용하는 강제 기능forcing function으로 클라우드 여정을 사용하고 있다.

기술 선택을 위해 각 사업부에게 얼마나 많은 자율권을 부여할지 다시 고민하는 조직이 점점 더 많아지고 있다. 동시에 역할 및 권한 관리 방법, 비용 책임자, 모니터링 및 로깅에 사용할 수 있는 도구, 환경의 변화에 영향을 줄 수 있는 도구 등에 대해서도 신중히 생각하고 있다.

예를 들어, 아마존의 경우 고객에게 제공하는 서비스에 대해 전적으로 책임을 지도록 모든 서비스는 '2피자 팀'[3]을 기반으로 한다. 여기에는 사용되는 기술, 서비스 로드맵 및 서비스 운영이 포함된다.

구축한 것을 직접 실행/운영한다는 이러한 사고방식을 일부 사람들은 불편하게 느낄 수도 있다. 하지만 나는 더 많은 조직이 이 개념을 향해 나아가고 있다는 사실을 알게 됐다. 많은 기업이 CCoE를 추진해 적절한 운영 모델의 모양을 정의하고 이를 참조 아키텍처 및 각 비즈니스 단위에 제공하는 지속적인 통합 도구로 통합한다. 적절한 가드레일을 사용하면 각 사업부에서 훨씬 더 자주 변경사항을 공개할 수 있다.

내가 다우 존스에 근무하던 당시 CCoE는 단순하지만 효과적이고 지속적인 통합 파이프라인을 구축해 2주 단위의 출시 윈도release window를 폐지하고 준비가 될 때마다 작은 변경사항을 적용할 수 있었다. 그리고 2014년 9월 다우 존스를 떠날 때 CCoE는 나에게 월간 MarketWatch.com에 보낸 600개의 릴리스를 설명하는 문서를 보냈다. 내가 받은 선물 중 가장 보람 있는 작별 선물이었다.

---

3 http://blog.idonethis.com/two-pizza-team/

4. 직원을 교육하고 팀에게 학습할 기회를 제공하라

교육은 여러분과 팀이 함께 확보할 수 있는 가장 효과적인 메커니즘이다. '모범 사례 II: 직원 교육'에서 이 주제를 다룬다. 조직이 오늘날 채용 시장에서 좋은 경쟁력을 유지하는 것은 아무리 강조해도 지나치지 않다.

캐피털 원Capital One[4]은 인재 개발 분야의 업계 선두 조직 중 하나가 아닐까 한다. 캐피털 원에서 클라우드 엔지니어링 담당 기술 이사를 역임하고, 현재 A Cloud Guru의 관리 파트너로 일하고 있는 드루 퍼먼트Drew Firment는 '클라우드 도입에서 탤런트 트랜스포메이션이 가장 어려운 부분'이라는 글을 통해 자신의 생각을 공유했다.[5]

마치며

이러한 기본 투자가 앞으로 몇 년 동안 여러분에게 큰 도움이 될 것이다. '천리 길도 한 걸음부터'라는 생각으로 시간이 지남에 따라 기초를 반복하고 개선할 수 있다는 사실을 기억하기 바란다. 여러분이 하나씩 알아나갈수록 점점 더 강해지고, 유연해질 것이다.

---

[4] https://aws.amazon.com/solutions/case-studies/capital-one/
[5] https://cloudrumblings.io/cloud-adoption-the-talent-transformation-is-really-the-hardest-part-b8f288cee11b

04

클라우드로 대규모 마이그레이션을 고려하는가?

원문(2016년 11월 1일): http://amzn.to/considering-mass-migration

> "인류의 역사는 어찌 보면 인간의 움직임에 대한 역사다.
> 가까운 미래에 사람들의 이동은 더욱 심해질 것이다.
> 몇몇 사람들이 예상하는 것처럼 기후 변화로 인해
> 전례 없는 대규모 이주가 발생할 경우 특히 그렇다.
> 우리가 이 움직임의 필연성을 더 빨리 인정할수록
> 그만큼 더 빨리 관리하려고 노력할 수 있다."
> – 패트릭 킹즐리 Patrick Kingsley

많은 수의 애플리케이션을 한 번에 클라우드로 마이그레이션한 첫 경험은 2013년 내가 다우 존스의 CIO였을 때였다. 우리는 클라우드에서 새로운 프로젝트를 구현했으며 데브옵스 팀을 통해 기본 클라우드 기능을 확립했다. 당시 우리가 홍콩에서 아시아 태평양 지역 호스트를 운영하기 위해 사용했던 데이터 센터의 코로케이션 colocation 시설이 무너지기 직전이었다. 거기에서 실행되는 수십 개의 애플리케이션을 새로운 곳에 정착시키기 위해 2개월을 보냈다.

새로운 하드웨어에 자본을 투입하거나 운영 절차를 많이 변경하지 않고도 6주 만에 이 마이그레이션을 완료[1]할 수 있었기 때문에 상당히 놀라웠지만

---

1 https://aws.amazon.com/solutions/case-studies/dow-jones/

동시에 매우 기뻤다. AWS 마켓플레이스[2]를 통해 우리 시스템에서 사용했던 것과 동일한 로드 밸런서와 WAN 가속기를 사용할 수 있는 기회를 얻었고 기존 데이터베이스와 애플리케이션을 단순히 리프트 앤 시프트하기만 하면 됐다(마이그레이션 과정에서 시스템을 재구축하지 않은 건 이때가 처음이었다). 결과적으로 운영 비용은 약 30% 감소했다.

이 경험을 바탕으로 56개의 데이터 센터를 6개로 통합하면서 75%의 애플리케이션을 클라우드로 마이그레이션함으로써 모든 뉴스 코퍼레이션(모회사)의 비용을 1억 달러 이상 절감하거나 재할당할 수 있는 비즈니스 사례를 이끌어냈다. 뉴스 코퍼레이션은 전체 애플리케이션의 75%를 클라우드로 옮기는 과정에서 약 2년 만에 비용 절감 목표를 실현할 수 있었다.

나는 AWS의 엔터프라이즈 전략 담당 글로벌 책임자로서 2014년부터 지금까지 일하고 있으며, 기존 IT 자산의 상당 부분을 클라우드로 마이그레이션하려고 계획하고 있는 수백 개의 기업과 이야기할 수 있는 기회가 있었다. 클라우드에 대한 레거시 마이그레이션 요구가 커지면서 AWS의 동료들은 더 많은 기업이 마이그레이션하는 데 도움이 되도록 이 경험을 전달하는 방법을 지속적으로 고수해왔다. 4장은 우리가 지금까지 배운 내용 중 일부를 요약한 총 3부의 미니시리즈 중 첫 번째 글이다.

클라우드로의 '대규모 마이그레이션'이란?

'마이그레이션 migration'을 사전에서 찾아보면 다음과 같다.

mi·gra·tion /mīgrāSH(ə)n/: 명사: 한 부분의 다른 부분으로의 이동

---

2 https://aws.amazon.com/marketplace/

시간이 시작된 이래 사람들은 시스템을 더욱 유능한 플랫폼으로 마이그레이션하기 위해 기술 발전을 위한 장점을 취해왔다. 이를테면 (1) 인쇄기 vs. 필기된 책, (2) 전력망 vs. 자가 생성 전력, (3) 디지털 컴퓨터 vs. 사람이 계산한 암호화/복호화, (4) 메인프레임 vs. 범용 하드웨어화 vs. 가상화 같은 것들이다.

마이그레이션 관련 기본 프로세스는 보통 (1) 새로운 시스템의 이점을 이해하고, (2) 기존 시스템의 차이를 평가하고, 계획을 세우고, 마이그레이션하는 식이다. 이러한 마이그레이션 관련 기본 프로세스는 시간이 지나도 크게 변하지 않았다. 그러나 많은 레거시 애플리케이션을 클라우드로 마이그레이션하려고 하면 때로는 변화가 필요하기 때문에 조직에 위협이 될 수 있음을 알게 됐다. 현대 기업은 나날이 더 커지고 복잡해지는 IT 환경에 있으며 조직은 새로운 시스템을 계속 구축하면서 기술 부채를 회수할 기회가 거의 없다.

이 미니시리즈의 목적을 위해, 대규모 마이그레이션은 조직의 기존 IT 자산 중 의미 있는 부분을 클라우드로 옮기는 것으로 간주되며 이를 단순히 '마이그레이션'이라고 한다. 마이그레이션은 다음과 같이 구성된다. 데이터 센터 집합, 비즈니스 단위 또는 단일 애플리케이션보다 큰 시스템의 다른 포트폴리오를 포함할 수 있다.

마이그레이션에는 어떤 방법이 있을까?

조직이 IT 포트폴리오를 AWS 클라우드로 마이그레이션하는 데 도움이 되는 경험과 기술 마이그레이션에 대한 지식을 결합해서 두 가지 멘탈 모델을 개발했다. 이 모델은 많은 고객이 클라우드로 대규모 마이그레이션하는 데 잘 쓰이고 있다.

첫 번째 멘탈 모델은 마이그레이션의 수행 패턴을 보여준다. 이 5단계 마이그레이션 프로세스는 수십, 수백 또는 수천 개의 애플리케이션 마이그레이션에 도움이 될 수 있다.

'6R'이라고도 부르는 두 번째 멘탈 모델은 개별 애플리케이션을 클라우드로 마이그레이션하기 위한 6가지 전략을 제공한다.

이러한 멘탈 모델은 경험에 근거한 반면 마이그레이션에 대한 접근에 도움이 되는 지침 원칙으로 사용된다. 이들은 그렇게 엄격하지는 않다. 모든 조직은 제약사항, 예산 문제, 정치, 문화 및 시장 압력을 각자에게 맞게 섞어서 의사결정을 이끌어낸다.

마이그레이션 프로세스(5장)

앞에서 설명했듯이 클라우드 마이그레이션 프로세스는 일반적으로 (1) 기회 파악 및 평가, (2) 포트폴리오 조사/발견 및 계획 수립, (3) 애플리케이션 설계, (4) 마이그레이션 및 유효성 검사, (5) 운영의 5단계로 구성된다.

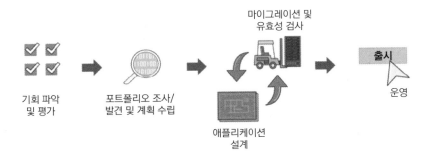

모든 마이그레이션에 다 잘 통하는 완벽한 경로, 프로세스는 없다. 하지만이 멘탈 모델은 고객이 마이그레이션에 접근하는 데 도움이 된다. 또한 이를 바탕으로 우리는 조직에서 마이그레이션에 사용하는 모범 사례, 도구

및 파트너를 문서화하고, 코드로 구현할 수 있었다.

이러한 '마이그레이션 프로세스'에 대한 자세한 내용은 5장 '대규모 클라우드 마이그레이션을 위한 프로세스'를 참조하기 바란다.

애플리케이션 마이그레이션 전략: '6R'(6장)

애플리케이션을 여러 가지 방법으로 클라우드로 마이그레이션할 수 있으며 마이그레이션 프로세스와 마찬가지로 많은 회색 음영 shades of gray 3이 있을 수 있다. 그러나 우리는 다음 6가지 접근 방식이 가장 공통적인 것으로 나타났다.

- **리호스팅** rehosting ('리프트 앤 시프트'라고도 한다.)
- **리플랫폼** replatforming ('리프트 팅커 앤 시프트 lift-tinker-and-shift'라고도 한다.)
- **리퍼처싱** repurchasing (여러 가지 제품/라이선스를 마이그레이션하며, 종종 SaaS 도 마이그레이션한다.)
- **리팩토링** refactoring (클라우드 네이티브 기능을 활용한 리아키텍팅 re-architecting (기존 아키텍트의 개선 작업) 또는 리이매진 re-imagine (완전 재구성))
- **리타이어** retire (폐기)
- **리테인** retain (아무것도 하지 않고 현재 상태 유지. 보통은 '결국 클라우드 도입을 다시 고민')

  (참고: 이 전략은 2011년 가트너 Gartner 가 제시한 5가지 R을 기반으로 한다.)

---

3 명확히 구분하기 어려운 영역을 의미한다. – 옮긴이

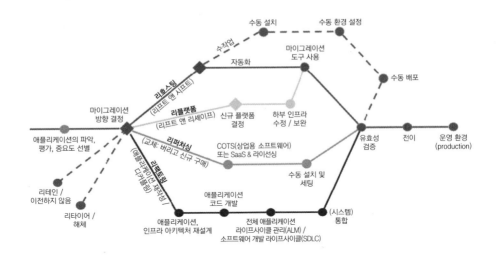

이 6가지 애플리케이션 마이그레이션 전략에 대한 자세한 설명은 6장 '애플리케이션의 클라우드 마이그레이션을 위한 6가지 전략'을 참고하기 바란다.

대규모 마이그레이션을 위한 준비가 됐는가?

일반적으로 대규모 마이그레이션은 조직 차원의 노력이 필요하며, 보통 클라우드 사용 경험이 있는 조직에서 시작한다.

이 책의 2장, 3장에서는 대규모 마이그레이션을 조직에서 수행하려고 할 때 우선 수행하는 활동에 대해 자세히 설명했다. 하지만 클라우드 시장이 성숙해지고 성공 사례가 더 많아짐에 따라 더 많은 경영진이 클라우드 여정의 초기 단계에 대규모 마이그레이션을 고려하고 있음을 알게 됐다.

기존 경험을 활용하지 않고 마이그레이션을 시작해야 하는 강력한 이유가 있는 경우에는 반드시 비즈니스 사례를 고려해야 한다. 하지만 초기 단계에서 해야 하는 것들은 되도록이면 마이그레이션 프로젝트 앞부분에 배치해놓기 바란다.

05

대규모 클라우드 마이그레이션을 위한 프로세스

원문(2016년 11월 1일): http://amzn.to/migration-process

> "우리는 사람들의 이주를 막을 수도 없고 막아서도 안 된다.
> 우리는 그들이 집에서 더 나은 삶을 누릴 수 있게 해야 한다.
> 이주는 문제가 되지 않는다."
> – 윌리엄 스윙^{William Swing}

5장에서는 대규모 클라우드 마이그레이션을 고려 중인 임원진을 돕기 위한 5단계 '마이그레이션 프로세스'에 대해 설명한다. 전체 3부로 구성된 시리즈 중 2부에 해당한다. 4장(이 시리즈의 첫 번째 장)에서는 대규모 마이그레이션의 개념을 소개했다. 이 시리즈 내에서는 간단하게 '마이그레이션'이라고 할 것이다. 6장(시리즈의 세 번째 장)에서는 클라우드로 애플리케이션을 마이그레이션하기 위한 6가지 전략을 소개한다. 각 장들을 따로 구분했지만, 하나로 묶여 있다고 보는 것이 더 좋다고 생각한다.

마이그레이션 프로세스는 기술 마이그레이션에 대해 알고 있는 AWS와 조직이 IT 포트폴리오를 AWS로 마이그레이션하는 것을 돕는 경험을 결합한 것이다. 이 프로세스는 경험을 토대로 하는 반면, 마이그레이션을 수행하는 데 도움이 되는 지침 원칙을 제공하기 위한 것이며 엄격한 규칙을 정하지는 않는다. 모든 조직은 제약사항, 예산 문제, 정치, 문화 및 시장 압력을 각자에 맞게 적절히 섞어서 최종 의사결정을 내린다.

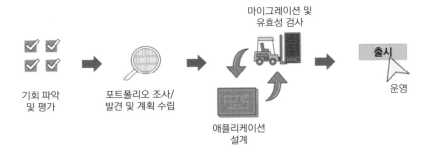

1단계: 기회 파악 및 평가

클라우드로 마이그레이션을 유도할 비즈니스 사례 또는 강력한 이벤트는 무엇인가?

이상적으로는 여러분에게 몇 가지 경험이 쌓일 것이다(2장과 3장 참고). 그리고 그러한 경험을 사용해 비즈니스 사례를 만들 수 있을 것이다. 클라우드 시장의 형성 단계에서 마이그레이션은 면밀한 검토 없이 그냥 추진되는 경우가 많았다. 시장이 발전하고 모든 기업이 무엇을 어떻게 마이그레이션할 것인지를 고려함에 따라 조직 전체의 행동을 유도하기 위한 비즈니스 사례 및 강력한 이벤트의 필요성이 점점 더 커지고 있다.

가능한 모든 비즈니스 사례, 주목할 만한 사건을 아직까지 보진 못했지만 데이터 센터의 계약 만료, 늘어난 개발자의 생산성, 글로벌 확장, 향후 인수합병M&A 활동, 표준화된 아키텍처를 위한 드라이브 등에 의해 많은 마이그레이션이 이뤄져 왔다.

예를 들어, 우리가 함께 일하는 한 고객은 개발자 생산성과 관련된 비즈니스 사례를 개발했다. 고객은 데이터 센터를 AWS로 마이그레이션하고 그 과정에서 개발자 교육도 함께 해서 현재보다 50% 이상 생산성이 좋아질 거라고 믿고 있다. 인프라 프로비저닝을 위한 대기 시간을 없애고, 개별적으로 구축/조달해야 하는 80개 이상의 서비스에 대한 액세스를 통해, 개발자를 매년 연인원 1,000명씩 늘리는 형태로 생산성 향상이 이뤄질 것이다. 고객은 새로운 성장 기회를 발굴하기 위해 10명 단위의 총 100개 신규 프로젝트에 예산을 지원하는 데에 늘어난 생산성을 사용하려고 한다(전직 CIO로서, 이것은 가장 좋은 비즈니스 사례인 것 같다. 추가 비즈니스 사례에 관심이 있다면 메모를 보내주기 바란다).

클라우드로 마이그레이션하기 위해 공식 비즈니스 사례가 필요하지 않더라도 리더가 목적을 명확하게 제시하고(13장) 적극적이지만 달성 가능한 목표를 설정하는 것이 중요하다고 생각한다. 이게 없었을 때 너무나 많은 마이그레이션 작업 지연이 발생했다.

마이그레이션을 진행할수록 여러분이 만들어내는 가치, 그리고 조직에 가치를 전달하는 방법에 눈을 뜰 것이다. 그리고 사용한 만큼만 지불하는 IT 서비스를 조달하는 방법에 대한 자신감이 더욱 높아질 것이다.

2단계: 포트폴리오 조사/발견 및 계획 수립

여러분의 환경에 무엇이 있으며, 상호 의존성은 무엇이며, 무엇을 먼저 마이그레이션할 것이며, 어떻게 마이그레이션할 것인가?

보통 조직에서는 해당 환경의 내용을 깊이 이해하기 위해 환경 구성 관리 데이터베이스CMDB, configuration management database, 기관 지식, (AWS Discovery Service[1], RISC Networks[2] 같은) 배포 관리 도구를 들여다보는 경우가 많다. 이 지식을

---

1 https://aws.amazon.com/about-aws/whats-new/2016/04/aws-application-discovery-service/
2 http://www.riscnetworks.com/

사용해 조직은 포트폴리오에서 각 애플리케이션을 어떤 순서로 어떻게 마이그레이션할 것인지 계획을 수립할 수 있다(마이그레이션을 진행하면서 변경될 때 고려해야 하는 사항들도 있다).

기존 애플리케이션 마이그레이션의 복잡성은 아키텍처 및 기존 라이선스 계약에 따라 모두 다르다. 복잡성에 따라 마이그레이션해야 하는 애플리케이션에 대해 생각해보면, 가상화된 서비스 지향 아키텍처는 복잡성이 낮고, 모놀리식 메인프레임의 경우 복잡성이 높을 것이다.

스펙트럼상에서 복잡도가 낮은 끝부분부터 시작하는 것이 좋다. 왜냐하면 완료하기가 더 쉽기 때문이다. 즉, 배우면서 즉각적인 긍정적 강화 효과 및 퀵윈quick-win[3] 결과를 얻을 수 있다.

복잡성은 마이그레이션 방법에도 영향을 미친다. 가상화된 환경에서 호스팅되는 최신 애플리케이션은 쉽게 옮길 수 있을뿐더러 20년 전에 개발된 기술보다는 3년 전에 개발된 기술과 관련된 기술 부채의 비율이 더 높을 것이므로 리호스팅(일명 '리프트 앤 시프트')이 확실히 적절하다고 느낄 것이다. 또한 당연한 얘기지만 메인프레임을 리호스팅할 수는 없으므로 기능 합리화feature rationalization 및 리아키텍팅이 적절하다고 생각할 것이다. AWS 및 APN 마이그레이션 파트너사[4]는 메인프레임(및 기타 레거시 시스템)을 좀 더 쉽게 마이그레이션할 수 있도록 최선을 다하고 있다(자세한 내용은 내 이메일로 연락주기 바란다).

3단계, 4단계: 애플리케이션 설계, 마이그레이션 및 유효성 검사

나는 종종 이 두 단계를 묶어 '마이그레이션 팩토리migration factory'라고 부른

---

3 단기간에 가시적 성과를 만들 수 있는 과제를 발굴해서 실행하는 것 – 옮긴이

4 https://aws.amazon.com/migration/partner-solutions/

다. 여기서 마이그레이션은 포트폴리오 수준에서 개별 애플리케이션 수준으로 구체화된다. 각 애플리케이션은 6장 '애플리케이션의 클라우드 마이그레이션을 위한 6가지 전략'에서 소개하는 방법 중 하나에 따라 설계, 마이그레이션 및 유효성 검사를 수행한다.

지속적인 개선continuous improvement 형태의 접근 방식을 취하는 것이 좋다. 가장 덜 복잡한 애플리케이션부터 시작해서 마이그레이션 대상 플랫폼에 대해 더 많이 배우고 그 과정에서 마이그레이션하는 방법을 배운다. 그리고 조직이 더 많은 클라우드 및 마이그레이션이 가능해지면 좀 더 복잡한 애플리케이션 마이그레이션을 수행하면 된다.

마이그레이션 팩토리를 신속하게 확장할 수 있도록 일부 마이그레이션 테마에 중점을 둔 민첩한 팀을 만드는 것도 좋다. 하나 이상의 마이그레이션 전략, 공통 애플리케이션 유형(웹사이트, 셰어포인트Sharepoint, 백 오피스back-office 등), 다른 사업 단위 또는 경우에 따라 이들의 조합에 대한 몇 가지 팀이 있을 수 있다. 팀이 집중할 수 있는 주제를 찾으면 일반적인 패턴을 통해 배우고 공장에서 애플리케이션을 이전하는 속도를 가속화할 수 있다. 가장 좋은 건, 마이그레이션 진행 과정에서 기대하는 것들에 대해 조언하고 안내할 수 있는 CCoE(24~31장)를 만드는 것이다.

마지막으로, 오래된 시스템을 테스트하고 폐기하기 위한 전략이 있는지 확인한다. 오래된 하드웨어를 폐기할 때 새 하드웨어를 구매하거나 기다릴 필요가 없다. 와, 너무 좋지 않은가? 하지만 트래픽, 사용자 또는 콘텐츠를 마이그레이션하는 동안 일정 기간 동안 양쪽 시스템 환경을 병렬로 실행해야 할 수도 있다는 문제가 있다. 이 시간을 최소화하려면 각 비즈니스 소유자가 참여해 실시간으로 마이그레이션을 검증할 준비가 됐는지 확인하고 비용 및 성능 차이를 측정해야 한다.

5단계: 현대 운영 모델

마지막으로, 애플리케이션을 마이그레이션할 때는 새로운 토대를 반복하고 오래된 시스템을 끄고 현대 운영 모델을 향해 반복하고 또 반복한다.

내가 다우 존스에서 근무할 당시 우리의 마이그레이션에는 데브옵스 문화를 강제로 채택하기로 했다(28~31장). 나와 의견을 나눈 경영진 중 많은 이들이 애자일^{Agile}, 린^{Lean}, 그리고 애플리케이션 개발에서 몇몇 유명한 접근 방법과 비슷한 방식을 추구한다.

마이그레이션한 애플리케이션이 늘어날수록 사람, 프로세스, 기술이 지속적으로 발전하는 상태를 유지하는 운영 모델을 고민하기 바란다. 당신이 겪을 수도 있고 겪지 않을 수도 있는 모든 시나리오를 해결하기 위해 너무 많은 고심을 할 필요가 없다. 가장 좋은 것은, 비즈니스 사례를 만들기에 앞서 기본적인 전문성부터 쌓는 것이다. 그렇지 않다면, 처음 몇 가지 애플리케이션 마이그레이션을 사용해 파운데이션을 만들어보라. 그러면 마이그레이션 팩토리가 가속화될 때 운영 모델이 지속적으로 향상되고 더욱 정교해진다.

06

애플리케이션의 클라우드 마이그레이션을 위한 6가지 전략

원문(2016년 11월 1일): http://amzn.to/migration-strategies

> "이주는 실질적인 삶의 문제다.
> 교육, 경제 상황, 언어, 어디에 정착했는지,
> 도착한 곳에서 도움을 받을 수 있는 인적 네트워크 등
> 다양한 요소의 영향을 받는다."
> – 다니엘 알라르콘^{Daniel Alarcón}

6장에서는 고객이 클라우드로 애플리케이션을 마이그레이션하기 위해 구현하는 6가지 마이그레이션 전략을 설명한다. 이 전략은 가트너^{Gartner}에서 2011년 제시한 5R을 기반으로 한다.[1] 마이그레이션에 관한 3부 시리즈의 마지막 부분이다. 각 장들을 따로따로 구분했지만, 하나로 연결되어 있다고 생각하고 읽기 바란다.

---

[1] http://www.gartner.com/newsroom/id/1684114

마이그레이션 전략 수립

기업은 보통 마이그레이션 프로세스^{migration process}의 두 번째 단계, 즉 '포트폴리오 발견 및 계획 수립'에서 애플리케이션을 마이그레이션하는 방법을 고려하기 시작한다. 시스템 환경에 무엇이 있는지, 상호 의존성이 무엇인지, 쉽게 마이그레이션할 수 있는지, 어떻게 마이그레이션할 것인지, 각 애플리케이션을 어떻게 마이그레이션할 것인지를 판단할 시점인 것이다.

이 지식을 사용해 조직은 포트폴리오에서 각 애플리케이션을 어떤 순서로 마이그레이션할 것인지 계획을 어떻게 수립하는지(마이그레이션을 진행하면서 변경될 때 고려해야 하는 사항) 설명할 수 있다.

2장에서 설명했듯이, 기존 애플리케이션 마이그레이션의 복잡성은 아키텍처 및 기존 라이선스 계약에 따라 달라질 수 있다. 복잡성에 따라 마이그레이션해야 하는 애플리케이션에 대해 생각해보면, 가상화된 서비스 지향 아키텍처는 스펙트럼상에서 복잡성이 낮은 쪽에, 모놀리식 메인프레임은 복잡성이 높은 쪽에 위치한다.

스펙트럼상에서 복잡도가 낮은 끝부분부터 시작하는 것이 좋다. 왜냐하면 완료하기가 더 쉽기 때문이다. 즉, 배우면서 즉각적인 긍정적 강화 효과 및 성공에 대한 빠른 확인을 얻을 수 있다.

애플리케이션 마이그레이션의 6가지 전략: 6R

우리가 살펴볼 애플리케이션 마이그레이션의 일반적인 6가지 전략은 다음과 같다.

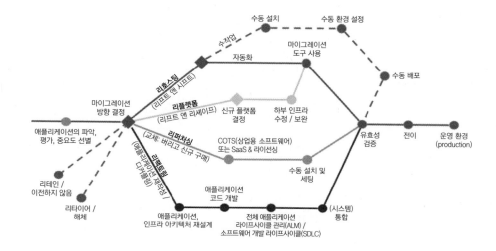

1. **리호스팅** rehosting – '**리프트 앤 시프트**'. 초기 클라우드 프로젝트의 상당수
   는 클라우드 네이티브 기능을 사용해 새로운 신규 개발에 몰두한다.
   그러나 조직이 비즈니스 사례를 빠르게 충족시키기 위해 마이그레이
   션을 확장하려는 '대규모 레거시 마이그레이션 시나리오'에서는 대부
   분의 애플리케이션이 리호스팅되는 것으로 나타났다. 예를 들어, GE
   오일 & 가스[2]는 클라우드 최적화를 구현하지 않고도 리호스팅을 통해
   비용의 약 30%를 절약할 수 있었다.

   대부분의 리호스팅은 관련 도구(예: AWS VM Import/Export)[3]를 사용해
   자동화할 수 있다. 어떤 고객은 기존 시스템을 새 클라우드 플랫폼에
   적용하는 방법을 배우는 동안 수동으로 이 작업을 하는 것을 선호하기
   도 한다.

   또한 클라우드에서 이미 실행 중인 애플리케이션을 최적화/리아키텍
   팅하는 것이 더 쉽다는 사실도 알아냈다. 일부는 조직에서 더 나은 기

---

2   https://aws.amazon.com/solutions/case-studies/ge-oil-gas/

3   https://aws.amazon.com/ec2/vm-import/

술을 개발할 것이고 애플리케이션, 데이터 및 트래픽 같은 어려운 부분은 마이그레이션이 이미 완료됐기 때문이다.

2. **리플랫폼** replatforming **– '리프트 팅커 앤 시프트** lift-tinker-and-shift'. 여기서 손으로 잡을 수 있을 만한 이점을 달성하기 위해 몇 가지 클라우드 최적화(또는 기타) 최적화를 수행할 수도 있다. 하지만 그게 아니라면 애플리케이션의 핵심 아키텍처는 변경하지 않는다. 아마존 RDS Relational Database Service[4] 같은 서비스형 데이터베이스 플랫폼으로 마이그레이션하거나 아마존 일래스틱 빈스톡 Amazon Elastic Beanstalk[5] 같이 완전 관리형 플랫폼으로 애플리케이션을 마이그레이션해 데이터베이스 인스턴스 관리에 소요되는 시간을 줄일 수 있다.

   우리가 함께 일한 대형 미디어 고객사는 온프레미스에서 운영 중이던 수백 개의 웹 서버를 AWS로 마이그레이션했으며 그 과정에서 웹로직 WebLogic (고가의 라이선스가 필요한 자바 애플리케이션 컨테이너)을 동일한 기능의 오픈소스 소프트웨어인 아파치 톰캣 Apache Tomcat[6] 으로 전환했다. 이 미디어 회사는 AWS로 마이그레이션해 얻은 비용 절감 및 민첩성을 바탕으로 수백만 달러의 라이선스 비용을 절감했다.

3. **리퍼처싱** repurchasing **– 다른 제품으로 바꾸는 작업.** 나는 보통 리퍼처싱을 SaaS 플랫폼으로의 전환이라고 생각한다. CRM을 세일즈포스닷컴 Salesforce.com 으로 바꾼다든지, 인사관리 시스템을 워크데이 Workday 로, CMS를 드루팔 Drupal 로 바꾸는 것 등이 있다.

4. **리팩토링/리아키텍팅** refactoring/re-architecting **– 클라우드 네이티브 기능을 사용해 애플리케이션이 어떻게 구조화되고 개발됐는지 다시 생각해본다.** 이는 일반적으로 애플리케이션의 기존 환경에서 달성하기 어려울 수 있는

---

4 https://aws.amazon.com/rds
5 https://aws.amazon.com/elasticbeanstalk/
6 http://tomcat.apache.org/

기능, 규모 또는 성능을 추가해야 한다는 강력한 비즈니스 요구에 의해 이뤄진다.

모놀리식 아키텍처에서 서비스 지향적(또는 서버리스) 아키텍처로 마이그레이션해 민첩성을 높이거나 비즈니스 연속성을 향상시키고자 하는가?(메인프레임 팬 벨트를 이베이 eBay 에서 주문했다는 얘기를 들은 적이 있다.) 그렇다면 이 패턴은 가장 비쌀 수 있다. 그러나 좋은 상품-시장 적합성을 갖고 있다면, 또한 가장 유익할 수 있다.

5. **리타이어** retire **– 폐기한다.** 여러분의 시스템 환경에서 모든 것을 발견했다면 각 애플리케이션을 소유한 기능 영역 functional area 을 물을 수 있다. 우리는 엔터프라이즈 IT 포트폴리오의 10%(나는 20%를 봤다)가 더 이상 필요 없으며, 따라서 그냥 꺼도 된다는 사실을 알았다. 이런 식으로 절약하면 비즈니스 사례를 향상시킬 수 있고, 사람들이 사용하는 것에 대해 부족했던 팀의 관심을 유도하며, 보안을 유지해야 하는 범위를 줄인다.

6. **리테인** retain **– 일반적으로 '리비지트** revisit**'하거나 (현재) 아무것도 하지 않는 것을 의미한다.** 어쩌면 당신은 여전히 감가상각비 deprecation 를 타고 있거나, 최근에 업그레이드된 애플리케이션의 우선순위를 정할 준비가 되지 않았거나, 일부 애플리케이션을 마이그레이션하지 않을 수도 있다. 비즈니스에 적합한 것들만 마이그레이션하면 포트폴리오의 중요성이 온프레미스에서 클라우드로 변경된다. 따라서 유지 retain 해야 할 이유는 점점 줄어들 것이다.

07

클라우드 네이티브(리프트 앤 시프트)

원문(2017년 1월 30일): http://amzn.to/cloud-native-vs-lift-and-shift

"우리가 부상당했던 기억, 과거에 했던 실수들과
궁극적으로 바라는 가능성 사이에는 항상 긴장과 갈등이 존재한다."
— 션 브래디[Sean Brady]

많은 경영진이 IT 포트폴리오에서 애플리케이션에 대한 다양한 마이그레이션 방법을 논의하곤 하는데, 그들에게 해주고 싶은 얘기가 있다. 모든 문제에 쓸 수 있는 만병통치약 같은 방법은 없다. 각자의 목표, 해당 애플리케이션의 수명/아키텍처, 제약 조건을 고려한 기준을 사용해 엔터프라이즈의 마이그레이션 계획을 수립하는 데 많은 시간을 쏟아야 한다. 목표는 포트폴리오의 애플리케이션을 6가지 마이그레이션 전략(6장 참조) 중 하나에 담을 수 있게 하는 것이다.

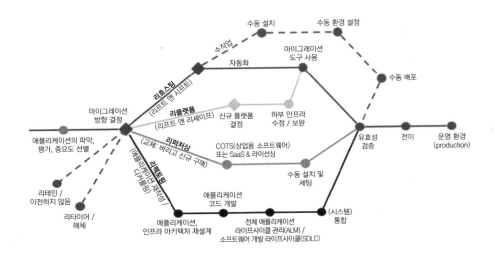

몇몇 대상의 경우는 어떤 전략을 적용하면 되는지 확실하게 알 수 있다. 많은 조직이 백 오피스 기술 및 최종 사용자의 컴퓨팅 애플리케이션을 서비스형 모델로 마이그레이션한다(세일즈포스, 워크데이 같은 업체의 제품을 '리퍼처싱(재구매)'하는 경우가 대표적인 예다). 또한 이들은 더 이상 사용하지 않는 시스템을 리타이어(폐기)할 기회가 언제인지 파악하려고 한다. 몇몇 조직에서는 마이그레이션 의지 내지는 능력이 아직은 못 미친다고 생각하는 시스템들의 경우 나중에 리비지트revisit하는 전략을 선택할 것이다(대표적인 예로 메인프레임이 있다. 사실 메인프레임은 클라우드로 마이그레이션할 수 있다. 이는 9장에서 설명한다).

다른 경우는 전략 선택이 그다지 명확하지 않다. 이 장에서는 리아키텍팅과 리호스팅('리프트 앤 시프트') 사이에서 어느 쪽이 더 적절한지 소위 '밀고 당기는' 상황을 다룬다. 많은 경영진들은 소위 '제대로 하기만 하면' 클라우드로 넘어간다는 생각이 있었다. 사실 나도 더 배우고 알기 전까지는 그랬다. 여기서 '제대로'란 클라우드 기반 아키텍처로 마이그레이션하는 것을 의미한다. 다른 경영진은 신속한 마이그레이션이 필요한 경우(예: 데이터 센터의 임대 계약 만료), 비용이 많이 드는 갱신 주기를 피하려는 경우, 단순히 신속한 예산 확보가 필요한 경우 등으로 인해 리호스팅 전략에 더 많은 관심을 갖기도 한다. 온프레미스 환경과 비교했을 때 리호스팅 기반으로 마이그레이션을 수행하면 TCO 기준 약 30%의 비용 절감 효과를 얻는다.

리호스팅과 리아키텍팅의 중간에 해당하는 전략을 리플랫폼이라고 한다. 이 전략에서는 완전한 리아키텍팅을 위해 시간을 허비하기보다는 클라우드 네이티브의 장점을 얻을 수 있는 조정 방안 및 애플리케이션 최적화를 위해 노력한다. 이러한 공통적인 중간 영역에는 실질적인 사용 규모의 시나리오를 이용해 적절한 규모로 산정한 인스턴스가 포함되어 있다. 실제 시나리오는 과다하게 구매하기보다는 쉽게 확장하거나 웹로직^{WebLogic} 같은 상업용 제품에서 아파치 톰캣[1] 같은 오픈소스 기반 대체 솔루션으로 전환할 수 있다.

그렇다면 어떤 접근 방식이 여러분의 조직에 더 적합할까?

구체적인 기회와 제약에 대해 이야기하지 않고(이런 것에 대해 얘기를 나누면 나도 좋고 여러분도 좋다. 꼭 메모를 남겨주기 바란다) 확실한 답을 제시하기는 어렵다. 대신 여러분의 관점에서 개념을 정립하는 데 도움이 되는 사례를 소개한다.

첫 번째는 유리 이즈라일레프스키^{Yury Izrailevsky}의 블로그를 인용한다.[2] 유리는 넷플릭스^{Netflix}의 클라우드 및 플랫폼 엔지니어링 담당 부사장으로 업계에서 명성이 높다.

> 넷플릭스의 클라우드 여정은 2008년 8월에 시작됐다. 데이터베이스가 손상되어 3일 동안 회원들에게 DVD를 제공할 수 없었다. 이때 데이터 센터의 관계형 데이터베이스처럼 수직 확장된 단일 장애 지점^{SPOF, single points of failure}을 클라우드의

---

1 http://tomcat.apache.org/

2 https://media.netflix.com/en/company-blog/completing-the-netflix-cloud-migration

높은 신뢰성, 수평 확장성 및 분산 시스템으로 바꿔야 한다는 사실을 깨달았다.

우리는 AWS^{Amazon Web Services}를 클라우드 공급업체로 선택했다. 그 이유는 AWS가 가장 큰 규모와 가장 광범위한 서비스 및 기능을 제공했기 때문이다. 모든 고객 대면 서비스를 포함한 대부분의 시스템은 2015년 이전에 클라우드로 마이그레이션됐다. 그 이후 우리는 비용 계산용 인프라^{billing infrastructure}를 위한 안전하고 내구성 있는 클라우드 경로뿐만 아니라 고객 및 직원 데이터 관리의 모든 측면을 파악하는 데 필요한 시간을 들였다. 우리는 7년간의 부단한 노력 끝에 2016년 1월 초 마침내 클라우드 마이그레이션을 완료했으며 스트리밍 서비스에서 사용한 마지막 데이터 센터의 운영을 종료했다.

클라우드의 확실한 이점을 고려했을 때 마이그레이션을 완료하는 데 7년이나 걸린 이유는 무엇일까? 사실, 클라우드 마이그레이션은 많은 노력이 필요했고 그 과정에서 여러 가지 어려운 선택을 해야 했다. 논란의 여지가 있을 수 있지만, 클라우드로 전환하는 가장 쉬운 방법은 포크로 찍어 옮기듯 모든 시스템을 변경 없이 그대로 데이터 센터에서 AWS로 마이그레이션하는 것이다. 그러나 그 과정에서 데이터 센터의 모든 문제점과 한계를 함께 해결해야 한다. 우리는 이 방법 대신 사실상 모든 기술을 재구성하고 회사 운영 방식을 근본적으로 변화시키는 클라우드 네이티브 방식을 선택했다. 많은 새로운 시스템을 구축하고 새로운 기술을 습득해야 했다. 넷플릭스를 클라우드 기반 회사로 전환하는 데 시간과 노력이 들었지만, 계속 성장해 글로벌 TV 네트워크가 될 수 있는 훨씬 좋은 위치에 서게 됐다.

유리의 경험은 유익하고 고무적이었다. 넷플릭스의 리아키텍팅 방식은 옳았다고 확신한다.

그러나 대부분의 기업은 넷플릭스와는 상황이 다르며, 많은 기업은 마이그레이션을 위해 다른 방법을 사용한다.

몇 년 전 내가 다우 존스의 CIO였을 때 우리는 마이그레이션한 모든 것을 리아키텍팅해야 한다는 비현실적인 목표를 우선 세웠다. 그리고 자동화 및 클라우드 네이티브 기능에 끊임없는 관심을 가졌다. 2개월 이내에 데이터 센터 중 하나를 모두 클라우드로 옮길 때까지는 순조로웠다. 데이터 센터에 있던 대부분의 것을 AWS에 리호스팅하고 약간의 최적화를 수행하면서도 시간 제약을 충족시킬 수 있는 약간의 리플랫폼 작업을 시도했다. 우리가 이러한 경험이 없었다면 마이그레이션을 빠르게 할 수 없었을 거라고 이의를 제기할 수도 있었겠지만, 결과에 대해서는 어느 누구도 뭐라 할 수 없었다. 우리는 비용을 약 30% 줄였다. 이 경험을 통해 56개의 데이터 센터를 6개로 통합해 애플리케이션의 75%를 클라우드로 마이그레이션함으로써 뉴스 코 퍼레이션 News Corp (모회사) 전체에서 1억 달러 이상의 비용을 절감하거나 재 할당할 수 있는 비즈니스 성공 사례를 이끌어냈다.

GE 오일 & 가스[3]는 수백 개의 애플리케이션을 마이그레이션하는 과정[4]에서 TCO를 52%나 줄였다. 당시 GE의 포워드 씽킹 forward-thinking 기술 임원 중 한 명인 벤 카바나스 Ben Cabanas (현재 AWS에서 일하고 있다)는 처음에는 모든 것을 리아키텍팅할 것이라고 생각했지만 이렇게 할 경우 많은 시간이 걸린다는 사실을 곧 깨달았다. 그리고 우선 리호스팅을 통해 많은 비용이 절약된다는 것을 알았다.

내가 가장 좋아하는 인용구 중 하나는 나이키 Nike 의 글로벌 CIO인 짐 스콜필드 Jim Scholefield 가 말한 "때로는 이유를 묻지 말고 그냥 마이그레이션하라고 팀에게 얘기한다."이다.

삐딱한 사람들은 리호스팅이 그저 '혼란을 덜 야기한다' 정도로 평가절하하기도 한다. 그러나 나는 그 이상의 긍정적 효과가 있다고 생각한다. 나는 두 가지 핵심 사항으로 리호스팅의 이점을 더 많이 알릴 계획이다(당연히 다른 것들도 더 있을 것이다. 블로그를 통해 공유할 수 있도록 연락 바란다).

---

3 https://aws.amazon.com/solutions/case-studies/ge-oil-gas/

4 https://aws.amazon.com/blogs/aws/ge-oil-gas-digital-transformation-in-the-cloud/

첫째, 리호스팅은 특히 자동화하면 훨씬 적은 시간이 소요되며 일반적으로 약 30%의 TCO 절감 효과가 나타난다. 경험을 통해 배운 것처럼 인스턴스 크기 조정 및 오픈소스 기반 대체 솔루션 같은 간단한 리플랫폼 기술을 통해 비용 절감 효과를 높일 수 있다. 비용 절감 효과의 정도는 내부 IT 비용과 얼마나 있는 그대로 정직하게 보느냐에 따라 달라질 수 있다.

둘째, 클라우드에서 실행되는 애플리케이션을 리아키텍팅하고 지속적으로 재발명(리인벤트)하는 것이 더 쉬워진다. 그 이유는 부분적으로는 명백한 툴 체인 통합 때문이며, 일부는 클라우드 네이티브 아키텍처가 리호스팅을 통해 어떻게 보이는지에 대해 많은 것을 배울 것이기 때문이다. 한 고객이 수 개월 만에 주요 고객용 애플리케이션 중 하나를 리호스팅해 30%의 TCO 절감을 달성한 다음 서버리스 아키텍처로 리아키텍팅해 TCO를 80% 추가로 절감했다.

리아키텍팅 작업은 시간이 오래 걸리지만 기업이 문화를 리부팅하는 데 매우 효과적인 방법일 수 있으며 애플리케이션이 시장에 적합하면 좋은 ROI를 얻을 수 있다. 그러나 가장 중요한 것은 리아키텍팅이 수년간의 지속적인 리인벤트를 통해 가장 경쟁이 치열한 시장에서도 비즈니스 성과를 높일 수 있는 기반을 마련할 수 있다는 것이다.

모든 문제를 해결할 수 있는 만병통치약은 없다고 생각한다. 하지만 클라우드 네이티브 아키텍처가 성능, 확장성, 전역성, 데브옵스/애자일 모델로의 전환 등 여러분이 원하는 것을 얻는 데 도움이 되도록 비즈니스 기능을 추가해야 할 경우 애플리케이션을 리아키텍팅을 고려해봤으면 한다. 반면 안정적인 상태의 애플리케이션에 대해서는 리호스팅, 리플랫폼을 생각해보기 바란다. 그 외에는 리퍼처싱, 리타이어, 리비지트를 알아보기 바란다. 모든 마이그레이션 경로는 우리에게 리인벤션의 길을 열어줄 것이다.

08

리프트 앤 시프트 방식의 클라우드 마이그레이션을
고려해야 하는 4가지 이유

— 조 청^{Joe Chung} / AWS 엔터프라이즈 전략 담당 & 에반젤리스트

원문(2017년 12월 6일): http://amzn.to/4-reasons-lift-and-shift

> "... 인간이 아닌 환경을 개혁하라. 인간에게 올바른 환경을 제공하면
> 인간은 그에 맞게 좋은 방향으로 행동할 것이라고 확신한다."
> — 버크민스터 풀러^{Buckminster Fuller}

AWS의 엔터프라이즈 전략가로서 고객에게 워크로드를 클라우드로 옮기는 데 도움이 되는 전략을 설명해보려 한다. 간혹 고객사의 고위 경영진이 레거시 워크로드를 클라우드로 옮기고 싶지 않다는 의견을 주기도 한다. 대신 그들은 AWS 람다^{AWS Lambda} 같은 서버리스 서비스를 사용해 새로운 아키텍처를 개발하는 데 주력하고 싶어 한다. 잠재적 비용 절감이 있더라도 비용을 절감하려다가 오히려 시스템이 더 엉망진창이 되는 소위 '메스 포 레스^{mess-for-less}' 상황을 피하기 위해 조직은 레거시 기술 부채를 클라우드로 옮기고 싶어 하지 않는다. 나도 여기에 깊이 공감한다. 또한 엄격한 보안 감시 시대에 접어들면서 조직은 회사 내 데이터 센터보다 클라우드에서 더 높은 표준을 적용한다. 이로 인해 애플리케이션에서 리팩토링이 발생할 수 있다. 그러나 나를 비롯한 다양한 고객의 경험에 비춰봤을 때 리프트 앤 시프트는

AWS 클라우드로 워크로드를 옮기는 핵심 마이그레이션 경로에 꼭 포함돼야 한다.

AWS의 엔터프라이즈 전략 담당 글로벌 책임자인 스티븐 오반^{Stephen Orban}은 마이그레이션 전략의 일환으로 조직에서 왜 리프트 앤 시프트를 고려해야 하는지를 설명하는 아주 확실한 사례를 만들었다. 스티븐이 얘기하는 장점에는 비용 절감, 성능 향상, 탄력성 등이 포함되어 있다. 이러한 내용에 관하여, 리프트 앤 시프트가 조직이 고객에게 균형 있고 전체적인 접근 방식을 고려하도록 유도하는 데 도움이 되는 실제 사례를 바탕으로 좀 더 자세히 설명한다.

리프트 앤 시프트가 애플리케이션에 새로운 생명을 불어넣는 데 도움이 되는 이유를 알아보기에 앞서 소프트웨어 애플리케이션을 어떻게 생각하면 되는지를 위한 새로운 멘탈 모델이 무엇인지 알아보자. 나는 애플리케이션이 자연의 유기체 같다고 생각한다. 유기체는 태어나고, 진화하고, 변모하고, 의사소통하며, 존재하는 환경에서 다른 유기체와 상호작용한다. 이와 마찬가지로 애플리케이션 역시 다른 애플리케이션과 통신하고 데이터 센터인 생태계 또는 환경에서 살고 있다. 이러한 애플리케이션의 성능 및 진화 능력은 행동^{behavior}을 관리하는 코드 또는 DNA와 마찬가지로 환경에 많은 영향을 받는다고 생각한다. AWS 클라우드는 대부분의 온프레미스 데이터 센터가 제공할 수 있는 수준을 훨씬 뛰어넘는 더 나은 환경(크기와 다양성)을 제공한다.

이유 1: SSD 규칙

AWS는 메모리 최적화 컴퓨터에서 최적화된 스토리지, 최적화된 서버 인스턴스에 이르기까지 13가지 컴퓨팅 제품군[1]을 제공한다. 가상화가 제공하는

---

1   자세한 최신 정보는 AWS 홈페이지의 'Amazon EC2 인스턴스 유형'을 참고하기 바란다.

유연성에도 불구하고 대부분의 조직에서는 선택의 폭이 이 정도로 넓을 수가 없다. 안타까운 일이다. 왜냐하면 이렇게 다양한 선택에서 얻는 장점 중하나가 데이터베이스처럼 높은 스토리지의 높은 I/O 작업을 위해 SSD^{solid-state drive}를 적용했을 때 성능 향상에 큰 도움을 줄 수 있다는 것이기 때문이다. 모든 스토리지 타입의 가격은 계속 떨어지지만 조직이 물리적 호스트를 SSD로 업그레이드하는 데는 상대적으로 비용이 많이 든다. 그러나 SSD는 HDD 방식의 드라이브에 비해 2~5배 빠르므로 특정 워크로드 클래스의 경우 상당한 성능 향상을 기대할 수 있다. 또한 AWS를 사용하면 조직에서 SSD를 지원하는 인스턴스를 적절하게 적용할 수 있다. 또는 모든 데이터베이스를 SSD를 지원하는 인스턴스로 옮겨서 성능을 향상시킬 수도 있다.

이유 2: 애플리케이션의 잘못된 부분을 덮어준다

대부분의 사람들은 스케일 아웃 관점에서 클라우드의 탄력성에 대해 생각하지만 스케일업 관점에서도 클라우드 탄력성은 유효하다. 이를 온프레미스에서도 할 수 있지만 AWS는 대부분의 환경보다 높은 상한 임계치를 제공한다. 예를 들어, 메모리 및 CPU에서 AWS의 가장 큰 인스턴스 중 하나로 X1 가상 서버 제품군이 있다.[2] x1e.32xlarge[3]는 128개의 vCPU, 4TB의 메모리, 그리고 EBS(14,000Mbps)에 전용 네트워크 대역폭을 사용해 SSD 스토리지를 지원한다. 이 인스턴스는 일반적으로 SAP HANA 같은 워크로드에 사용되는 인스턴스다.[4]

내가 아는 어떤 고객은 중요한 기간을 처리하는 애플리케이션에서 성능 병

---

2   https://aws.amazon.com/ec2/instance-types/x1/

3   https://aws.amazon.com/ko/about-aws/whats-new/2017/09/general-availability-a-new-addition-to-the-largest-amazon-ec2-memory-optimized-x1-instance-family-x1e32xlarge/

4   https://www.sap.com/products/hana.html

목 현상을 일으키는 잘못된 쿼리가 있다는 사실을 깨달았다. 코드 변경은 너무 위험했기 때문에 데이터베이스 서버를 X1 인스턴스로 올린 다음 중요한 기간이 끝나면 다시 적절한 사양의 인스턴스로 되돌렸다. IT 하우스의 애플리케이션 개발 측면에서 볼 때, 애플리케이션의 잘못된 부분을 인프라스트럭처가 덮어줄 수 있는 기능이 있을 때 정말 고마웠다. 개발 주기 초반에 애플리케이션 문제를 더 빨리 파악하고 싶을 수도 있다. 하지만 여러분이 개발자일 때 AWS가 도움을 제공할 수 있음을 알고 있다면 큰 도움이 될 것이다.

이유 3: 경기장에 맞는 경주마 선택

관계형 데이터베이스^{RDBMS}는 지난 40년간 애플리케이션의 사실상 백엔드 시스템이었다. RDBMS는 많은 종류의 쿼리에서 훌륭하지만 RDBMS가 적합하지 않은 워크로드가 있다. 전체 텍스트 검색^{full-text search}은 아파치 솔라^{Apache Solr 5}와 일래스틱서치^{ElasticSearch 6} 같은 루씬^{Lucene} 기반 기술이 왜 그렇게 대중적이며 이 유스케이스에 더 적합한지를 설명하는 좋은 예다.

또 다른 경험을 이야기해보겠다. 내가 과거에 세운 아키텍처 원칙 중 하나는 주어진 사례에 가장 좋은 기술을 선택하는 것과 그들이 편하다고 알고 있는 것 중 더 나은 기술 결정을 내리는 데 도움이 되는 소위 '경기장에 맞는 경주마 선택^{Horses for Courses}' 원칙이다. 이 원칙의 한 예로, 비즈니스가 성장함에 따라 혁신적인 아이디어를 개발하려는 애플리케이션 팀과 협력했던 적이 있다. 고객은 혁신과 개발 민첩성이 부족하다는 점에 좌절감을 느꼈고 애플리케이션 검색에서 크게 불만을 나타냈다. 우리의 아이디어는 애플리케이션 옆에 일래스틱서치 인스턴스를 만들고 애플리케이션 데이터를 일래스틱서

---

5 http://lucene.apache.org/solr/

6 https://info.elastic.co/branded-ggl-elastic-exact-v3.html

치에 통합한 다음 프론트엔드 웹 애플리케이션의 작은 리팩토링을 수행하는 것이었다(일래스틱서치는 훌륭한 REST 기반 API를 제공한다). 이 스토리에서 내가 특히 마음에 드는 점은 팀이 애플리케이션을 리팩토링하거나, 아마존 일래스틱서치[7] 또는 클라우드서치 CloudSearch[8]를 인스턴스화하는 데 큰 위험을 감수하지 않아도 된다는 것이다. 게다가 팀은 NoSQL 클러스터를 프로비저닝하고 관리하는 전문 기술에 별도로 투자할 필요가 없었다. AWS 클라우드는 애플리케이션이 진화하는 데 도움이 되는 안정적인 많은 서비스, 즉 '경주마'를 제공하고 있다.

이유 4: 모놀리스 진화

마이크로서비스에 관해 많은 얘기를 했지만,[9] 주요 이점은 독립적인 배포와 확장일 것이다. 또한 마이크로서비스는 그래뉼래러티 granularity 또는 '한계를 지정한 컨텍스트'의 적절한 규모로 구축하면[10] 여러 유형의 위험 요소를 줄일 수 있다(예: 성능, 변경 등).

넷플릭스, 아마존 같은 회사는 애플리케이션을 혁신하고 확장하기 위한 마이크로서비스 아키텍처를 구현했다. 그런데 일반적으로 잘못 알고 있는 마이크로서비스의 핵심 영역은 독립성 측면, 즉 다른 마이크로서비스들 간의 경계가 얼마나 명확한가 하는 점이다. 마이크로서비스를 구현한 팀과 함께 내가 배포한 아주 확실한 테스트는 다음과 같이 아주 간단하다. '데이터베이스를 공격한다면 다른 팀이나 마이크로서비스가 얼마나 영향을 받게 될까?'이다. 어처구니없을 수도 있겠지만 대체로 내가 많이 듣는 답은 여러 팀이

---

7   https://aws.amazon.com/elasticsearch-service/

8   https://aws.amazon.com/cloudsearch/

9   https://aws.amazon.com/microservices/

10 https://martinfowler.com/articles/microservices.html

백엔드를 공유한다는 것이다. 독립적으로 배포 및 확장이 가능하도록 마이크로서비스는 코드 저장소, 프레젠테이션 계층, 비즈니스 로직에서 영구 저장소를 통해 격리돼야 한다고 생각한다.

마이크로서비스 격리에 관해 내가 내린 정의에 공감했다면, 그 결과는 인프라 측면에서 보면 상당히 비쌀 수 있다. 온프레미스 인프라에서 새로운 코드 저장소, 웹 서버, 애플리케이션 서버 및 데이터베이스 서버를 구축하는 데는 비용이 많이 들 수도 있다(제공 및 운영 측면 모두에서 그렇다). 또한 프로비저닝 프로세스가 느려질 수 있다. 그러나 이러한 인프라 구성요소를 바꾸는 것은 클라우드에서 빠르고 저렴하다. 특히 아마존 RDS[11] 또는 AWS 람다[12] 같은 서비스를 활용하는 경우 더욱 그렇다.

모놀리스^{monolith}를 진화시키는 가장 좋은 예 중 하나로 gilt.com의 프레젠테이션이 있다. 이러한 프레젠테이션이 좋은 이유는 gilt.com 애플리케이션의 진화가 많은 엔터프라이즈 애플리케이션에 적용될 수 있기 때문이다. 요컨대, 길트^{Gilt}는 확장성 및 민첩성 문제로 인해 플랫폼을 개선해야 했다. 따라서 애플리케이션에 따라 마이크로서비스를 맞춰서 시작하고 처음 만들어놓은 핵심 애플리케이션을 중심으로 점차 확장하는 형태로 '마이크로서비스의 숲'이 만들어질 때까지 이 작업을 계속 수행했다. 온프레미스 환경에서 모든 마이크로서비스를 구현하는 것이 정말 어려웠다고 자신 있게 얘기할 수 있다. 특히 프론트엔드, 백엔드에서 다양한 기술을 활용 중이라면 더욱 그렇다.

'메스 포 레스' 방식이 이제까지 여러분의 발목을 잡아왔다면, 이 글을 통해 여러분의 생각이 좀 더 나아졌으면 한다. 아울러, 리프트 앤 시프트 방법이 여러분의 마이그레이션 전략에 핵심이 될 수 있었으면 한다.

---

11 https://aws.amazon.com/rds/
12 https://aws.amazon.com/lambda/

09

그렇다, 여러분이 운영 중인 메인프레임을 클라우드로 마이그레이션할 수 있다

원문(2017년 1월 9일): http://amzn.to/migrate-mainframe-to-cloud

많은 대기업들, 오랜 역사를 자랑하는 기업들에서 대규모 클라우드 마이그레이션 추진이 안 되거나 늦어지는 주요 원인으로 메인프레임이 거론되곤 한다. 많은 기업은 메인프레임의 클라우드 마이그레이션을 수행할 수 있는 도메인 및 기술 전문지식을 보유한 사람들이 거의 없으며, 여전히 메인프레임으로 운영 중인 사람들에겐 왜 클라우드 마이그레이션을 해야 하는지 동기부여가 어려울 수 있다(하지만 여러분의 도움을 얻고자 하는 사람들이 어딘가엔 이미 있을 것이다. 15장을 참조하기 바란다). 메인프레임 애플리케이션을 클라우드로 마이그레이션할 때 마술을 부리듯 '뿅!' 하고 리프트 앤 시프트하고 현대화할 수는 없지만 다양한 마이그레이션 전략을 활용하는 합리적인 방법이 있다(6장 참조). 2016년 AWS 메인프레임 현대화에서 인포시스^{Infosys}와 협력해 많은 시간 동안 업무를 수행한 AWS 에릭 파르^{Erik Farr}의 설명을 함께 보기로 하자.

◆ ◆ ◆

대규모 마이그레이션을 설명한 글에서(4~9장 참고) 스티븐은 클라우드 마이그레이션 워크로드의 복잡성에 대해 얘기했다. 이 스펙트럼에서 그는 가상화된 서비스 지향 아키텍처 워크로드를 복잡성이 가장 낮은 쪽에, 모놀리식 메인프레임을 복잡성이 가장 높은 쪽에 두고 있다. 메인프레임은 수십 년간 조직과 함께해왔으며 일반적으로 업무 수행이 원활해지도록 특정 성능, 보안 요구사항이 있는 업무 중심의 워크로드를 실행한다. 전반적인 IT 환경과 클라우드 마이그레이션 전략에 관해 고객과 이야기할 때, 메인프레임 워크로드를 건너뛰고 한참 뒤에 이를 '리비지트'하겠다고 정하는 건 매우 쉽다. 그러나 메인프레임을 걷어내야만 할 정도로 심각한 사건이 있거나 회사의 전체 현황을 재검토하기 시작한 기업이라면 이때가 바로 메인프레임을 마이그레이션해야 할 적절한 시기라고 볼 수 있다.

AWS 프리미어 파트너인 인포시스의 도움을 얻어 메인프레임을 AWS로 마이그레이션하는 솔루션을 만들었고, 이를 통해 AWS에 메인프레임을 마이그레이션하는 일반적인 접근 방식을 더 깊이 이해할 수 있었다. 이들은 수십 년 동안 메인프레임 관리, 개발, 현대화에 있어 선두 주자였으며 핵심 경쟁력으로서 이러한 경험을 메인프레임 워크로드 마이그레이션에 확장해나가고 있다. 지식 큐레이션 플랫폼Knowledge Curation Platform 카이Ki를 사용해 고객 메인프레임 코드를 분석하고 실행 중인 제품과 그렇지 않은 제품을 정확히 파악할 수 있다.

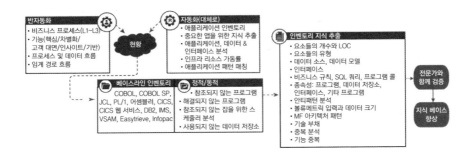

이 프로세스의 결과를 바탕으로 고객은 최대 6주 미만의 시간을 들여서 비즈니스 사례를 작성하고 전체 메인프레임 마이그레이션 프로젝트의 로드맵

을 작성할 수 있다.

고객이 메인프레임 마이그레이션을 하려고 할 때 보통 워크로드 리호스팅, 배치 잡batch-job 마이그레이션, 전체 시스템의 리엔지니어링이라는 세 가지 주요 접근 방식을 알아보게 된다. 각각은 장단점이 있으며 궁극적으로 고객은 리스크 내결함성risk tolerance, 비즈니스 사례, 전반적인 클라우드 전략을 바탕으로 결정한다. 이 세 가지 마이그레이션 방식을 하나씩 살펴보자.

리호스팅

리호스팅 솔루션은 메인프레임 에뮬레이터(예: 마이크로 포커스Micro Focus의 엔터프라이즈 서버Enterprise Server, 티맥스소프트TMaxSoft의 오픈프레임OpenFrame, 오라클Oracle의 턱시도 ARTTuxedo ART 등)를 사용해 x86-64 기반 아마존 EC2 인스턴스에서 기존 메인프레임 애플리케이션을 실행한다. 이 마이그레이션은 최종 사용자 관점에서 매끄럽게 이뤄지며 3270 스크린 웹 코볼Web Cobol, JCL 및 DB2 같은 표준 메인프레임 기술을 변경할 필요가 없다. 이 방법에는 오래되고 유지 관리하기 어려운 데이터베이스를 새로운 RDBMS 엔진으로 마이그레이션하고 아마존 RDS에서 호스팅하는 등 약간의 리플랫폼 작업이 있을 수 있다.

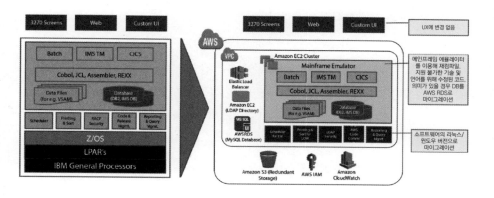

배치 잡 마이그레이션

배치 잡은 종종 메인프레임 애플리케이션 포트폴리오의 상당 부분을 차지한
다. 여기서 일부는 업무상 중요한 것들인 반면, 상당수는 비즈니스 가치가
낮고 MIPS 연산량이 많다. 실시간 기반, 파일 기반 관계없이 많은 워크로드
를 AWS 클라우드로 옮겨서 부담을 줄이면 고객은 기존 메인프레임에서 데
이터에 대한 추가 통찰력을 얻고 MIPS 연산도 줄일 수 있다.

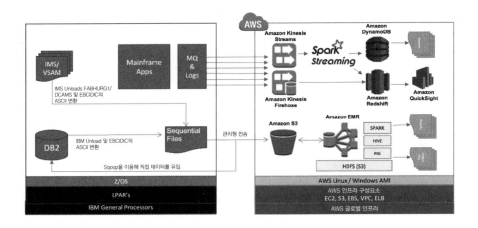

리엔지니어링

기존(AS-IS) 메인프레임 애플리케이션이 미래(TO-BE)의 비즈니스 요구사항
이나 애자일 기반의 타깃 아키텍처를 더 이상 충족시킬 수 없는 경우 리엔지
니어링 방식을 적용하는 것이 좋다. 이 접근 방식은 비슷한 성능과 동일하거
나 향상된 기능을 가진 새로운 애플리케이션을 생성한다. 통상 여기서는 클
라우드 네이티브 기술이 많이 사용된다. 이를테면 마이크로서비스(예:
Amazon API Gateway, AWS Lambda), 컨테이너 및 디커플링(예: Amazon
ECS^{EC2 Container Service}, 도커^{Docker} 컨테이너, Amazon SQS^{Simple Queueing Services}),

데이터 분석 및 인공지능/머신러닝(예: Amazon EMR, 인포시스의 AI 솔루션 Mana, Amazon Machine Learning) 등이 있다.[1]

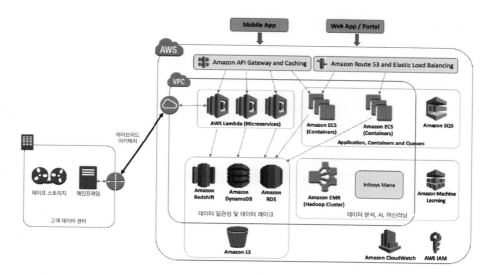

선택한 접근 방식이 무엇이든 회사는 클라우드 마이그레이션 전략에서 메인 프레임 워크로드를 고려해야 한다는 사실을 이해하는 것이 중요하다. 이를 바탕으로 상당한 비용 절감, 민첩성[agility] 증가 및 미래를 보장하는 아키텍처 등의 결과를 얻을 수 있을 것이다. 메인프레임 마이그레이션의 주제를 포함해, 이에 관해 AWS와 인포시스로부터 어떤 도움을 받을 수 있는지에 대한 자세한 사항은 동료인 산지 사헤이[Sanjeet Sahay], 톰 라제브스키[Tom Laszewski]가 인포시스와 함께 쓴 AWS 기술 백서에서 메인프레임 마이그레이션 부분을 참조하기 바란다.[2]

---

1   현재는 Amazon SageMaker가 AWS AI/ML의 주력 서비스다. – 옮긴이
2   http://www.experienceinfosys.com/Mainframe-Modernization-Aug16-13

10

끊임없이 리인벤트하기, 그리고 클라우드의 유년기

원문(2017년 1월 25일): https://amzn.to/constant-reinvention

"유일하게 변하지 않는 것은 '변화'라는 단어뿐이다."

– 헤라클레이토스 Heraclitus

나는 많은 경영진에게 클라우드로의 여정이 기술 채택이라기보다는 비즈니스 및 문화적 변화에 대한 것이라고 얘기해왔다. 이를 위해 10장에서는 내가 SofA Stages of Adoption 라고 부르는 멘탈 모델을 좀 더 구체화했다. 이 모델은 클라우드를 사용해 비즈니스를 리인벤트하는 대기업 내부에서 볼 수 있는 활동 패턴을 중점적으로 다룬다. 이 패턴은 일종의 반복적이고 끊임없이 변화하는 여정과 같다. 내 목표 중 하나는 조직을 변혁시키고자 하는 경영진에게 어떻게 하면 되는지 소개하는 것이다.

이 시리즈를 처음 소개했을 때, SofA의 네 번째이자 최종 단계를 '최적화'라고 했었다. IT 포트폴리오의 중력이 온프레미스에서 클라우드로 바뀌면서 각 애플리케이션이 클라우드로 마이그레이션되면 지속적으로 최적화하기 쉽다. 이게 어느 정도 맞긴 하지만 어느 시점이 적절한지 좀 더 자세히 설명하고자 한다. 최적화라는 용어가 클라우드 여정에서 최종 단계로 나아가는 조직의 가능성을 뒷받침한다고 생각하게 됐다.

클라우드 마이그레이션을 하려면 최종 단계의 결과를 정량화한 비즈니스 사례가 있어야 한다. 내가 뉴스 코퍼레이션에서 근무할 당시 인프라스트럭처의 75%를 3년 동안 클라우드로 마이그레이션해 연간 1억 달러를 절감했던 경험이 있다. 이러한 유형의 목표는 상당히 일반적인 것으로 보인다. 수십 명의 경영진은 이후 3년 이내에 IT 포트폴리오의 75~90%를 클라우드로 마이그레이션하려고 한다.

그러나 이와 같은 비즈니스 사례 목표를 실현하는 것은 시작일 뿐이다. 이 여정을 진행하고 있는 조직은 또한 인력, 프로세스, 기술, 그리고 아마도 가장 중요한 문화를 지속적으로 재창조할 수 있는 기회를 맞이한 셈이다. 나는 이러한 여정이 연륜과 상관없이 빠르게 진화하는 시장 속에서 기업이 계속 비즈니스를 잘 해나갈 수 있도록 설립 초기에 갖춰야 할 경쟁력이 무엇인지 끊임없이 탐구하는 것과 같다고 생각한다(1955년부터 시작된 포춘 500대 기업 목록을 보면 매년 20~50개의 기업이 목록에서 사라지고 있다. 기술의 발전은 대체로 이러한 턴오버가 발생하는 비율을 꾸준히 따라가고 있으며, 특히 가장 최근에는 클라우드로 인해 엄청난 규모의 혼란이 발생했다).

따라서 클라우드 퍼스트 전략에 투자하는 조직에서 비즈니스를 지속적으로 발전시킬 때 우리가 보는 바를 정확히 표현하기 위해, 나는 네 번째 단계를 '리인벤션'으로 바꿔 표현하고 있다. 이는 이 여정이 끝없이 계속된다는 것을 의미한다.

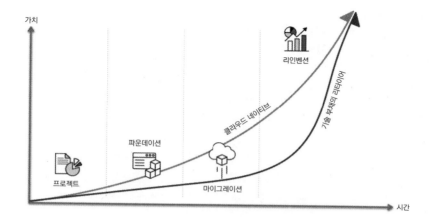

끝으로, 클라우드 도입 단계를 통해 조직을 이끌어본 경험이 있는 분들을 모
셨으면 한다.

2부

7가지 모범 사례

대규모 조직 내 의미 있는 기술 변화에서 기술에 관한 얘기는 거의 없다. 이는 사람에 관한, 리더십에 관한, 그리고 문화에 관한 얘기다. 이는 사람에 관한, 리더십에 관한 얘기뿐만 아니라 조직의 발전을 기대하는 사람들에게 공포감을 조성하는 대신 위험 요인을 지혜롭게 다루고, 실패에 대한 부담 없이 실험을 적극적으로 시도할 수 있는 문화에 관한 얘기다.

2부에서 소개할 7가지 모범 사례는 여러분이 조직에 임의의 변화 프로그램을 적용하려 할 때 생각해야 할 가장 중요한 것들 중 몇 가지만 추린 것이다. 따라서 여기서 소개하는 7가지 모범 사례는 완벽한 것은 아니며, 이걸로 모든 문제를 해결하려고 해서도 안 된다. 기술은 이러한 모범 사례 각각에 꼭 필요한 것이지만 대부분은 함께 일하는 사람들을 리드하고, 동기를 부여하고, 영감을 주며, 체질을 바꾸고, 영향을 주는 등의 리더십 역량으로 귀결된다.

7가지 모범 사례는 다음과 같다.

1. **경영진의 지원:** 대표이사의 지원을 받을 경우 프로젝트는 성공할 확률이 높으며, 대개 대규모 변화 관리는 일반적으로 조직의 상부 지시로부터 시작된다. 이 모범 사례에서는 조직이 좀 더 빠르게 변화할 수 있도록 리더가 무엇을 해야 하는지 자세히 설명한다.

2. **직원 교육**: 사람들은 자신이 모르는 것에 대해 두려움을 느끼곤 한다. 나는 이러한 공포감을 극복하기 위한 가장 효과적인 방법이 새로운 것을 향해 두려움 없이 나아갈 수 있는 사람들을 찾아내고(많은 경우 태도는 적성만큼이나 중요하다) 모든 사람을 위한 교육과 실행에 투자하는 것임을 알았다.

3. **실험 문화의 조성**: 무한대에 가까운 것처럼 보이는 온디맨드 IT 리소스에 액세스할 수 있다는 것은, 이를 적극적으로 사용하는 문화가 자리 잡을 경우 모든 조직의 게임 룰을 바꿔버릴 수 있다. 결과가 안 좋은 경우 그냥 폐기해버릴 수 있을 때 실패에 대한 손실이 훨씬 더 작아진다.

4. **적합한 파트너사 선정**: 클라우드와 관련한 시스템 통합[SI] 업체, 디지털 컨설턴트, 관리 서비스 제공업체, 관련 도구 등 생태계 전반이 지난 몇 년 동안 크게 성장했다. 어제까지 파트너였던 업체가 내일의 파트너일 거란 보장은 없다.

5. **CCoE 생성**: 클라우드를 통해 의미 있는 모든 것을 수행하는 대부분의 조직에는, 분산된 조직에서 클라우드 기술을 사용하는 방법을 깊이 있게 이해하고 모범 사례 및 거버넌스를 안내할 수 있는 팀이 있다. 이를 통해 적절한 규모의 중앙 집중식 제어를 유지하면서 빠르게 마이그레이션할 수 있다.

6. **하이브리드 아키텍처 구현**: 클라우드는 할 거면 몽땅 다 하고, 아니면 아예 안 하겠다는 식으로 가치를 따질 대상이 아니다. 어느 기간 동안 자신의 IT 인프라를 구현해온 기업이라면 클라우드 여정의 일부로 하이브리드 아키텍처를 갖게 된다.

7. **클라우드 퍼스트 전략 구현**: 조직에서 클라우드를 대규모로 구현해본 경험이 있다면 조직 전체에서 전략적으로 결과를 가속화할 필요가 있다.

이 7가지 모범 사례 각각은 미니시리즈로 볼 수 있다. 이 모범 사례들은 업계 전체에서 나와 많은 동료들이 오늘날 가장 성공적인 조직을 변화시켜온 경험을 통해 얻은 것이다. 클라우드를 이용해 글로벌 시장에서 뒤처지지 않고 경쟁력을 유지하기 위해 다른 기업들이 얼마나 고군분투했는지를 이러한 모범 사례를 통해 느껴보기 바란다. 여러분의 소중한 의견을 나에게도 알려주기 바란다.

11

오늘날 IT 임원은 최고 변화 관리 책임자 (CCMO)다

원문(2015년 9월 30일):
http://amzn.to/CIO-chief-change-management-officer

> "성공에는 일종의 헌신이 필요하다.
> 여러분은 긴 여정 속에서 하고 싶은 걸 못 할 수도 있고,
> 가보고 싶은 곳에 가 있지 못할 수도 있다.
> 그러나 여러분을 놀라운 목표로 기꺼이 이끌 수 있는
> 비전과 선견지명을 가져야 한다."
> — 어셔^{Usher}

점점 더 많은 기업이 클라우드를 고려함에 따라 오늘날의 IT 임원에게는 조직 전체에서 기술적 우수성과 비즈니스 가치를 동시에 추구하는 새로운 역할을 수행할 기회가 생긴다.

적어도 오늘날의 IT 임원은 조직의 클라우드 여정 전반에 걸쳐 '경영진의 지원^{executive support}' 역할을 해야 한다. 경영진의 지원은 엔터프라이즈 클라우드 여정^{Enterprise Cloud Journey} 시리즈에서 작성한 7가지 모범 사례 중 첫 번째에 해당한다. 나머지 6가지 사례는 직원 교육, 실험 문화의 조성, 적합한

파트너사 선정, CCoE 생성, 하이브리드 아키텍처 구현, 클라우드 퍼스트 전략 구현이다.

IT 임원이 조직을 이끌고 클라우드 여정을 진행할 때 집중하는 세 가지 영역이 있다. 11장에서는 이들을 간략히 소개하고 이어지는 장에서 각각을 자세히 설명한다.

한 가지 기억할 것이 있다. 클라우드 여정은 반복적인 과정이며, 많은 시간이 걸릴 수 있다. 이는 IT 부서가 그저 조직의 기술을 변화시키는 것만이 아닌, 기술을 제공하고 비즈니스 가치를 향상시키는 방식을 바꾸는 것이다. 클라우드와 더불어 기술 변화technology shift 및 새로운 비즈니스 모델을 통해 여러분은 잡 기능job function, 재정/재무, 제품 개발 방법론 등을 포함한 여러 가지를 여러분의 조직 전반에 걸쳐 볼 수 있는 기회를 얻을 수 있다. 비즈니스의 모티브가 재정/재무든, 경쟁이든, 또는 이들 두 가지 모두든 상관없이 비즈니스 개선을 위한 혁신을 이끌어가는 IT 경영진이 될 수 있는 기회를 제공한다. 즉, 여러분 스스로 맞는 것과 맞지 않는 것을 결정하고 여러분의 비즈니스에 가장 적합한 환경을 조성해야 한다.

나는 오늘날 IT 임원은 최고 변화 관리 책임자CCMO, Chief Change Management Officer 역할을 수행해야 한다고 생각한다. 기술은 더 이상 단순히 비즈니스를 지원하는 것으로 볼 수 없다. 오늘날의 IT 임원은 이를 이해하고 점점 더 경쟁이 치열해지고 점점 더 기술적인 환경에 적응하는 데 필요한 변화를 주도할 최적의 위치에 있다. 모든 산업 분야에서 CCMO는 나머지 경영진과 직원들에게 변화를 주도하고 결정적으로 실행을 관리해야 한다.

CCMO 역할을 성공적으로 수행하려면 다음에 설명할 세 가지에 대한 책임을 다해야 한다.

- **비즈니스와 기술의 통합**: 클라우드 도입은 기술 변화 이상의 역할을 한다. 또 비즈니스를 수행하는 새로운 방법을 제공한다. 이것은 임원 수준의 모든 사람이 관심을 가져야 하는 것이다. IT 경영자는 임원진에게 주어진 업무와 각각의 직무가 클라우드 여정에 어떤 영향을 받는지 또는 받을 수 있는지 고려한다. 여기에는 분명히 긍정적 결과(예: 재정적, 민첩성, 글로벌 도달)와 몇 가지 도전 과제(예: 생소하고 익숙하지 않은 것에 대한 고용, 교육, 공포) 모두가 있다. 변화하는 IT 환경을 각 임원이 자신의 목표를 달성하는 데 도움이 되는 방향으로 배치하려면 먼저 이러한 목표와 도전에 공감해야 하며 목표가 좀 더 쉽게 이뤄지고 클라우드 여정에서 어려움을 덜 수 있는 방법을 보여야 한다.

- **명확한 목적의 제시**: 기술을 임원진의 주요 이해관계자와 함께 비즈니스 결과에 연결하는 것이 중요하듯이, 팀의 역할을 비즈니스 혜택과 엮으면 자신의 역할에 변화가 있는 경우 특히 어떻게 적용할 수 있는지 이해하는 데 도움이 된다. 임원 경력의 초기 시절 나는 다소 순진했던 것 같다. 부서 전체의 지침을 발표하면 모든 사람이 여기에 따를 것이라고 생각했기 때문이다. 내가 정말로 중요한 것들을 확인하고 반복적으로 전달함으로써 그들이 붙잡기 시작했을 때까지 이런 상황은 일어나지 않았다. 무엇보다 클라우드는 직원들에게 새로운 기회를 많이 만들어주며 이를 적극적으로 배우고 익히면 비즈니스에 기여할 수 있는 새로운 방법이 많이 있다.

- **새로운 규칙 만들기**: 대부분의 전통적인 IT 운영 모델에서는 클라우드의 장점을 모두 얻기엔 어려움이 있다. 우버^{Uber}, 에어비엔비^{Airbnb}, 드롭박스^{Dropbox} 등 많은 경쟁 업체들이 뛰어난 기술과 패스트 무빙^{fast-moving} 방식의 운영을 갖추고 예고 없이 등장할 수 있는 이 세상에서, 여러분은 조직이 계속 변화해나갈 수 있는 새로운 규칙을 고려해야 한다.

IT 경영자는 앞에서 설명한 다른 두 가지 책임보다도 특히 이것을 더 중요하게 생각해야 한다. 조직의 전사 차원에서 확인되지 않은 규칙을 깨는 일은 하지 않는 것이 좋다.

12

기술을 바탕으로 한 비즈니스 합병에서 CIO의 역할

원문(2015년 10월 14일):
http://amzn.to/CIO-merge-business-and-technology

"항상 결론을 염두에 두고 시작하라."
– 스티븐 R. 코베이Stephen R. Covey

11장에서는 오늘날의 기술 임원이 기업의 엔터프라이즈 클라우드 여정을 주도하는 최고 변화 관리 책임자CCMO, Chief Change Management Officer의 역할을 수행해야 한다고 얘기했다. 12장에서는 이 책임과 관련된 세 가지 주제 중 첫 번째인 '비즈니스와 기술의 통합'을 자세히 다룬다. 나머지 주제인 목표의 명확성, 새로운 규칙의 수립에 관한 내용은 뒤에서 자세히 설명한다.

오늘날 기술 임원들은 기술이 어떻게 자신의 비즈니스에 적합한지, 그리고 힘을 실어주는지를 상대 임원들이 이해할 수 있도록 해야 한다. 이러한 내용을 조직이 잘 이해하면 여러분 조직의 비즈니스 목표를 제대로 지휘하고 동시에 임원진에게 여러분이 중요한 구성원임을 인지하게 할 수 있다.

현재 비즈니스 환경은 기술이 비즈니스에 얼마나 적합한지를 잘 이해하는 것뿐만 아니라 산업 전반에 걸쳐 기술이 차지하는 역할을 정의하는 임원과 기업가들이 회사를 설립하고 운영하면서 기존의 질서가 무너지고 대혼란을 겪고 있다. 호텔 사업 에어비엔비, 자동차 서비스 사업 우버, 홈 오토메이션 사업 네스트 랩스^{Nest Labs}, 스토리지 사업 드롭박스^{Dropbox} 등이 그 예다. 이로 인해 전통적인 기업이 성장 속도를 유지해야 한다는 압박이 가중되고 있지만, 모든 IT 임원에게는 좋은 기회일 수 있다. 기술 분야에서 자신의 경력을 쌓아온 사람들보다 시장의 요구사항을 충족시킬 수 있는 방법을 더 잘 설명할 수 있는 사람은 없다. 자신의 경력 대부분을 대기업에서 쌓은 사람일 경우 특히 그렇다. 우리는 업계 전문 용어로 말하고 어떤 제약 조건이 강한지 또는 부드러운지, 그리고 동료 임원들을 어떻게 끌어들여야 하는지 파악한다. 기업의 사업 성공을 위해 기술 임원들은 뒤에 숨어서가 아닌 전면에 나서서 일해야 한다.

또 클라우드는 엔터프라이즈 IT와 전통적으로 관련된 구분하기 어려운 부담을 많이 제거하므로 오늘날의 IT 임원은 비즈니스를 추진하고 조직을 경쟁력 있게 유지하는 데 더 많은 시간과 리소스를 투자할 수 있다. 클라우드는 새로운 파괴적 원동력의 핵심 요소 중 하나다. 클라우드를 통해 비즈니스를 성장시키는 데 필요한 아이디어가 반드시 얻어지는 것은 아니지만, 이에 관한 가능성을 열어주는 동시에 이를 위한 필드 역할도 할 것이다.

기업의 클라우드 여정을 이끄는 사람들을 위해 몇 가지 아이디어를 알아보자.

동료들과 공감대를 형성하라

클라우드는 단순한 기술 변화 그 이상이다. 경영진 모두가 신경 써야 할 비즈니스 변화다. 경영진을 고려해야 하는 동시에 그들의 역할이 클라우드 여정에 어떤 영향을 주는지, 또는 영향을 줄 수 있는지 살펴봐야 한다.

임원의 종류는 이 책에서 전부 소개하기 어려울 정도로 많다. 따라서 중요한 유형만 몇 가지 살펴보자.

CFO는 전형적으로 선결제^{up-front} 비용을 낮추고 사용하는 것에 대해서만 지불하는 능력을 필요로 한다. 1개월부터 수개월에 이르기까지, 비용 변동성에 대해 다소간의 논쟁이 있었지만, 특히 용량 계획 및 유지 관리 활동의 부담에서 자유로워질 때 거의 항상 소유로 인한 비용이 낮아짐을 알 수 있었다. 매달 여러분의 시스템 환경을 자세히 알아보고, 지출 비용을 예측하고, 리소스 사용률을 관리하며, 예약 인스턴스^{RI, Reserved Instance} 구매도 차근차근 알아보고, 더 많은 리소스가 제품 개발(자산 생성)에 집중됨에 따라 인건비를 어떻게 활용할지 고려한다.

CMO는 일반적으로 회사 브랜드가 신선한 느낌을 주도록 유지하고 변화하는 시장 상황에 대처할 수 있게 해야 한다. 만약 브랜드 웹사이트에 매달 한 번이 아니라 하루에도 여러 차례 업데이트가 일어날 수 있다면 어떻게 될까? 데이터 웨어하우스를 무한히 확장 가능하다면 CMO가 고객을 더 잘 이해하는 데 도움이 될까?

HR(인사) 담당 부사장은 직원들이 회사 생활을 잘할 수 있게 돕고 새로운 기술을 도입, 이용하는 방법을 알아야 한다. AWS 교육 및 인증 프로그램을 활용하기 바란다. 아울러 AWS가 제공하는 교육 관련 전문지식을 여러분 조직의 교육 과정 일부로 자유롭게 활용하기 바란다. 나는 두 번째 모범 사례인 '직원 교육'에 따라 여러분 조직의 직원을 어떻게 교육하면 될지 파악해서, 팀원 모두가 기꺼이 배우고자 한다면 그들의 클라우드 여정도 도울 수 있다. 또한 새로운 역할을 위해 새로운 인력을 어떻게 채용할지, 기존 직원들의 직무 전환 관리 등을 함께 수행 중인 다른 회사와 네트워크를 만든다. 예를 들면 데브옵스는 조직에 어떤 영향을 미치며, '구축한 것을 직접 운영하는 것'은 무엇을 의미하는 것일까와 같은 것이다.

CEO는 앞에서 설명한 모든 사항과 회사의 경쟁력 유지 방법에 관심을 갖고 있어야 한다. 다른 임원들로부터 배운 것을 토대로 완벽한 비전을 세우고 최신 기술을 활용해 동일한 제약 조건하에서는 가능하지 않은 일들을 수행할 수 있는 방법을 보여줘야 한다.

다우 존스에 근무할 당시, 나는 매월 몇몇 임원들과 식사를 함께 하겠다는 목표를 세웠었다. 점심을 함께 하는 시간 동안, 나는 그저 그들이 무엇 때문에 힘들어하고 좌절했었는지 듣기만 했다. 나는 전략을 조정하기 위해 내가 그동안 배운 것을 사용했고, 이를 통해 우리가 나아갈 방향이 어떻게 바뀌는지 그들로부터 확인했다. 이는 그들의 필요성에 대해 공감하고, 신뢰를 쌓고, 그들의 지지를 얻는 참으로 단순한 방법이다(만약 여러분이 사람과 음식을 좋아한다면 즐길 만할 것이다). 여기서 핵심은 듣기만 하는 것이 아니라 배운 것을 가지고 행동을 취하는 것이다.

도움을 요청하라

이 일을 여러분 혼자서 할 필요는 없다. 여러분이 만날 AWS의 영업 담당자인 어카운트 매니저들을 클라우드 여정에서 일종의 '목자shepherd'로 생각하기 바란다. 그들은 여러분 회사의 경영진 및 여러분과 함께 협력해 클라우드로 옮기는 데 대한 메시지와 이점을 구체화하여 여러분의 비즈니스와 잘 맞도록 돕는다. 어카운트 매니저의 전문적 범위 이상으로 필요한 것이 있을 경우 AWS 내부, 외부 어디서든 적절한 사람을 찾을 수 있다. 클라우드 여정에서 일회성이 아닌 모든 과정에 대해 같은 생각을 지닌 사람들과 여러분이 네트워크를 만들 수 있는 기회라는 점에서 우리는 매우 기쁘게 생각한다. 나는 전 직장에서 다른 회사들로부터 몇 차례 레퍼런스 콜을 받았었다. 다른 임원들의 말을 잘 새겨듣고 배우는 건 좋은 학습 기회인 동시에 유효성의 검증에도 좋다.

AWS 파트너 네트워크Partner Network와 AWS 교육 및 자격증Training and Certification 프로그램은 클라우드 여정을 가속화하는 데 도움이 되는 훌륭한 리소스다. 이 프로그램들은 모범 사례를 다룰 때 더 자세히 설명하겠지만 AWS와 인사팀이 파트너십을 맺고 있는 많은 회사들이 자체 프로그램에 AWS 교육을 제도화하고 있다. 다우 존스의 데브옵스 팀은 인사 팀과 파트너 관계를 맺어 DevOps Days 행사를 만들었다. 그뿐 아니라 이를 정기 행사로 만들어서 진화하는 도구와 모범 사례를 전파할 수 있게 했다. 이는 지역적으로 분산되어 있는 대규모의 팀에서 기술을 확장하는 좋은 방법이다. 영업 담당자는 이 두 가지 영역 모두에서 올바른 연결을 유지하는 데 도움을 줄 수 있다.

IT 브랜드 진화

나는 IT 부서의 브랜드를 개선하고자 하는 많은 IT 부서 임원들과 얘기를 나누곤 한다. 블룸버그에서 사업을 추진하는 소프트웨어 개발 업무로 10년 이상의 경력을 쌓았던 내가 다우 존스로 옮긴 이유 중 하나는 IT를 코스트 센터로 생각했던 것에서 비즈니스를 이끌어내고 힘을 실어줄 수 있는 분야라고 생각하도록 사고방식을 전환하는 데 도움을 주기 위해서였다. 열심히 일한 우리 부서의 모든 이들에게 큰 마음의 빚을 진 느낌이었다. 우리가 만든 변화에 모든 사람이 함께하는 데도 이들의 노력과 헌신이 큰 도움이 됐다.

AWS는 이러한 변화를 위한 기반의 일부였지만 임원진 수준에 맞춰 일하면서 겪은 어려움의 대부분은 임원 개개인의 고충과 IT에 기대하는 것을 이해하는 것, 목표 달성에 도움이 되는 기술을 잘 적용하는 작업 등이었다. 몇 달

동안 클라우드를 사용해 더 나은 결과를 더 빨리 얻은 후 임원진과 부서를 대상으로 우리를 IT가 아닌 기술로 생각할 수 있도록 몇 개월간 재교육을 실시했다. 그 결과 미묘해 보일 수 있겠지만 대화의 톤과 생산성에서 의미 있는 차이가 나타나기 시작했고 변화의 신호가 회사 전체로 확산하고 있음을 느꼈다.

13
무엇이 좋은 리더를 위대한 리더로 만드는가?

원문(2015년 10월 22일): http://amzn.to/what-makes-good-leaders-great

> "혼돈과 좌절이 나타나는 건 명확하지 않기 때문이다.
> 이러한 감정은 모든 인생의 목표에 독이 된다."
> – 스티브 마라볼리Steve Maraboli

리더는 여러 가지 방식으로 조직을 이끌어나간다. 공포를 조성하기도 하고 카리스마로 이끌기도 하며, 다른 사람을 통해 조직을 리드하기도 한다. 그리고 모든 리더는 각자 고유한 스타일을 지니고 있다. 그러나 '사람들은 자신이 잘 아는 리더를 가장 잘 따르는 것 같다'는 사실을 경험을 통해 알게 됐다.

사람들은 자신이 이해할 수 있는 것을 믿는다. 변화 관리에 관한 한, 대개 그들이 이끌어나가는 방향을 이해하지 못할 때 그들은 편한 것, 즉 현재 상태로 되돌아갈 것이다. 리더들은 명확하고 간결한 방향을 제시함으로써 이 딜레마를 해결할 수 있다. 위대한 리더와 좋은 리더는 목표의 명확성에서 뚜렷한 차이를 보인다.

오늘날의 기술 임원들은 자신을 조직의 클라우드 여정을 주도하는 최고 변화 관리 책임자CCMO로 생각해야 한다. CCMO는 사업과 기술의 합병을 다루는 것 외에도 목표의 명확성을 제시하는 역할을 해야 한다. 바꿔 말하면 전략 자체를 명확히 하는 것, 전략에 맞게 팀의 역할을 만드는 것, 유연한 부분과 그렇지 않은 부분, 단호한 결단력, 인내심을 잃지 않는 것 등을 명확히 표현할 수 있어야 한다는 뜻이다.

기업들은 비용 절감, 글로벌 확장, 보안 상태 강화, 민첩성 향상 등 여러 가지 이유로 클라우드 이전을 계획한다. 내가 경험해보니, 중요한 비즈니스에 더 많은 리소스를 할애하는 데 클라우드가 어떻게 도움이 되는지 알고 나면 기업 전체에 클라우드를 플랫폼으로 도입하기 시작한다는 사실을 알게 됐다. 이는 고객과 주요 이해관계자들에게 가장 중요한 활동이다. 그리고 인프라 제공자가 아닌 한, 이러한 활동은 인프라 관리와 관련이 없다.

단기적이든 장기적이든, 동기부여가 무엇인지 공론화하고 성과를 측정할 수 있게 해야 한다. 팀과 주요 이해관계자에게 동기부여와 목표를 명확하게 밝히고 모든 사람이 올바른 방향을 바라보도록 책임감을 갖게 해야 한다.

CIO 초기 시절, (순진하게도) 단지 최고 책임자라는 이유로 내가 얘기한 걸 모두가 이행할 거라고 생각했다. 당연히 실제 리더십은 이런 식이 아니라는 걸 어렵게 깨달았다. 우리의 전략에서 무엇이 중요한지 내가 명확히 설명한 후에야 팀의 행동에도 변화가 일어나기 시작했다. 팀에 새로운 아이디어나 목표를 제시하기 전에, 나는 모든 사람이 이 전략을 추진하는 데 적합한지, 그리고 그것이 어떻게 비즈니스 및 모든 사람의 경력과 연관되어 있는지를 고려해야 했다. 그리고 나서 이러한 점들을 보강하기 위해 모든 기회를 이용해야만 했다.

이는 분기별 전체 회의, 내부 블로그, 스프린트 플래닝 세션에서 전략에 대해 얘기를 나누고, 모든 회의를 통해 현재 논의 중인 작업과 전략을 연관짓는 기회로 활용하는 것을 의미했다. 때때로 이런 것들이 불필요하다고 느꼈지만, 여러분의 팀 규모가 클수록 개인이 정기적으로 여러분 같은 경영진, 임원들과 얘기할 기회도 점점 줄어든다. 조직 내에서 소통이 잘 유지되도록 결단력과 일관성을 유지하는 것 역시 매우 중요하다.

미지의 세계에 대한 공포는 모든 변화 관리 프로그램에서 갈등을 일으키는 가장 흔한 요인 중 하나가 아닐까 한다. 뒤에서 클라우드 여정에 대한 '직원 교육' 모범 사례를 설명할 때 이 점을 다루겠다. 이런 맥락에서 리더가 이러한 마찰을 해결하는 가장 좋은 방법은 팀원 모두가 그들의 역할을 통해 향후 나타날 결과가 무엇일지 명확하게 설명할 수 있게끔 하는 것이다.

변화하는 방향에 비추어 모든 사람이 자신이 무엇을 선택할 수 있는지 명확히 하는 것은 그들이 어떻게 참여할 수 있는지를 이해하는 명확한 길을 제시해주고, 어느 정도 심리적 안정도 줄 것이다. 내가 다우 존스 CIO였을 당시 우리는 그 부서의 직원 모두를 교육시켰고 회사 내에서 새로운 역할로 옮길 수 있는 기회를 주었다. 우리는 직원 모두가 클라우드 여정의 일부가 되기를 원한다는 사실을 분명히 했고, 때로는 그것이 새로운 일을 맡을 기회가 있음을 의미했다. 직원들은 자신이 알고 있는 풍부한 지식을 이용해 모두의 이익을 극대화했을 뿐만 아니라 많은 경우에서 다른 영역이나 분야로 적용될 때 이러한 지식은 더욱 가치를 발휘했다. 그런 지식은 대체하기 어려우므로, 여러분은 그것을 지키기 위해 할 수 있는 모든 노력을 다해야 한다.

변화를 수반하는 거의 모든 전략에는 당신이 확고히 지켜야 할 요소들이 있을 것이고, 더 함축적인 요소도 있을 것이다. 이러한 것들이 여러분의 팀에게 명확히 전달되면 팀 구성원 모두는 적절한 역할의 한계 범위를 계속 넓혀나갈 수 있는 기회를 만들고, 조직도 배우려는 의지를 계속 유지할 것이다.

다우 존스에서 클라우드 여정을 시작할 당시, 우리가 수행하는 모든 작업을 위해 어려운 요구사항을 자동화했다. 클라우드 운영에 익숙해지면 경제적 측면에서 매력적인 비즈니스 사례를 만들어 수십 개의 데이터 센터를 AWS 로 마이그레이션할 수 있었다. 이 시점에서는 이러한 목표를 향해 나아가기 위해 '리프트 팅커 앤 시프트 lift-tinker-and-shift' 전략이 더 적합했다. 이를 위해 서는 수차례의 명확한 의사소통이 필요했다. 사실대로 말하면 수많은 의사 소통이 있었다. 그러나 자동화 제약을 완화하고 다양한 마이그레이션 기술 을 적용하면 진행 속도가 대단히 빨라진다.

모든 기업은 클라우드 여정에서 난관에 부딪히는 경험도 할 것이다. 내 입장 에선 앞으로 모든 게 완벽할 것이고 모든 회사가 그 여정의 모든 단계에서 해야 할 것들을 잘 알고 있었으면 한다. AWS는 고객을 위해 헌신하면서 규 범을 더욱 준수하고자 노력하고 있지만 전체 프로세스가 완전히 턴키 turnkey 가 될 가능성은 낮다. 팀원들이 실수를 저지르더라도 다그치기보다는 배움 의 기회로 삼고(물론 같은 실수를 반복하면 안 되겠지만) 여러분의 목표와 반대 인 회의적 자세를 신속하게 해결하는 것이 최선의 방법임을 알게 됐다. 예전 상태로 돌아가는 걸 선택하는 직원들이 여러분이 지닌 미래의 비전에 대한 잠재력에 영향을 미치지 않도록 현명하게 대응해야 한다. 물론 쉽지 않을 것 이다. 그렇더라도 많은 인내심이 있다면 결실이 있을 것이다.

마지막으로, 연습은 끊임없이 해야 한다는 사실을 꼭 기억하기 바란다.

14
위대한 리더는 새로운 규칙을 만든다

원문(2015년 11월 2일): http://amzn.to/great-leaders-make-new-rules

> "나를 둘러싸고 있는 규율이 무엇이든 나는 자유롭다.
> 규율이 받아들일 만하다면 받아들이면 되고
> 몹시 불쾌하다면 어기면 된다.
> 내가 자유를 누리는 건 내가 하는 모든 행동에 대한
> 도덕적 책임은 온전히 내 몫임을 알기 때문이다."
> – 로버트 A. 하인라인 Robert A. Heinlein

훌륭한 리더는 규율, 규칙을 시행한다. 그리고 기존의 규칙이 더 이상 적용되지 않으니 새로운 규칙을 만들어야 하는 시점도 알고 있다. 위에 쓴 하인라인의 말처럼, 때때로 이것은 실제로 규칙을 어기는 것을 의미한다. 그러나 조직 전체의 행동 변화에 영향을 미칠 수 있는 위대한 리더는 그중 하나를 수행하기 전에 먼저 기존 규칙을 알고 규칙 변경 시기 및 방법을 결정해야 한다.

클라우드 여정에서 조직을 리딩하고 있다면 기술 리더가 새로운 규칙을 만들 가장 좋은 기회 중 하나다. 또한 기술 임원 역할도 가능한 최고 변화 관리 책임자CCMO는 자신의 프로세스를 검사하고 클라우드 지원 엔터프라이즈를 관리하는 데 어떤 규칙이 여전히 적합한지 결정할 의무가 있다.

새로운 과제를 위한 새로운 규칙

많은 사람은 ITIL, ITSM 및 계획 구축 실행 같은 프로세스 기반 프레임워크에 익숙하다. 이들은 지난 수십 년 동안 대규모 조직에서 IT가 제공되고 운영되는 방식을 표준화하기 위해 개발됐다. 이러한 다양한 프레임워크의 제작자는 조직의 역할, 책임 및 프로세스를 명확하게 정의해 효율성, 품질 및 비용의 조합을 개선할 수 있다는 점에 자부심을 느낄 것이다.

이러한 방법론은 (인프라 관리처럼) 비슷한 활동을 관리/감시하기 위한 용도로 쓰일 경우 의미가 있었다. 그러나 오늘날 기업들은 점점 더 고객 만족도를 높이고 조직을 차별화하는 활동에 초점을 맞추려 한다. 탤런 에너지^{Talen} $_{Energy}$는 다양한 연료원을 사용하는 발전소에서 전력을 생산하는 데 집중하고 싶어 한다. 나이키^{Nike}는 전 세계 모든 운동 선수에게 영감과 혁신을 주고자 한다. GE는 세상을 건설하고, 움직이고, 강화하고, 치유하고자 한다. 예전에는 인프라 관리가 이러한 미션의 핵심 요소였다. 이제 클라우드는 일종의 기반을 제공하므로, 최고 변화 관리 책임자는 기존의 프로세스 기반 프레임워크에서 의미가 있는 것을 유지하면서 동시에 새롭고 좀 더 현대적이며 점차 디지털화된 운영 모델을 제어하기 위한 새로운 규칙을 만드는 데 주저하면 안 된다.

조직 차원의 기회를 찾아라

클라우드 여정(또는 변화 관리 프로그램)의 어느 단계이든 관계없이, 앞으로 펼쳐질 클라우드 세계에서 여러분의 역할, 책임 및 프로세스가 어떤 모습일지를 고민하기 바란다. 이 과정에는 약간의 탐색이 필요하며 조직마다 다를 수 있다. 운영, IT 감사 및 재무 관리는 규칙 변경과 관련해 기업 임원과 자주 논의하는 주제 중 하나다.

이 목록이 결코 완전한 것은 아니라는 점에 유의하기 바란다. 여기서 모든 견해와 뉘앙스를 다루는 것은 불가능하다. 찾고 있는 다른 것들이 있다면 나에게도 꼭 알려주기 바란다!

운영

데브옵스로 전환하는 것을 고려하는 기업을 위해 많은 글을 썼다. 여기에는 고려해야 할 여러 가지 규칙 변경사항이 포함되어 있다.

고객(내부 또는 외부)이 필요로 하는 것을 이해하려고 노력하고 솔루션 제공 방법에 대해 개방적인 태도를 유지하는 고객 서비스 중심 IT 부서를 만드는 데 중점을 두고 있다.

반면에 '자산 개발 및 운영' 개념은 말 그대로 어떻게 자산을 개발하고 운영할지에 초점을 맞춘다. 내 경험상 이 관행은 기존 IT 프로세스 기반 프레임워크와는 거리가 멀기 때문에 엔터프라이즈에서 가장 어려운 변화 중 하나이기도 하다. 자산 개발 및 운영 개념과 그에 따른 고유한 규칙 변경을 채택해야 하는 많은 이유가 있다. 그리고 이러한 변화에서 많은 혜택을 얻지 못했다는 조직을 아직까지는 본 적이 없다.

마지막으로, 이러한 변경 및 기타 운영 변경을 수행할 때 예상할 수 있는 것을 파악하는 데 도움이 된다. 수십 년 이상 지속됐던 규칙을 하룻밤 사이에 변경한다는 건 불가능할 것이다.

프로세스 감사

감사는 모든 기업의 여정에서 필수 사항이다. 현재 많은 경영진은 '감사 기능'이라는 문구는 떠올리기만 해도 부정적이고 골치 아프다고 생각한다. 왜냐하면 감사가 업무 진행을 지연시킬 수 있다고 생각하기 때문이다. 그러나 이는 특히 새로운 규칙을 설정하려고 할 때 생산적이고 진보적인 관점으로 상황을 보는 게 아니다. 감사는 적이 아니라 친구다. 지금 만들고 있는 새로운 규칙이 훨씬 도움이 된다는 사실을 알리고 피드백을 받기 바란다. 감사자와 초기에 자주 협력하고 달성하려는 목표를 설명하기 바란다. 의견을 수렴하면 그들이 여러분의 생각과 결과가 개선될 거라고 확신한다.

다우 존스에서 근무할 당시, 나는 감사자들에게 데브옵스와 '개발한 것을 직접 운영하는' 방식을 도입하기 위한 우리의 계획을 설명하는 데 큰 부담을 느꼈다. 나중에야 이건 불필요한 걱정이란 걸 알았지만 이로 인해 우리는 사전 준비를 하게 됐다. 자동화에 관한 새로운 규칙을 통해 통제 관리가 크게 개선됐다고 설명했을 때 감사자는 우리 회사가 앞으로 나아갈 방향에 대해 훨씬 더 걱정을 더는 모습을 보였다. 이제 더 이상 (자리는 바로 옆에 서로 붙어 있으면서도) 팀은 따로따로 분리된 채 오너십이 없는 상태가 아니라, 티켓을 통해 의사소통하고 이를 통해 실수할 가능성을 확실히 줄일 수 있음을 보여줌으로써 감사자들의 신뢰와 확신을 얻을 수 있었다.

보안 팀, 법무 팀에게도 이와 동일한 전략을 적용한다. 보안 팀, 법무 팀에게도 이와 동일한 전략을 적용한다. 모두의 요구가 충족되는지 확인하기 위해 초기에 자주 참여하고 그들과 파트너십을 맺기 바란다. 아울러 임원진의 이해관계자들이 공감하고 있는지도 확인하고 여러분이 세운 규칙으로 요구사항을 해결하는 방안을 찾기 바란다.

재무 관리

거의 모든 경우에, 용량 산정이 불확실하고 종종 과다한 매수가 일어나는 대규모의 선행 자본 투자$^{up-front}$에서 종량제$^{pay-as-you-go}$ (즉, 사용한 만큼만 지불하는) 개념 모델로 전환하면 현금 흐름이 향상된다. 그러나 가변 비용^{variable} ^{expense} 관리는 기존의 익숙한 재무 관리 방식을 변화시킬 수 있다. 일반적으로 재무 부서와 긴밀하게 협력해 클라우드가 제공하는 레버리지를 활용하고 예산을 최대한 활용할 수 있는 새로운 규칙을 만드는 것이 가장 좋다.

다우 존스의 경우 인프라 투자 감소폭과 비교해서 클라우드 비용의 증가폭이 좀 더 적었다. 회사가 많은 성과를 거뒀을 수도 있지만 결국 재무 팀은 클라우드 비용의 증가에 관심을 갖게 됐고, 우리와 함께 예산 최적화를 해결하게 됐다.

회사가 보유한 리소스가 제품 개발에 점점 더 집중되면서 예측 결과, 예약 인스턴스RI, Reserved Instances 구매, 인건비의 증가 비율 등을 활용한 컨트롤러와 월간 생산성 기준을 산출할 수 있었다. 컴퓨팅 요구사항이 점점 정교해짐에 따라 수개월에 걸쳐 RI 구매를 다르게 하는 것이 가장 좋으며 재무 관리에 도움을 줄 수 있는 많은 파트너가 있다는 사실을 알게 됐다. 클라우드 호환성cloudability은 그중 하나이며, 최근에는 RI 구매에 대한 멋진 글을 발표했다. 이 글은 내가 여기서 소개한 것보다 훨씬 더 자세히 설명하고 있다.

앞서 언급했듯이, 이러한 것들은 클라우드 여정에서 면밀히 조사할 가치가 있는 몇 가지 규칙일 뿐이다. 여러분에게 앞으로 다가올 다른 문제들이 무엇일지 궁금하다. 그게 무엇이든 새로운 규칙을 만드는 데 있어 망설이거나 두려워하지 않았으면 한다.

15

클라우드로 성공하기 위해 필요한 사람들은 이미 여러분 곁에 있다

원문(2015년 11월 18일): http://amzn.to/you-already-have-the-people-you-need-to-succeed-with-the-cloud

> "교육은 세상을 변화시키기 위한 가장 강력한 무기입니다."
> — 넬슨 만델라^{Nelson Mandela}

나는 다양한 회사의 여러 경영진과 비즈니스 및 IT 전략에 관해 이야기를 나눌 수 있었던 것이 대단한 행운이었다고 생각한다. 모든 경영진과 회사는 각자 고유한 과제를 갖고 있지만, 미래를 향해 나아가는 데 유용한 기술을 갖춘 직원들이 있어야 한다는 생각은 공통적으로 하고 있다. 클라우드도 이와 크게 다르지 않다. 이것이 명확해 보일 수도 있지만, 일부 경영진은 클라우드 여정에서 원하는 만큼 많은 진전을 이루지 못한 주된 이유가 조직에 클라우드 기술이 부족해서라고 생각했다.

성공적인 클라우드 전략을 보유한 기업이 따르는 7가지 모범 사례 중 두 번째는 '직원 교육'이다. 임원 리더십을 제공하는 것이 첫 번째 모범 사례이며, 나머지 모범 사례들도 여러 장에 걸쳐 차근차근 살펴볼 예정이다. 클라우드에 회의적인 직원이 교육을 통해 클라우드에 강한 믿음이 생길 수 있다. 그리고 이에 따라 클라우드를 활용해 비즈니스에 결과를 제공하는 속도에서 큰 차이를 보일 수 있다.

여러분에겐 이미 필요한 것이 있다

사람들은 미지의 것을 두려워하고, 변화에는 어느 정도 불편함이 수반된다. 두려움을 완화하기 위해 할 수 있는 가장 효과적인 방법 중 하나는 교육이다. 찾고 있는 기술을 이미 보유한 새로운 인재를 확보하는 방법도 있겠지만 이는 일부 소규모 조직에서만 효과가 있고 확장이 어려울 수 있다.

대부분의 조직에는 이미 재직 중인 직원들이 잘 알고 있는 풍부한 조직 관련 지식과 문화적 사례가 있다. 기존 직원에게 클라우드 기술과 조직 관련 지식 및 문화를 결합하는 방법을 배울 수 있는 기회가 주어지면 이는 조직에게 유리하게 사용될 수 있다. 다시 말해, 클라우드로 나아가는 데 필요한 모든 사람이 이미 존재하므로 이를 활성화해야 한다.

이제 직원에게 클라우드 기술을 교육할 때 경영진이 고려할 영역을 몇 가지로 정리해보자. AWS 관련 서비스나 솔루션을 빼고 전략, 리더십에 초점을 맞춰보겠지만 아무래도 이 주제를 설명하는 데 적합한 일부 AWS 프로그램은 어쩔 수 없이 다뤄야 할 것 같다. 여러분에게도 다른 아이디어가 분명히 있을 것이다. 나에게도 꼭 알려주기 바란다.

AWS 교육 및 자격증 프로그램

AWS의 스스로 학습 방식 또는 강의식 교육 과정을 통해 팀이 빠르게 클라우드를 익히기 시작하고 시간이 지남에 따라 기술을 최신 상태로 유지할 수 있다. 웹사이트에서 잘 제공받을 수 있는 세부사항을 굳이 더 얘기할 필요는 없겠지만, 교육 프로그램을 활용한 모든 회사는 향후 클라우드 운영에서 더 나은 이점을 누릴 수 있을 것이라 생각한다. 많은 경우 조직 내 팀 간의 마찰이 줄었다는 얘기도 있다.

내가 다우 존스에 있었을 때 기술 관련 직원들 거의 모두에게 AWS 테크니컬 펀더멘탈Technical Fundamentals 과정 교육을 진행했다. 그 후 의미 있는 클라우드 도입에 관심이 있는 직원들에게 고급 과정도 교육했다.

우리는 결국 우리가 축적한 트레이닝 노하우를 제도화했다. 우리 데브옵스 팀은 DevOps Days 행사를 기획하고 주관했다. 여기서 다른 회사들이 클라우드상에서 개발한 모범 사례, 프레임워크 및 거버넌스 모델을 배울 수 있었다.

이러한 방식의 교육은 사람들이 일하는 방식에 의미 있는 영향을 끼쳤으며, 향후 클라우드 퍼스트 환경에서 구축하려는 기업 문화 요소를 강화하는 데 도움이 됐다. 그리고 교육 프로그램은 회사 내부의 장벽roadblock을 허무는 가장 효과적인 메커니즘 중 하나가 됐다. 마치 DevOps Days 행사에 참석하면 클라우드로 하고 있었던 일에 매력을 느끼지 않을 수 없는 것처럼 말이다. 그 후 비슷한 길을 가고 있는 여러 대기업들과도 얘기를 나눴다. 그들은 회사가 원하는 요구사항을 고려한 대규모 교육 프로그램을 만들고 확산시키고자 AWS 교육 및 자격증 프로그램 팀과 협력하고 있다.

여러분 회사의 직원들이 여전히 클라우드 도입에 반발하고 있다고 생각되면 indeed.com의 2015년 이후 직업 동향을 보여주는 다음과 같은 그래프를 보여주기 바란다.

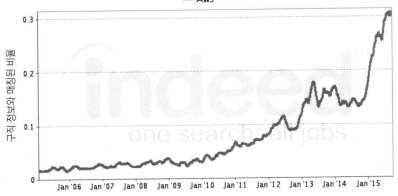

indeed.com의 일자리 추이

클라우드 기술에 대한 수요는 분명히 급격하게 증가하고 있으며 이 추세가 조만간 바뀌지는 않을 것이다. 클라우드 교육은 향후 몇 년 동안 여러분 회사의 임직원 모두가 배당금을 받는 것과 같다고 얘기할 수 있겠다.

클라우드 생태계 활용

여러분이 조직의 클라우드 여정을 이끌고 있을 수도 있지만 특히 교육과 관련된 일을 혼자서 할 필요는 없다. 동료와 의논하고 각종 클라우드 관련 행사에 참석하며 다른 회사의 활동들을 파악하기 바란다. 클라우드 생태계가 얼마나 빠르게 성장했는지, 그리고 얼마나 짧은 시간 내에 태어난 클라우드 비즈니스가 성공했는지를 생각해보면 실로 놀라울 정도다. 많은 회사가 성취한 내용과 그들이 배운 내용을 활용하는 방법을 자세히 소개하는 정보가 온라인에 넘쳐나고 있다.

AWS 파트너 네트워크Partner Network는 생태계를 파악하는 방법 중 하나이며, 학습을 위한 풍부한 자료를 갖추고 있다. 특정 요구사항에 도움이 되는 도구를 활용하거나, 대규모 마이그레이션에 도움을 받을 수 있는 구현 업무를 제공하는 등 다양한 파트너사들이 있다. 언제든지 AWS 계정 관리자를 찾아 올바른 계정을 찾을 수 있다. 이와 관련해서는 '모범 사례 IV: 적합한 파트너사 선정'에서 파트너 커뮤니티를 통해 자세히 설명한다.

마지막으로, AWS 프로페셔널 서비스^{AWS Professional Services} 팀은 수백 명의 임원이 클라우드 전략을 실행하는 데 필요한 역할과 기술을 파악할 수 있게 도와줬다. AWS 프로페셔널 서비스 팀은 여러분 조직이 현재 클라우드 도입을 위해 얼마나 준비되어 있는지를 평가하고 수백 개의 유사한 회사에서 축적한 AWS 프로페셔널 서비스 팀의 경험을 바탕으로 고객이 필요한 기술을 습득할 수 있도록 지원한다. 이러한 계약 기반 업무를 통해 AWS 프로페셔널 서비스 팀은 고객이 클라우드 운영 모델로 전환할 때 원하는 모든 조직에서 자유롭게 사용할 수 있도록 AWS 클라우드 도입 프레임워크^{AWS Cloud Adoption Framework}를 개발했다.

경험을 대체할 수 있는 것은 아무것도 없다

적절한 기술과 무언가를 할 수 있는 자세를 지닌 사람이라면 클라우드에서 그들을 필요로 하는 자리가 반드시 있음을 경험을 통해 알게 됐다. 나는 대부분의 사람들이 모든 것이 가능하다는 상상을 할 수 있다고 생각한다. 하지만 경험이 없는 사람들에겐 그것을 증명하기가 더 어려울 수 있다.

교육은 모든 사람을 새로운 개념에 노출시키고 사례를 보여주는 좋은 방법이지만 항상 최고의 교육은 경험의 형태로 온다고 느꼈다. 클라우드를 통해 비즈니스에 의미 있는 일을 수행하고 어떤 일이 발생하는지 확인할 수 있도록 실습과 더불어 시간 제약을 지닌 기회를 여러분의 팀에게 제공하기 바란다. 팀이 이미 하고 있는 작업 중 다루기 적절한 것을 클라우드에서 구축하게 해보라. 또는 웹사이트 구축, 일부 데이터에 대한 API 생성, 위키 호스팅을 만들도록 해보라. 약간의 시간 압박이 있는 상태에서 올바른 동기부여가 있으면 결과를 빠르게 얻을 수 있다는 점은 항상 나를 놀라게 했다. 갈증과 갈망은 발명을 낳는다. 나는 목표가 명확하고 어떤 도구를 쓸지도 사전에 결정됐을 때 짧은 시간 안에 상당히 혁신적인 결과가 나타나는 것을 봐왔다.

이러한 실제 경험은 게임 체인지 혁신이 될 수도 있고 다음 프로젝트에 쓰일 교육 프로그램이 될 수도 있다. 어느 것이든, 여러분이 추진하는 과제를 발전시키고 팀에게 무언가를 배우고 얻을 수 있는 좋은 기회일 것이다.

16

클라우드 기반의 기업 문화를 위한 직원 교육에서 고려해야 할 11가지

원문(2015년 12월 3일): http://amzn.to/educate-staff-on-cloud

> "말로 들은 것은 잊어버린다.
> 누군가 내게 가르친 것은 기억에 남는다.
> 참여하면 비로소 익히게 된다."
> – 벤저민 프랭클린Benjamin Franklin

앞에서는 직원들에게 적절한 교육을 해서 클라우드 기술을 활용하는 데 필요한 리소스를 확보하는 방법을 알아봤다.

최고 변화 관리 책임자CCMO는 어떻게 직원을 교육해서 클라우드 여정을 가속화할 수 있을까? 모든 조직의 클라우드 여정은 그 나름의 고유한 성격을 지니고 있지만, 이를 잘 수행하는 조직에서 나타나는 공통점이 있다. 이러한 공통점을 파악해보면 다음 11가지로 정리할 수 있다.

1. **의미 있는 동시에 기본적인 것으로 시작한다.** 여러분의 팀이 비즈니스에서 중요한 것을 성취하고 나면 클라우드 기술의 실질적인 이점을 신속하게 파악할 수 있다. 예전에 몇몇 회사에서 아주 사소한 프로젝트에 집중함으로써 원하는 것보다 발전 속도가 매우 더뎌지는 경우를 본 적이

있다. 물론 처음 몇 개의 프로젝트 경험으로 대규모 마이그레이션을 추진하기엔 무리가 있을 테니 비즈니스 이점이 보이는 충분히 의미 있는 프로젝트부터 시작하려고 할 것이다. 사실 잘 찾아보면 간단한 웹사이트, 모바일 애플리케이션, 데이터에 쉽게 액세스할 수 있는 API 또는 백업/재해 복구 개선 등 처음 시작해볼 수 있는 건 많다. 실제 애플리케이션에 뿌리를 두고 교육을 진행하면 여러분의 팀은 학습한 내용을 더 많은 프로젝트에 더 빠르게 적용할 수 있을 것이다.

2. **AWS 교육 프로그램을 활용한다.** AWS는 다양한 훌륭한 교육 프로그램을 제공한다. 이 프로그램을 통해 수백 개의 회사가 클라우드 기술을 연마할 수 있었다. AWS는 모든 교육을 개선의 기회로 활용하고 조직의 특정 요구사항에 맞출 수 있는 다양한 커리큘럼과 전달 메커니즘을 개발했다. 내가 다우 존스에 근무할 당시 우리는 거의 모든 기술 담당자에게 교육을 진행했고 이 과정은 나중에 AWS 테크니컬 펀더멘탈^{AWS} Technical Fundamentals 과정이 됐다. 이 교육을 통해 직원들은 새로운 기술을 배우고 익히는 것 외에도 클라우드 여정이 시작될 때 일반적으로 나타나곤 하는 미지의 영역에 대한 두려움도 없앨 수 있었다.

3. **팀에게 실험할 시간을 준다.** 클라우드 여정의 모범 사례 중 하나인 실험 문화의 조성은 여러분 회사의 직원들이 학습 동기를 얻고자 할 때 특히 중요하다. 혁신은 실험에서 비롯되며 클라우드는 새로운 일을 시도할 때 대규모 선행 투자를 할 필요가 없게 하므로 업계에서 혁신적인 다음 제품을 만드는 데 있어 팀을 방해하지 않는다. 기존 프로젝트를 새로운 방식으로 구현할 수 있도록 팀에게 자율권을 주어야 한다.

4. **학습과 실험을 장려하는 목표를 설정한다.** 대부분의 회사는 직원을 위한 목표 또는 KPI를 설정하고 이러한 목표를 성과에 연계시킨다. 이러한 기존 메커니즘을 사용하면 전략을 강화하고 이후의 행동을 유도할 수

있다. 적절한 클라우드 아키텍처를 활용해 관련 교육 과정을 수료하거나 예산을 얼마나 확보했는지 또는 운영 효율성을 개선했는지에 대한 목표를 만들 수 있다. 이를 통해 리더들은 모든 사람이 실험하고 배울 수 있는 기회를 제공하는 것이 중요함을 인식시킬 수 있다.

5. **시간 제약을 설정하고 스스로 속도를 조정하라.** 실험 문화를 조성하는 과정에서 특히 중요한 사항이다. 매일 업무를 마쳤을 때 결국 가장 중요한 것은 결과다. 각 프로젝트에 마감일을 설정해 팀 구성원이 이미 알고 있는 것을 통해 실험의 균형을 맞출 수 있다. 때로는 이러한 제약으로 인해 팀이 타협하려고 할 수 있고 프로젝트 진행 과정에서 이러한 타협을 처리하기 위한 메커니즘을 정의해야 한다. 그렇더라도 팀은 항상 다음 프로젝트의 기술을 배우고 향상시킬 것이다.

6. **변화를 지연시키는 저항을 찾아내고 처리한다.** 이러한 모든 고려사항은 사람들에게 성공에 필요한 도구를 제공해 변화에 대한 직원들의 저항을 억제하기 위한 것이다. 그러나 이러한 모든 기회가 있더라도 조직에 계속 저항하는 사람이 있을 수 있다. 나는 이러한 문제를 '목표의 명확성을 제시하라'라는 글에서도 다뤘다. 우선 팀이 무엇을 우려하는지 이해한다. 그리고 되고 있는 것과 안 되고 있는 것을 열린 마음으로 파악한다. 이 과정에서 불필요한 마찰을 신속하게 처리한다.

7. **사람들에게 새로운 역할을 맡길 때 걱정하지 말 것.** 의미 있는 방식으로 클라우드로 전환하는 것은 기술 전환이자 기업 문화의 전환이다. 사람들에게 새로운 역할을 수행할 수 있는 기회를 제공하면 변화에 대한 저항을 극복할 수 있다. 제도적 지식institutional knowledge 은 비용이 많이 들고 일반적으로 필요도 없는 손실이기 때문에 항상 회사 내부를 먼저 살펴보는 것이 좋다. 블룸버그에서 11년간 일하면서 6가지 직책을 맡았었는데, 이렇게 많은 기회가 있었기에 내가 이 회사에서 오랫동안

근무할 수 있었던 것 같다. 직원에게 새로운 기회를 제공하는 방법을 찾으면 직원의 참여를 유지하고 직원의 근속 기간을 늘리는 데 도움이 된다.

8. **직원들에게 조직의 큰 그림 안에서 그들의 역할이 어떤 것인지 보여줄 것.** 자신이 맡은 일이 조직의 큰 그림 안에서 어떤 역할을 하는지를 알면 훨씬 더 즐겁게 업무를 할 수 있다. 여러분은 각각의 역할을 잘 생각해서 팀이 어떻게, 왜 중요한지를 알려줘야 한다. 다시 말하지만, 조직의 목표와 개인별 목표가 잘 연계되려면 어떻게 해야 하는지 잘 살펴보고 각 역할에 맞게 조정할 수 있는 방법을 찾아야 한다.

9. **각종 기업 행사에서 다른 사람들이 무엇을 하고 있는지 보라.** 대부분의 사람들은 다른 사람의 성공과 실패로부터 많은 것을 배운다. 내가 5년 넘게 대기업을 위한 클라우드 지원 기술 전략을 개발하고 있는데, 여전히 AWS re:Invent, AWS Summits, 그리고 각종 기술 이벤트에 참석해 배우는 것들을 보면 정말 놀라울 따름이다. 직원들에게 다른 사람들과 교류하고 새로운 아이디어를 얻을 시간을 주기 바란다. 많은 아이디어, 심지어 자신이 추구하지 않을 것이라고 생각하는 아이디어를 고려하는 것은 교훈을 배우고 전략을 강화하는 매우 좋은 방법이다.

10. **파트너로부터 배울 것.** AWS 파트너 네트워크에는 수만 개의 회사가 등록되어 있다. 이들 중 상당수는 이미 기존의 익숙한 회사일 수도 있지만 여러분이 배울 수 있는 새로운 것을 지닌 회사일 수도 있다. 많은 대기업이 클라우드 전략을 가속화하고 IT 문화를 변화시키기 위해 더 작고, 더 젊고, 소위 '뼛속까지 클라우드'인 시스템 통합[SI] 업체(예: 클라우드리치 Cloudreach, 세컨드워치 2nd Watch, 민자르 Minjar 등)로 변화하는 모습에 나는 놀랄 수밖에 없었다.

11. 여러분의 조직이 얻은 경험을 제도화하라. 클라우드 여정을 진행하면서 조직의 일부 팀이나 개인이 다른 사람들과 자신이 배운 내용을 공유하기를 원할 것이다. 이러한 것이 CCoE에서 나오면 가장 이상적일 것이다. 뒤에서 향후 클라우드 여정의 또 다른 모범 사례로 다루기로 하자. 내가 다우 존스에서 근무할 당시 데브옵스 팀은 DevOps Days 행사를 정기적으로 주관해 조직의 다른 사람들과 개발한 클라우드 모범 사례, 프레임워크 및 거버넌스 모델을 공유했다. 나는 포춘 500대 기업들에게도 이와 유사한 프로그램을 각자에게 맞게 적용해 구축한 사례를 공유했다.

17

비즈니스 현대화를 위해 반드시 갖춰야 할 것: 팀을 위한 클라우드 교육

원문(2017년 5월 8일): http://amzn.to/cloud-secret-weapon-training

"현대 사회에서 교육자의 임무는 정글을 개발하는 것이 아닙니다.
사막에 물을 대는 것입니다."

– C.S. 루이스[Lewis]

수백 명의 전 세계 대기업의 임원진이 최신 기술과 클라우드를 사용해 어떻게 비즈니스 혁신을 이뤄나가는지 배울 수 있다는 건 무엇과도 바꿀 수 없는 행운이 아닐까 한다. 비즈니스에서 높은 가치를 지닌 것이 별로 없기 때문에 혁신적 변화는 결코 쉽지 않다. 내 생각에 변화에 대한 가장 큰 저항은 대개 내부에서 비롯되는 것 같다. 사람들은 보통 자신이 모르는 것을 두려워할 수 있다. 팀원이 미지에 대한 두려움으로부터 벗어나게 하는 가장 좋은 방법은 팀원을 가르치는 것이라는 사실을 내가 다우 존스의 CIO와 AWS의 엔터프라이즈 전략 책임자로서 일하면서 몸소 깨달았다.

이런 이유에서 내 친구이자 AWS에서 교육 및 자격증[1] 사업 총괄을 맡고 있

---

[1] https://aws.amazon.com/training/

는 모린 로너건^{Maureen Lonergan}이 하는 일이 지구상에서 가장 중요한 직업 중 하나라고 생각한다. 모린의 팀은 가능한 한 많은 사람에게 클라우드의 모든 것을 교육하고자 노력하고 있다.

자, 이제 모린의 설명을 통해 어떻게 팀을 학습시키면 되는지 알아보자.

대기업, 소기업 관계없이 많은 기업에서 클라우드 기술로의 전환을 고려하고 있지만, 팀들이 비즈니스 기술을 어떻게 활용할 수 있는지는 아직 모른다. AWS 교육 및 자격증 사업부 총괄 책임자의 입장에서 나는 조직이 직접 클라우드 기술을 구축할 수 있도록 교육에 투자하는 것이 클라우드 투자를 최대한 활용하는 가장 좋은 방법이라고 생각한다. 그렇게 하면 기존의 직원이 보유한 기술을 활용하고 비즈니스 목표를 더 빨리 달성하며 조직이 클라우드를 최대한 활용하고 있다고 확신할 수 있다.

17장에서는 교육이 클라우드 여정에서 왜 중요하고 가치 있는 단계인지, 특히 기업이 클라우드로의 전환을 탐색하고 직원을 진정한 전문가로 전환시키는 데 AWS가 어떻게 도움을 줄 수 있는지 살펴본다.

필요한 사람들은 이미 여러분 곁에 있다

15장에서는 기존 직원에게 클라우드를 교육하는 것의 중요성을 알아봤다. 스티븐은 "클라우드로 나아가는 데 필요한 모든 사람이 이미 있으니 이들을 적극적으로 육성해야 한다."라고 말했다.

직원들은 클라우드에서 해야 할 역할로 전환하는 데 필요한 기본 IT 기술과 사내 지식을 교육을 통해 잘 익힐 수 있다. 클라우드상에서 역할을 수행하기 위해 새로운 직원을 채용할 필요가 없으며 기존 직원을 교육하면 시간과 비용이 절약된다.

기본적으로 클라우드 플랫폼에 관계없이 현재 보유하고 있는 역할과 필요한 역할을 더 빨리 검토한 다음 직원 개발을 위한 교육에 투자하면 작업이 쉬워진다.

교육을 통해 비즈니스 목표를 더 빨리 달성할 수 있다

직원 교육을 통해 클라우드를 더 효율적으로 사용할 수 있으므로, 여러분은 목표를 좀 더 효율적으로 달성할 수 있을 것이다. 클라우드 교육은 직원들에게 좀 더 빠르게 혁신하는 데 필요한 기술을 제공한다.

복잡한 마이그레이션을 수행하는 조직의 경우 교육이 특히 중요하다. 교육을 통해 전환과 변혁을 가속화할 수 있는 주요 방법은 다음과 같다.

- 교육을 통해 직원들이 클라우드를 어떻게 사용하면 되는지 이해할 수 있게 된다. 예를 들어, AWS를 사용해 애플리케이션을 효율적으로 관리, 운영, 배포하는 방법을 배울 수 있다.
- 클라우드의 장점을 몰랐던 팀원들을 교육하면 팀의 불안감이 완화되고, 내부의 추진 동력을 구축할 수 있다.
- 교육을 통해 직원들이 공통된 언어를 사용할 수 있고, 좀 더 효과적으로 협력할 수 있다.
- AWS이든 다른 플랫폼이든 상관없이, 숙련도가 높은 직원일수록 훨씬 더 빨리 필요한 서비스 및 솔루션을 파악할 수 있으므로 고객을 위해 더 나은 솔루션을 신속하게 개발할 수 있다.

자격증 취득을 통한 지식 검증

모든 직원이 기술에 자신감을 갖도록 자격증 취득을 적극 권장하기 바란다. AWS 공인 자격증을 보유한 직원들로 구성된 핵심 그룹은 변화를 통해 조직을 이끌고 모범 사례를 구현할 수 있다. 자격증은 조직 내에서 누가 승진할 자격을 갖췄는지 파악하는 데도 도움이 될 수 있다.

회사에 더 많은 클라우드 역량이 필요하다면 자격증을 보유한 사람들을 찾으면 된다. 이를 통해 남아 있는 문제들을 확실하게 해결할 수 있을 것이다.

AWS 교육 및 자격증 둘러보기

AWS 교육 및 자격증 프로그램을 통해 클라우드 기술을 갖추고 AWS 클라우드로 쉽게 전환할 수 있으므로 투자 대비 효과를 극대화할 수 있다.

AWS에는 교육에 관한 여러 가지 옵션이 있다.

Awareness Days

교육 시작 전 또는 교육 중에 여러분은 회사에서 Awareness Days를 열도록 AWS에 요청할 수 있다. 조직에서 클라우드를 도입, 활용하는 데 어려움을 겪고 있거나 클라우드 이점을 명확하게 보여줄 누군가가 필요할 때 특히 유용한 리소스다. Awareness Days 세션은 일반적인 AWS 이점, 애자일 조직이 되는 방법 및 클라우드가 혁신을 도울 수 있는 여러 가지 방법과 같은 요소들을 다룬다. AWS 교육 및 자격증 팀에 연락해 Awareness Days를 예약, 신청할 수 있다.[2]

---

2 https://aws.amazon.com/contact-us/aws-training/

직무 기반 교육

AWS는 아키텍처 설계^{Architecting} [3], 개발^{Developing} [4], 운영^{Operations} [5] 업무 직원을 위한 직무 기반 학습 과정을 제공한다. 각 과정에는 AWS 사용 방식과 가장 관련도 높은 교육, 실습, 자격증 취득 준비로 구성되어 있으며 직원이 자신의 새로운 기술을 검증할 수 있도록 어소시에이트 및 프로페셔널 자격증 시험으로 이어진다.

맞춤형 교육

누가 어떤 교육을 받아야 하는지에 대한 단계별 지침 및 타임라인 등이 담긴 맞춤형 교육 전략을 AWS와 협력해 세울 수 있다. 이를 통해 직원들이 따라야 할 명확한 로드맵이 만들어진다. 다음은 조직에서 교육을 단계적으로 나누는 방법의 예다.

- **1단계:** 광범위한 직원을 위한 클라우드 인식 및 에센셜 교육
- **2단계:** 기술 직원 및 주요 비즈니스 라인을 위한 직무 기반 기초 교육
- **3단계:** 관련 경험이 있는 특정 기술 직원을 위한 어소시에이트 자격증 associate certification
- **4단계:** 필요에 따라 특정 기술 직원을 위한 고급 및 전문 심화 과정 교육
- **5단계:** 관련 경험이 있는 특정 기술 직원을 위한 프로페셔널 자격증 professional certification

---

3 https://aws.amazon.com/training/path-architecting/
4 https://aws.amazon.com/training/path-developing/
5 https://aws.amazon.com/training/path-operations/

온라인 교육

직원이 기본 교육을 이수했다면 저렴한(또는 무료인) 핸즈온 랩 hands-on labs 을 통해 AWS 사용 방법을 연습할 수 있다. 또한 빅데이터, 보안 같은 주제에 대한 무료 온라인 과정도 수강할 수 있다. 이는 직원이 조직의 클라우드에 필요한 기술을 갖추게 하는 간단하면서도 비용 효율적인 방법이다.

접근성

오프라인이든 온라인이든, 스스로 학습을 하든, 강사의 지도를 받든 간에 여러분의 회사에 가장 잘 맞도록 AWS는 다양한 옵션을 제공한다. AWS 및 APN 파트너 교육 네트워크를 통해 전 세계에서 8개의 언어로 교육 프로그램이 제공된다. 즉, 현지 언어와 관행 등이 반영된 교육 프로그램을 해당 지역에서 받을 수 있다는 얘기다.

지식을 넘어서

AWS 교육 및 자격증 프로그램을 통해 여러분 회사의 직원이 클라우드로 전환할 수 있도록 준비할 수 있다. 결국, 교육은 단순히 지식과 인식을 쌓는 데 그치지 않고 비즈니스가 목표를 빨리 달성하기 위한 것이다. 제대로 교육을 받으면 클라우드 지식을 갖춘 직원이 클라우드를 활용해 더 많은 혁신을 만들어내고 시장에서 더 빨리 도달하는 데 기여한다. AWS는 공인 AWS 교육 파트너 네트워크와 협력해 전 세계에 교육 프로그램을 제공한다. 지금 AWS 교육 및 자격증 사업 팀에 문의해 교육 전략을 세우기 시작해보자.

18

AWS 자격증을 취득한 (최대 수백 명에 이르는) 엔지니어를 위한 12단계 프로그램

원문(2017년 7월 15일):

http://amzn.to/12-steps-to-1000s-of-cloud-certifications

> "당신이 얻지 못한 것을 얻고자 하지 마십시오.
> 이 때문에 현재 여러분이 지닌 가능성을 제대로 보지 못할 수 있습니다."

18장에서는 AWS의 EMEA 엔터프라이즈 전략 담당이자 에반젤리스트인 조너선 알렌^{Johnathan Allen}이 AWS 자격증을 취득한 엔지니어들로 구성된 열정 넘치는 팀을 어떻게 효과적으로 만들 수 있는지 소개한다.

◆ ◆ ◆

AWS 엔터프라이즈 전략 담당으로서 폭넓고 다양한 비즈니스 및 기술적 어려움을 맞은 전 세계 임원들을 만나는 일을 하고 있다. 각 고객은 모두 다 다르다. 그러나 역사와 마찬가지로 이러한 어려움도 리듬을 타는 것 같다.

이러한 리듬 중 하나가 시장에서 기술 역량 확보의 어려움인데, 해당 직무에 맞는 인재를 확보하지 못하면 클라우드상에서 더 빨리 나아갈 수도 없고, 비용 절감도 어려우며, 비즈니스 확장도 기대하기 어려울 거라고 믿는 것이다.

'AWS', '클라우드'라는 단어가 포함된 구인 정보가 실제로도 증가했는데 이는 사람들이 AWS를 통해 인프라 공간에서 차별 없이 대규모 마이그레이션을 할 수 있게 됐기 때문이다. 그러나 이렇게 인재에 대한 수요가 급증하는 것, 여러분이 원하는 인재가 없다는 생각으로 인해 여러분의 회사가 클라우드 성공을 향해 나아가지 못할 거란 생각은 들지 않는다.

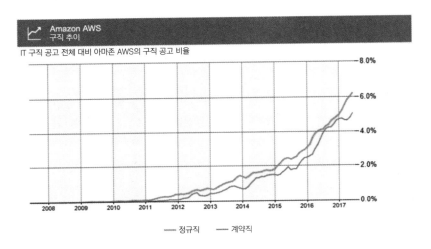

AWS 엔터프라이즈 전략 담당 글로벌 책임자인 스티븐 오반은 15장 '클라우드로 성공하기 위해 필요한 사람들은 이미 여러분 곁에 있다'라는 내용으로 자세히 설명했다. 이를 좀 더 강조하는 차원에서 내가 중요한 기술적 어려움에 직면했던 때인 2014년 클라우드 여정을 막 시작했을 때로 돌아가서 얘기를 해볼까 한다.

영국에서 캐피털 원Capital One의 CTO로 근무 중이던 당시에, 나는 엔지니어들의 기술 역량에 대한 격차를 깊이 실감하고 있었다. 사실 엔지니어들이 훌륭한 인재들이긴 했지만 이들은 주로 레거시 온프레미스 기술의 숙련도가 높았다. 결국 그들은 크게 사일로화된 인프라 기술 세트를 제공할 수밖에 없었다.

변화를 모색하는 과정에서 나는 세상에 존재하지 않을 것 같은 직무 요건을 만들고 이걸 외부 구인 정보 시장에 신나게 올려대는 바보 같은 실수를 반복했다. 구인 게시글 관련한 메일은 단 한 통도 오지 않았고 심한 충격을 받고 실망할 수밖에 없었다.

여기서 나는 분명히 중요한 사실을 놓쳤다.

우리 팀은 기술 숙련도도 높고, 적극적이며, 헌신적이었다. 즉, 내가 그렇게 원하던 바로 그 팀이었다. 그리고 팀원들에게 필요했던 건 모르는 기술에 대한 두려움을 없앨 수 있도록 얘기를 잘 들어주고 공감해줄 수 있는 사람, 인센티브, 기술 습득을 위한 접근 방법 등이었다.

인재 혁신과 엔터프라이즈 클라우드 여정에 대한 이러한 실현을 통해 상당한 규모의 모범 사례와 인재 학습이 이뤄졌다. 하지만 솔직히 말해서 이 과정에서 많은 실수도 있었고 시간을 잃기도 했다. 그러나 궁극적으로는 효과가 있었으며 캐피털 원 영국지사의 비즈니스 성공에 기여했다. 이를 통해 캐피털 원은 기술 역량을 전 세계적으로 상당히 높은 수준으로 끌어올릴 수 있었다. 실제로, AWS 자격증을 보유한 개발자의 전체 2%가 캐피털 원에서 근무하고 있다.[1]

---

1   https://www.cloudtp.com/doppler/capital-one-pushing-frontiers-banking-focus-technology-talent/

우리가 성공할 수 있었던 12가지 단계의 프로그램을 하나씩 살펴보자.

1단계: 수용

정신 건강 전문가들은 수용, 즉 '받아들이는 것'이 회복을 향한 첫 단계라고 말한다. 이는 클라우드에도 그대로 적용된다. 엔지니어는 AWS 클라우드 기술을 배우고 전문가가 될 수 있다는 사실을 받아들여야 한다. 또한 기술 리더가 이를 받아들이는 것이 매우 중요하다. 스티븐 오반도 설명했고, 내가 캐피털 원에서 경험한 것처럼 여러분이 이미 갖고 있는 재능은 여러분이 필요로 하는 재능이다. 즉, 기존 시스템을 개발하고 실행하는 데 있어 오랫동안 중요한 경험을 쌓아온 사람들이다.

2단계: 트레이닝

수용 단계를 거치고 나면, AWS 테크니컬 에센셜^{Technical Essentials} 과정을 신속하게 시작해야 한다.[2] 이 교육 과정에서 AWS에 눈을 뜨게 하는 여러 가지 기술을 엿볼 수 있다. 이는 AWS의 자체 교육 팀 또는 인증받은 교육 기관 중 한 곳을 이용하면 매우 편리하다.[3]

3단계: 실습 시간 확보

경험을 압축해서 실현할 수 있게 하는 알고리즘은 이 세상 어디에도 없다. 따라서 실습을 하는 시간이 꼭 필요하다. 다소 투박하더라도 엔지니어가 편안한 공간에서 실습 환경을 만들고 설정 구성을 할 수 있게 해줘야 한다. 이

---

2   https://aws.amazon.com/training/course-descriptions/essentials/

3   https://aws.amazon.com/partners/training-partner/

시점에서 가능한 방법은 백만 가지가 있는 것 같은 느낌이 들기도 하고 큰 부담일 수도 있다. 매우 흥미로워하는 엔지니어도 있을 수 있고 '이게 뭐냐'는 식으로 너무 싫어하는 엔지니어도 있을 수 있다. 모든 사람이 겪는 정상적인 변화 곡선을 인식하는 것(짧을 수도 있고 길 수도 있다. 즉, 개인차가 있다.)은 절대적으로 중요하다. 또한 지속적인 격려도 잊어선 안 된다.

사람은 변화에 어떻게 반응하는가

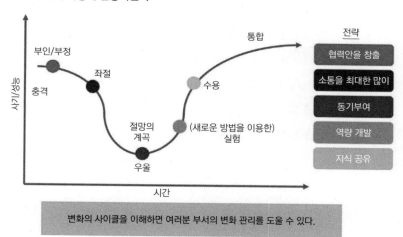

변화의 사이클을 이해하면 여러분 부서의 변화 관리를 도울 수 있다.

4단계: 2피자 팀 만들기[4]

우선 엔지니어링 팀은 네트워크, 데이터베이스, 리눅스 서버, 애플리케이션, 자동화, 스토리지, 보안 같은 핵심 기술을 철저히 혼합해 구성해야 한다. 팀에 약간의 진전이 있을 것이다. 아마도 테라폼Terraform[5] 같은 도구를 살펴볼 것이다. 또한 AWS 클라우드포메이션CloudFormation[6] 코드를 작성하기도 할

---

4 http://blog.idonethis.com/two-pizza-team/

5 https://www.terraform.io/

6 https://aws.amazon.com/cloudformation

것이다. 팀은 실수도 할 것이다. 이 모든 것을 자연스러운 과정 중 하나로 보면 된다.

5단계: 전문가 영입

다시 한번 강조하지만 경험을 압축해서 실현할 수 있게 하는 알고리즘은 이 세상 어디에도 없다. 따라서 실제 전문가를 영입해야 한다. 이와 관련해서 실제로 교육 과정과 모범 사례를 공유하고자 할 때 딱 맞는 전문가가 합류하는 것이 중요하다. 영국 캐피털 원에서 클라우드리치Cloudreach[7]와 긴밀하게 협력해 프로페셔널 자격증을 보유하고 있고 현장에서 검증된 AWS 엔지니어를 몇 명 채용했다. 그리고 우리가 필요한 전문성을 전파하도록 이 엔지니어들과 다른 팀들을 하나로 합쳤다. 이 방법은 괄목할 만한 효과가 있었다. 사람들은 보고, 질문하고, 반복하면서 다른 사람들로부터 많은 것을 배울 수 있었다. 더 좋았던 건 엔지니어들이 이렇게 업계에서 훌륭한 엔지니어들로부터 배우는 걸 무척 좋아했다는 점이다. 소규모 팀에서 일하면서 교실에서는 하지 않던 질문도 하고 여러 가지를 시도해볼 수도 있다. 우리는 이 과정을 하루로 단축했다. 이 짧은 기간 동안 새로운 엔지니어가 팀에 합류해 전문가와 대화를 나눈 다음 클라우드포메이션과 관련 CI/CD Continual Integration/Continual Delivery[8] 모범 사례를 통해 나타났다.

6단계: 실제 구현

이 시점에서 애자일 2피자 팀의 목표는 실제적이고 생산적인 것을 구축하는 것이다. 작은 앱과 관련 네트워크 설정을 호스팅하기 위한 기본 AMI Amazon

---

7 https://www.cloudreach.com/
8 https://aws.amazon.com/getting-started/projects/set-up-ci-cd-pipeline/

Machine Image[9]일 수 있다. 목표는 중요하지만 시작하기에 부담이 없는 것을 찾는 것이다. 몇 달이 아닌 몇 주가 걸리는 수준의 목표를 설정한다. 진행 상황을 추적하고 지속적인 관심을 갖는다. 데모 마감일도 설정한다. 최종 결과뿐만 아니라 진행 상황도 확인할 수 있다. 참고로 조언하자면 팀이 바다를 끓이는 식의 계획을 세우지 않게 해야 한다. 필요한 AWS 빌딩 블록으로만 작업하게 한다(시작부터 90개 이상의 빌딩 블록을 모두 습득할 필요는 없다). 나중에 솔루션에 필요한 다른 블록으로 얼마든지 확장할 수 있다. 실험을 통해 얻을 수 있는 장점은 AWS와 함께 걷는 것처럼 자연스럽게 학습이 필요한 것들은 여러 번 반복해서 버리고 다시 시작할 수 있다는 것이다.

7단계: 세포 유사 분열을 이용한 학습 규모 확장

첫 번째 팀이 어느 정도의 AWS 숙련도를 달성하고 제품을 제공한다고 판단되면, 이제 첫 번째 팀이 세포 분열[10]을 하듯 확산하는 과정을 살펴봐야 한다. 그리고 경험과 모범 사례를 얻은 첫 번째 팀을 새로운 4명의 팀 2개로 자연스럽지만 의도적으로 나눈 다음 각 팀에 4명의 추가 엔지니어가 합류할 수 있게 해야 한다. 이것은 어려울 수 있으므로 주의해서 진행해야 한다. 팀원들에게 정직하고 그들의 집단적 성취를 긍정적으로 인정하는 것이 중요하다. 그뿐 아니라 새로운 팀원에게 교육 과정과 모범 사례를 잘 마치도록 물어보는 것도 중요하다. 모든 엔지니어가 진정한 팀원이 될 때까지 이러한 방식으로 팀을 분할하고 개혁하기 바란다.

---

9 http://docs.aws.amazon.com/AWSEC2/latest/UserGuide/AMIs.html

10 https://www.khanacademy.org/science/biology/cellular-molecular-biology/mitosis/a/phases-of-mitosis

8단계: 자격증 취득

AWS 테크니컬 트레이닝AWS Technical Training[11] 또는 우수 파트너사[12] 중 한 곳
과 협력해 이제 자격증 취득 과정을 시작할 수 있다. A Cloud Guru[13] 같은
서비스를 잘 활용하면 엔지니어가 자신의 시간과 학습 속도에 따라 자격증
시험을 통과할 수 있는 과정을 이수할 수 있다. 어소시에이트 레벨 자격증[14]
부터 시작해 프로페셔널 레벨 자격증[15]을 취득하는 것이 바람직하다. 잠시
이 부분을 좀 더 강조해서 설명해보겠다. 사실 이 단계는 대충 넘어가는 경
우가 종종 있다 보니 나도 지나치게 강조하기가 애매하다. 캐피털 원에서는
엔지니어 인증, 앱 이관 및 AWS의 새로운 시스템 구축 간에 직접적인 상관
관계가 있었다. 캐피털 원은 변혁을 측정하는 프로세스에 대한 특허를 받았
다.[16] 엔지니어의 자격증 취득 과정은 전문가의 실력이 향상됐음을 입증하
며 일반적인 AWS 언어가 솔루션을 뒷받침하는 사실상 표준화된 방법으로
전파되어 실제로 활용될 수 있게 한다.

9단계: 자격증 취득 및 관련 리더십 확장

캐피털 원에서의 경험과 많은 고객과의 과학적 연구 결과에 따르면 네트워
크 효과[17]가 나타나기 전에 플랫폼을 옹호하는 엔지니어의 10%가 임계 질량

---

11 https://aws.amazon.com/training/course-descriptions/

12 https://aws.amazon.com/partners/training-partner/

13 https://acloud.guru/

14 https://aws.amazon.com/certification/certified-solutions-architect-associate/

15 https://aws.amazon.com/certification/certified-solutions-architect-professional/

16 http://pdfpiw.uspto.gov/.piw?PageNum=0&docid=09680696&IDKey=B687549475AA&HomeUrl=http
%3A%2F%2Fpatft.uspto.gov%2Fnetacgi%2Fnph-Parser%3FSect1%3DPTO2%2526Sect2%3DHITOFF%
2526p%3D1%2526u%3D%25252Fnetahtml%25252FPTO%25252Fsearch-bool.html%2526r%3D1%252

17 https://en.wikipedia.org/wiki/Network_effect#Types_of_network_effects

critical mass에 도달해야 한다.[18] 따라서 이 학습 및 자격증 프로그램을 엔지니어의 10%로 확장하는 것이 클라우드 여정에서 주요 이정표다. 여기서부터 회사의 내부가 아닌 외부에 어떻게 영향을 미치는지를 의미하는 일종의 헤일로 효과Halo Effect(또는 후광 효과)[19]를 얻을 수 있다. 클라우드 네이티브 회사하고만 일하고 싶은 조직 외부의 엔지니어는 진지하게 작업을 고려할 것이다. 따라서 더 많은 인재를 동원해 클라우드 관련 문서들을 읽고 쓸수록 속도가 기하급수적으로 증가한다.

10단계: 전문지식을 인정하고 보상한다(매우 크고 자랑스러운 방법으로!)

IT 임원으로서 여러분의 목표는 모든 자격증 시험을 통과한 모든 엔지니어의 이름을 회사 건물 옥상에서 외치는 것이다. 그들이 기술적으로 성장했음을 보상하고 인정해주기 바란다. 이를테면 식사 대접, 바우처, 음료 선물, 업무용 고급 의자, 상award 같은 걸로 말이다. 캐피털 원에는 AWS 공인 자격증을 취득한 직원들의 글로벌 명단이 있었다. 자격증은 신뢰성 있고 본질적인 성과로 간주됐다. 동료의 존경도 받고 자격증도 갖고 있는 엔지니어들 중 내가 만난 거의 모든 이들은 커뮤니티 전문가로 많은 기여를 하고 있다.

11단계: 직접 도전하라

내가 타운 홀 회의에서 자격증 취득 덕분에 자기 발전을 이룬 엔지니어들을 인정하고 보상할 때, 청중 한편에서 다음과 같은 질문이 날카로운 불꽃처럼 들려왔다. "공인 자격증에 대한 믿음이 그렇게 강하시다면, CTO님은 언제

---

18 https://www.sciencedaily.com/releases/2011/07/110725190044.htm
19 https://en.wikipedia.org/wiki/Halo_effect

시험을 치르실 겁니까?" 한동안 회의실에 침묵이 흘렀다. 나는 기업체의 자격증 시험에 응시해본 지 한참 됐었다. 그러나 남들 앞에서 말하기 좋아하는 사람으로서 나도 마음의 결단을 내렸다. 그리고 AWS 공인 솔루션스 아키텍트 어소시에이트 시험에 합격했고 나도 자랑스럽게 그 무대에 설 수 있었다! 시험을 봐야 한다는 건 일종의 훌륭한 강제 메커니즘이었다. 그리고 준비 과정에서 주요 AWS 빌딩 블록에 대해 광범위하고 상세하면서도 포괄적으로 이해할 수 있었다.

12단계: 통합 작업 패밀리 포트폴리오 작성

마지막으로, 적시에 기술 직원을 위한 구체적인 직업군 트랙을 제공해야 한다. 예를 들어, 우리는 캐피털 원 UK에서 IT 관련한 여러 가지 새로운 직무를 만들었다. 일부만 소개하면 다음과 같다.

- **테크니컬 프로그램 매니저** TPM, Technical Program Manager : 일반적으로 애자일 실행, 릴리스 트레인 release train 적합성, 팀 상호 의존성을 담당한다.
- **AWS 인프라 엔지니어** IE, Infrastructure Engineer : 이전에는 Linux/Wintel/Network 등의 데이터 센터 시스템 엔지니어였다. 이제는 상품 팀에 필요한 다양한 AWS 빌딩 블록에 대해 클라우드포메이션 코드를 생성하는 역할을 담당한다. 즉, AWS 전문가다.
- **소프트웨어 개발 엔지니어** SDE, Software Development Engineer : 다양한 소프트웨어 언어로 작업 로직을 작성하고 데이터 구성 작업을 수행한다.
- **소프트웨어 품질 엔지니어** SQE, Software Quality Engineer : 테스트 중심 설계 원칙 사용. 수명주기 전반에 걸쳐 테스트가 고려되고 실행되게 한다.
- **보안 엔지니어**: 보안이 총체적으로 적용되어 있는지 확인한다.

- **엔지니어링 관리자:** 위의 기술 그룹으로 구성된 엔지니어 그룹의 의도와 감독을 담당한다.

이 과정을 해나가는 데 있어 몇몇 유리 천장을 깨는 것이 중요하다. 특히 팀원 관리, 조직 관리 업무와 관계없었던 엔지니어들이 팀장 및 그 이상에 해당하는 매우 높은 직급을 맡으면서도 여전히 사람들을 관리하지 않고 본연의 역할을 할 수 있게 해야 한다. 이러한 형태의 승진이 이뤄지려면 기술력심화 및 관련 역량 개발과 기술 리더십 성숙도 등을 존중해야 한다. 여러분 회사의 직원들이 새로운 직급으로 승진하고 또 어렵게 승진한 자리를 잘 유지하는지 지켜보는 것은 여러분이 리더로서 늘 해야 할 가장 중요한 역할 중 일부다. 가능한 많은 기회를 얻었던 많은 팀원이 자랑스럽게도 승진을 할 수 있었다. 우리도 유리 천장을 깨뜨린 경험이 있다. 캐피털 원 UK를 떠날 때 가장 자랑스러웠던 순간 중 하나는 CCoE를 만들 당시 함께했던 직원을 인프라 엔지니어링 담당 총괄로 승진시킨 것이었다. 그뿐 아니라 이 사람은 여전히 실무에서 중요한 역할을 하고 있으며, AWS 전문성도 갖추고 있고, 나의 좋은 친구이기도 하다.

앞에서 설명한 12단계의 수행을 통해 인재를 육성하면 팀을 최대한 활용하는 데 큰 도움이 될 것이다.

끝으로, '여러분이 가정한 모든 제약 조건은 논쟁의 여지가 있음'을 꼭 기억하기 바란다.

19

클라우드를 활용해 실험하는 문화를 조성하라

원문(2016년 1월 4일): http://amzn.to/cloud-culture-of-experimentation

> "비즈니스에서 스피드는 생명이다."
>
> – 제프 베조스 Jeff Bezos

예나 지금이나 시장에서 비즈니스 경쟁력을 유지하는 건 늘 어려운 일이다. 이와 관련해 1955년부터 시작된 포춘 500대 기업 목록에서 매년 20~50개의 회사가 탈락하고 있다.[1] 기술은 이러한 흐름과 깊은 연관성을 지니고 있다. 좀 더 구체적으로 보면, 클라우드는 지난 몇 년간 이러한 트렌드를 가능하게 한 핵심 요소 중 하나다. 소규모 자본의 회사가 클라우드를 통해 갑자기 등장해서 산업 전반을 뒤흔들 수 있다. 예를 들어 에어비엔비Airbnb, 핀터레스트Pinterest, 우버Uber, 스포티파이Spotify 같은 회사는 10년 전에는 있지도 않았다. 그러나 지금 이들은 클라우드 기반 비즈니스로 산업 전반을 재정의하고 있다.

---

[1] http://www.wired.com/2012/06/fortune-500-turnover-and-its-meaning/

이 파괴적인 회사와 대부분의 신생 기업은 공통점이 무엇일까? 그들은 소위 '실험 experiment'으로 시작했다는 점이다. 어느 누구도 그들의 성공 여부를 확신할 수 없었다.

실험은 이제 더 이상 스타트업의 전유물이 아니다

다행스러운 점은 클라우드는 회사의 규모, 역사에 관계없이 모든 회사가 실험을 수행하고 경쟁력을 유지할 수 있게 해준다는 것이다. 회사의 규모가 클수록, 그리고 IT 운영이 확고히 정립되어 있을수록 클라우드 활용을 극대화하기 위해 더 많은 것을 변경해야 할 수도 있다.

클라우드의 이점을 극대화하는 데 성공한 기업의 경우, 변화는 기회와 같다. 이러한 기업 경영진들은 현 상태를 뛰어넘는 도전을 두려워하지 않는다. 또한 실험 문화를 만드는 건 이들이 하려고 하는 가장 공통적인 변화 중 하나다. 내가 다우 존스의 CIO였을 때 그런 문화가 자리 잡도록 노력했었다. 캐피털 원, GE, 존슨 앤 존슨, 뉴스 코퍼레이션 등 다른 많은 회사들의 노력과 성과에 깊은 찬사를 보낸다. 이 회사들 모두 고객을 유지하고 경쟁사보다 앞서기 위해 현상 유지가 아닌 새로운 도전을 위해 끊임없이 노력한다.

이러한 이유로 실험 문화 조성을 엔터프라이즈의 클라우드 여정에서 세 번째 모범 사례로 정했다. 실험 문화를 만들고자 하는 사람들을 위해 19장에서는 이 주제의 미니시리즈 중 기본 개념을 우선 소개한다. 이어서 클라우드로 실험을 좀 더 쉽게 수행하는 방법 외에도 오늘날 기술 임원은 어떻게 실험 문화를 만들면 되는지 자세히 살펴보기로 한다.

클라우드를 통해 어떻게 실험을 더 쉽게 할 수 있는 걸까?

시장을 선도하는 지위와 자본력만으로는 오늘날 가장 사업이 잘되고 있는 기업조차도 경쟁력을 유지하기가 쉽지 않다. 대기업이 클라우드 환경에서 실험을 좀 더 쉽게 할 수 있도록 하는 방법을 소개하면 다음과 같다.

- **실험을 하려고 할 때 예산부터 고민할 필요가 없다.** 내 경력을 돌아보면, 무언가 새로운 제품을 만들 때 필요하리라 예상되는 리소스에 얼마나 많은 자본을 투자해야 할지, 또 그에 따른 ROI를 정당화하기 위해 수많은 시간을 보냈다. 규모 산정을 제대로 할 수 있었던 적이 거의 없었고 거의 항상 인프라를 과도하게 구축했다. 때때로 우리 팀은 제품의 첫 번째 버전을 만드는 것보다 투자의 근거를 제시하는 데 더 많은 시간을 쏟아야 했다. 클라우드는 사용한 만큼만 그리고 사용할 만큼만 비용을 내는 방식이다. 따라서 단 며칠만 실험해보면 될 일을 투자 대비 효과부터 계산한답시고 몇 달씩 시간을 더 이상 허비하지 않아도 된다. 이제 막 사업을 시작한 기업들은 이보다 훨씬 간단한 방법으로 클라우드를 이용할 수 있다. 예를 들어, 몇몇 AWS 서비스에는 프리 티어free tier가 있기 때문에 이를 잘 이용하면 실험 비용이 따로 들지 않는다.

- **효과가 없는 프로젝트를 떠안기 위해 비용을 들이지 않아도 된다.** 가장 확고한 비전조차도 제품 또는 시장과 잘 맞지 않는 경우가 종종 있다. 나는 제대로 사용되지 못한 제품들을 있는 그대로 보여줬지만 부끄럽지 않았다. 왜냐하면 그 과정에서 항상 무언가를 배웠기 때문이다. 하지만 회사의 대차대조표에 관련 자산을 기입하는 건 참 견디기 힘들었다. 심지어 필요하지도 않은 곳에 자산을 사용해야 한다는 건 더 가슴 아픈 일이다. 회사의 위키 페이지를 운영하려고 16코어짜리 시스템을 낭

비한다고 생각해보자. 너무나 명백하게도 '이건 아니다' 싶지 않은가? 회사의 제품이 제대로 활용되지 않으면 리소스를 줄이고 비용 낭비도 그에 맞게 줄이면 된다.

- **클라우드는 자동화에 최적화되어 있다.** 자동화를 활용해 소프트웨어에서 반복할 수 있는 작업을 처리하면 회사의 수익성에 영향을 미치는 제품을 개발하는 데 더 많은 시간을 할애할 수 있다.

- **가장 중요한 것에 집중할 수 있다.** 클라우드는 엔터프라이즈 IT와 관련된 힘든 작업들을 많이 경감시킨다. 나는 최근 탤런 에너지 Talen Energy 의 브루스 칸토르 Bruce Kantor 로부터 "우리는 더 이상 사람을 써서 로드 밸런싱 작업을 하지 않습니다. (클라우드를 사용해) 그냥 로드 밸런싱을 하고 있죠."라는 얘기를 들었다. 결국 가장 중요한 것은 경영진이 클라우드를 전체 비즈니스에서 플랫폼으로 채택해야 한다는 점이다. 이를 통해 힘들고 고된 작업에 대한 부담을 덜고 귀중한 리소스를 회사의 수익을 늘리는 데 재사용할 수 있다.

20
클라우드를 활용해 실험할 때 해야 할 4가지와 하지 말아야 할 4가지

원문(2016년 1월 25일):

http://amzn.to/dos-donts-cloud-experimentation

> "막대가 구부러졌다는 것을 보여주는 가장 좋은 방법은
> 그것에 대해 논쟁하거나 비난하는 데 시간을 보내는 것이 아니라
> 그 옆에 곧은 막대기를 놓는 것이다."
>
> – D.L. 무디^{Moody}

앞에서는 클라우드가 모든 형태와 규모의 회사들이 실험을 어떻게 하면 더 쉽게, 저렴하게, 덜 위험하게 할 수 있는지 설명했다. 기업이 이를 인식할수록 회사가 실험 문화를 보유하고 있다는 것은 오늘날 시장에서 경쟁력을 유지하기 위한 기반이 된다. 실험은 혁신을 낳는다. 그리고 새로운 아이디어를 실천하기에 가장 좋은 때가 바로 지금 이 순간이다.

자, 그러면 어디서부터 시작하면 될까? 조직에서 실험 문화를 구축할 때 고려해야 할 4가지와 피해야 할 4가지를 알아보자.

1(A). 기대 수준을 관리할 것. 실험에서 예상과 다른 결과가 나올 수도 있겠지만 모든 실험은 작업을 배우고 개선할 수 있는 기회다. 조직이 '실패로부터

배우는 것'이란 개념에 익숙하지 않다면, 우선 소규모로 시작하고 여러분이 실험이라고 생각하는 프로젝트를 모두에게 알린다. 실험의 목적, 결과에서 기대하는 것, 결과를 측정 및 테스트하는 방법, 그로부터 배우고자 하는 것들에 대해 명확하게 이해관계자의 기대 수준을 관리해야 한다. 조직이 무언가를 시도하고 배워서 어떻게 발전하는지를 안다면 경영진 대부분도 결과가 불확실한 실험의 진가를 이해한다.

1(B). 모든 사람이 구체적인 결과를 설정하는 식의 프로젝트로 시작하지 말 것. 여러분이 실험 문화를 만들려고 노력하는 변화 관리자라면, 클라우드 여정 초기에는 이해관계자가 구체적인 결과를 요구하는 프로젝트로 실험하면 안 된다. 예를 들어, 연말 결산 프로젝트로 실험을 시작하는 것은 좋지 않다. 내가 한때 함께 일했던 CEO 중 한 분은 실패하면 안 되는 것만 빼고는 실패해도 괜찮다고 얘기했었다. 점진적인 진행에 만족하고 실험 수를 서서히 늘리되, 조직보다 앞서려고 해선 안 된다.

2(A). 팀이 실험을 제안하도록 장려할 것. 모든 조직에는 어느 프로젝트에 기술 리소스를 할당할지 결정하는 나름의 방식이 있다. 안타깝게도 일부 조직은 기술 또는 IT 부서를 (매출, 이익 창출에 기여하지 못하는) 코스트 센터로 취급할 뿐만 아니라 아이디어를 내는 것과 구현하는 것이 심할 정도로 동떨어져 있다. 이는 클라우드를 시작한지 얼마 안 된 조직에서 특히 그렇다. 프로젝트에 클라우드를 사용하는 사람들은 비즈니스에 이익을 주기 위해 클라우드 고유의 기능을 활용하는 실험을 제안할 수 있는 가장 좋은 위치에 있다. 팀이 많은 제안을 할 수 있게 해주고 프로젝트에 경영진이 투자하도록 영향력을 줄 수 있는 위치에 팀원들이 있을 수 있게 도와주기 바란다.

2(B). 측정 방법을 알기 전까지는 실험을 시도하지 말 것. 올바른 실험에 시간을 투자하고 그로부터 얻은 교훈을 통해 운영 및 제품을 개선할 수 있다. 팀이 실험을 진행하기 전에 여러분은 실험 중에 측정할 대상과 방법에 대해 합의

가 돼야 한다. 예를 들어, 웹사이트에서 새로운 기능을 테스트하는 경우 성공할 수 있는 측정 항목은 무엇이 있는가? 페이지 뷰? 클릭 수? 포기율? 이렇듯 작지만 중요한 실사 작업은 팀이 실험을 왜 제안했는지 우선 생각해보게 할 뿐만 아니라 올바른 실험에 높은 우선순위를 두게 한다.

3(A). 실험을 체계화하기 위해 데브옵스를 고려할 것. 데브옵스 문화는 조직 내 실험을 체계화할 수 있는 강력한 방법 중 하나다. 자산 및 개발 운영에 자동화를 결합하면 변경사항을 릴리스하는 데 걸리는 시간을 크게 단축할 수 있고 별로 쓸모없는 변경사항은 신속하게 롤백할 수 있다. 또 숙련도가 높은 데브옵스 조직은 A/B 테스트 프레임워크도 개발해서 각기 다른 사용자 집단을 대상으로 사용자 경험을 동시에 실험해 어떤 것이 가장 효과가 좋은지도 확인할 수 있다.

3(B). 팀을 의심하지 말 것. 의심은 팀의 사기 저하와 실패를 초래하는 가장 강력한 요인 중 하나다. 여러분이 실험의 범위를 올바르게 정하고 실험을 측정하고 신속하게 반복하는 방법을 알았다면, 의심을 하기에 앞서 접근 방법은 조정될 수 있음을 알아야 한다. 팀이 실험을 측정하는 올바른 방법에 대해 생각하고 어려운 질문을 하는 것은 좋다. 하지만 팀이 문제를 해결할 수 있는 능력을 의심하지 말고 문제를 해결하도록 도와줘야 한다. 사람들은 성공할 것이라고 믿는 지도자를 따르는 경향이 있다.

4(A). 조직 전체가 참여하도록 장려할 것. 실험을 통해 더 빨리 결과를 제공하기 시작하면 조직의 다른 영역이 여러분의 방법에 매력을 느끼게 된다. 이렇게 관심을 갖는 사람들을 참여시켜야 한다. 다양한 비즈니스 분야에서 참가하는 해커톤을 시도하고 주요 이해관계자가 실험 측정 방법을 정의하도록 도와주기 바란다. 또 그런 조직에게 늘 실험해보고 싶었던 분야도 물어봐야 한다. 모든 기업이 직원에게 실험을 위한 충분한 시간을 주는 것은 아니지만, 통상 경쟁력 측면에서 우위를 보이는 기업에서 이런 모습이 보이곤 한다. 최

소한 이런 것들이 뒷받침돼야 직원의 사기도 진작되고 근속 기간도 늘어날 것이다. 나는 아마존에서 근무하면서, 실험을 생각하고 이를 글로 구체적으로 표현할 수 있는 사람이라면 누구나 시도해볼 수 있는 기회를 얻을 수 있음을 깨달았다. 이것은 우리 문화의 특별한 부분이며 혁신가와 빌더들을 유치하고 유지하기 위한 훌륭한 도구다.

4(B). 실험이라는 생각에 결과를 늦게 내거나 실험을 멈추는 일이 없도록 할 것. 무언가를 실험한다는 이유로 팀이 결과를 내지 않는다거나 소홀히 하지 않게 하기 바란다. 실패하고 배우는 것은 괜찮지만 실험이라고 해서 수준 이하의 결과를 내선 안 된다. 소프트웨어는 테스트를 위해 반드시 이관돼야 하며 운영 환경에서 실제 트래픽을 이용해 측정돼야 한다. 실험이라고 해서 늦게 측정을 시작하거나 품질이 저하되는 것을 의미하지는 않는다. 어찌 됐건 여러분은 여전히 사업을 운영하고 있기 때문이다.

여러분의 회사는 실험 문화 정착을 위해 무엇을 하고 있는가?

21

파트너사와 함께 클라우드 전략을 가속화하라

원문(2016년 2월 8일): http://amzn.to/accelerate-cloud-with-partners

> "내가 할 수 없는 일을 너는 할 수 있다. 나는 네가 할 수 없는 일을 할 수 있다.
> 우리가 함께한다면 좀 더 위대한 일을 할 수 있다."
>
> — 테레사 수녀 Mother Teresa

기술 전문성을 위해 다른 회사와 협력하는 방식은 조직마다 다르다. 자체적으로 기술을 구축하는 것이 더 중요하다고 생각하는 경우도 있고, 하나 또는 여러 파트너사들에게 기술 개발, 유지, 지속적인 운영의 일부 또는 전부를 아웃소싱하기도 한다. 여러분의 회사 역시도 규모가 어떻든(즉, 대기업이든 강소기업이든) 회사 내부 고객(예: 다른 사업부) 및 외부 고객을 위한 제품과 서비스를 개발하기 위해 하드웨어, 도구, 클라우드 공급업체와 협력하고 있을 거라고 생각한다.

지난 몇 년 동안 조직의 기술 전략을 발전시키는 과정에 있는 수백 명의 임원들과 이야기를 나누었는데, 이들 중 상당수가 클라우드가 어떻게 비즈니스를 혁신하는 데 도움이 될 수 있는지를 이해하기 시작하면서 파트너십에 대한 접근법을 다시 검토하고 있었다. 21장에서는 클라우드의 결과로 기술 생태계가 변화하는 과정을 지켜본 나의 경험을 소개한다. 그리고 엔터프라이즈 클라우드 여정 시리즈 중 네 번째 모범 사례인 파트너사 참여라는 주제를 놓고 미니시리즈 형태로 설명한다.

빠르게 성장하는 생태계를 이해할 것

클라우드 주변의 생태계가 얼마나 빠르게 성장하는지를 보며 나는 끊임없이 놀라곤 한다. 2012년부터 AWS re:Invent 행사에 참석했는데, 매년 파트너 엑스포partner expo의 규모가 전년도와 비교했을 때 어마어마하게 커져서 깜짝 놀라곤 했다. 2012~2015년 동안 파트너 부스 개수가 2배 이상 늘었고, 최신 도구와 서비스를 배우기 위해 처음엔 1시간 정도만 걸으면 됐던 것이 나중에는 하루 종일 다녀야 할 정도가 됐다. 나는 시장이 어디로 향하는지 그리고 벤처 캐피털VC들이 어디에 투자하고 있는지 동향을 파악하는 데 있어 이보다 더 좋은 곳이 있을까 하는 생각이 들었다.

이렇게 성장하는 생태계는 얼핏 여러분의 요구사항에 맞는 파트너를 찾기 어렵게 하는 것 같을 수도 있지만, 여러분의 사업과 관련해서 다양한 업체가 있는 것은 여러분에게 큰 도움이 될 수도 있다. AWS 영업 담당자와 AWS 파트너 디렉토리Partner Directory를 통해 선택 범위를 좁힐 수 있으며, AWS 마켓플레이스에서 다양한 업체, 상품의 종류들 속에서 몇 초 안에 원하는 솔루션을 찾아내고 배포할 수 있다. AWS 마켓플레이스에 원하는 것이 없다면, 우리에게 알려주기 바란다.

문화 혁신

엔터프라이즈를 위한 도구, 프로페셔널 서비스, 관리형 서비스를 구축하기 위해 작지만 '검증된' 조직과 열린 마음으로 파트너십을 맺은 대기업을 보면 무척 고무적이란 생각이 든다. 15여 년 전 조직을 대표해 기술 구매를 시작했을 때, 나는 대규모 파트너 내지는 긴 이력을 지닌 탄탄한 기업들한테서만 협력하는 법을 배웠다. 이제는 많은 포춘 500대 기업이 그들의 어려운 문제를 해결하기 위해 나의 4살짜리 딸보다도 늦게 설립된 공급업체와 파트너십을 맺고 있다. 어떤 경우에는 그렇게 하는 것이 그들이 사업 전체에 변혁을 일으키는 데 도움이 된다.

디지털과 고객 우선customer-first을 향해 조직을 이끌고 있는 많은 기술 임원들은 아예 태생이 클라우드인 젊은 기업의 고유 문화를 도입한다면 조직의 혁신이 더 빨라질 수 있음을 느끼고 있다. 내가 다우존스 CIO였을 때 AWS와 파트너십을 맺은 주된 동기 중 하나는 아마존의 문화 일부를 우리 문화 속에 심고 싶어서였다. 즉, 아마존이 고객에게 집중하고 신속하게 움직일 수 있었던 수단을 우리도 얻고 싶었다. 또한 실험 정신을 장려하는 데브옵스 문화도 발전시키고 싶었다. 세컨드워치 2nd Watch, 클라우드리치 Cloudreach, CTP Cloud Technology Partners, 민자르 Minjar, 뉴렐릭 New Relic, 앱 다이내믹스App Dynamics, 셰프 Chef, 퍼펫 Puppet, 클라우드인듀어 CloudEndure 등 젊은 솔루션 공급업체들 대부분이 동일한 이유로 새로운 비즈니스를 찾고 있다.

기존의 대형 서비스 공급업체와 도구들도 이러한 변화의 장점을 활용하기 위해 빠르게 진화하고 있다. 많은 경우, 기존의 관계를 활용해 비즈니스 또는 문화를 혁신하는 것이 더 적절하다. AWS는 최근 액센추어 Accenture와 함께 새로운 공동 비즈니스 그룹을 발표했으며, 우리는 여러 대기업이 클라우드 전략과 마이그레이션, 빅데이터, 분석, IoT를 중심으로 비즈니스를 혁신할 수 있도록 협력하고 있다. 앞으로도 이러한 발표가 더 많이 나오기를 기대해보자.

집중하고 있는 영역에서 검증된 파트너 찾기

여러분은 항상 비즈니스 목표에 부합하는 조직과 파트너 관계를 맺는 것을 목표로 삼아야 한다. 예를 들어, 데브옵스 역량을 갖추고 싶고 팀이 자산 개발 및 운영 방법을 배우게 하려면 파트너가 이를 지원하는 기능을 보여줄 수 있는지 확인해야 한다. 이것이 AWS가 AWS 역량 강화 프로그램Competency Program을 개발한 이유 중 하나다. 우리는 여러분이 AWS의 플랫폼에서 성공하기를 바란다. 그리고 이 프로그램은 여러분의 조직이 특별히 집중하는 영역에서 당신의 성공을 가속화할 수 있는 파트너를 찾는 데 도움이 될 것이다. 우리는 현재 생태계가 데브옵스, 모바일, 보안, 디지털 미디어, 마케팅 및 이커머스, 빅데이터, 스토리지, 의료, 생명 과학, 마이크로소프트 워크로드, SAP, 오라클, 마이그레이션 분야에서 역량을 개발하도록 돕고 있다.

파트너십에 대한 여러분 회사의 입장이 어떻든 간에, 우리는 목표 달성에 적합한 파트너를 찾을 수 있도록 기꺼이 도와드리고자 한다.

22

시대에 뒤떨어진 관리형 서비스 공급업체가 클라우드 전략의 발목을 잡지 않도록 하라

원문(2017년 2월 13일): http://amzn.to/dont-let-msp-hold-you-back

> "바닷가의 멋진 경치를 버리고 망망대해로 나설 각오가 없다면
> 새로운 바다를 발견할 수 없을 것이다."
> – 앙드레 지드 Andre Gide

대기업이 기술 발전 속도에 맞추기란 참 어려운 일이다. 그래서인지 '강해서 살아남는 게 아니라 살아남는 게 강한 거다'라는 걸 끊임없이 보여준 기업에게 경의를 표하고 싶다. GE, 캐피털 원, 뉴스 코퍼레이션, 넷플릭스 같은 회사는 끊임없이 스스로를 리인벤트하고자 노력하고 있으며, 이를 위해 클라우드 전환을 계속 해나가고 있다. 다시 말하면, 이런 회사들뿐만 아니라 공통 해결 방법을 공유하고 있는 수천 개의 기업들은 오랜 시간 엔터프라이즈 IT에 깊숙이 자리 잡고 있어 하나같이 들어내기 어려운 작업의 상당 부분을 덜어내기 위해 클라우드를 사용하고 있다. 이를 통해 고객에게 가치를 제공하는 데 더 많은 리소스를 집중할 수 있다.

끊임없이 리인벤트하기란 쉬운 일이 아니다. 그리고 나와 얘기를 나눈 임원진 대부분은 이것이 시간이 오래 걸리고 신중한 노력이 요구되는 여정이라

는 데 깊이 공감했다. 이건 어떤 분야의 비즈니스를 하든 맞는 얘기인 것 같다. 나는 이러한 여정 속에서 고객뿐만 아니라 관리형 서비스 제공업체MSP, managed services provider 모두를 위해 많은 시간을 쏟고 있다.

23장에서 설명하겠지만, 많은 MSP가 클라우드 여정 곡선의 앞쪽에 자리 잡고 있다. 세컨드워치 2nd Watch, 클라우드리치 Cloudreach, 액센추어 Accenture, 인포시스 Infosys, 와이프로 Wipro, 린 클라우드 REAN Cloud, 8K 마일스 8K Miles, 불릿프루프 Bulletproof, CTP, 로직웍스 Logicworks, 민자르 Minjar, 랙스페이스 Rackspace 는 고객이 클라우드를 사용해 비즈니스를 새롭게 만들 수 있도록 돕는 MSP 중 일부에 불과하다(전체 AWS MSP 파트너 목록은 https://aws.amazon.com/partners/msp/를 참조하기 바란다).

그러나 안타깝게도 기존의 많은 MSP는 계속 고객을 붙들어두려고 한다. 클레이턴 크리스텐센 Clayton Christensen 이 쓴 『The Innovator's Dilemma』에 소개되어 있는 많은 회사들처럼, 이러한 오래된 MSP 업체는 고객이 경쟁력을 유지하도록 돕는 것보다 자신들의 기존 수익원을 보호하는 데 더 많은 시간을 쓰고 있다.

CompTIA의 최근 보고서에 따르면 설문에 응한 MSP의 44%가 고객의 요청을 받은 경우에만 클라우드 서비스를 지원한다고 답했다.[1] 나는 이 결과가 너무나 당연하다고 생각했다. 하지만 유명한 MSP의 임원 한 분이 클라우드 상에서 자신의 회사가 어디쯤 있는지를 명확하게 밝힌 솔직한 이메일을 받았을 때 나는 적잖이 놀랄 수밖에 없었다. 이 대표이사가 인정하는 것처럼, 일부 MSP는 고객이 손해를 보더라도 자신들의 시간을 벌기 위해 클라우드에 대해 공포, 불확실성, 의심Fear, Uncertainty, Doubt, 즉 FUD를 확산시키고 있다. MSP 임원의 말을 들어보자.

---

1 https://www.comptia.org/about-us/newsroom/blog-home/comptia-blog/2016/07/21/why-cloud-is-the-stuff-of-msp-nightmares

"현재 우리의 시장 점유율을 살릴 수 있는 유일한 방법은 두려움을 불러일으키는 것입니다. 왜냐하면 우리가 단순히 AWS의 지배력에 맞서기엔 적절한 무기가 없다는 힘든 현실 때문입니다. 더 중요한 것은 우리는 여전히 기존 IT 사고를 지니고 있고 클라우드의 물결에 의해 위협을 받고있는 (대부분 대기업에 있는) 운영 임원들에게 공급업체 락인 lock-in 문제, 보안 문제 같은 메시지를 이용해 지속적으로 공격한다는 것입니다."

이메일 전문은 다음과 같다(익명으로 편집했다).

안녕하세요, 오반 님

최근 대규모 마이그레이션에 대한 기사를 우연히 보고 나서 Medium에서 팔로우하기 시작했습니다. 어제 나는 하이브리드 아키텍처에 대한 근거 없는 믿음에 관한 글을 읽었습니다. 멀티 클라우드 환경에서 동작하는 애플리케이션의 아키텍처를 만들 때 느낄 수 있는 '두려움'에 대한 작은 의견을 드리고 싶었습니다.

제 생각에 MSP 업체들은 자신들의 비즈니스를 타개하기 위한 의미 없는 시도에서 큰 두려움을 느끼고 있습니다. 멀티 클라우드 환경에서 작동하는 솔루션의 아키텍처를 설계해야 할 필요성을 익히고 있는 사람들 중 하나가 바로 접니다. 아시다시피, 대부분의 MSP는 클라우드 게임에서 상당히 뒤처졌고 여전히 AWS를 따라가고 있는 상황입니다. 현재 우리의 시장 점유율을 살릴 수 있는 유일한 방법은 공포감을 불러일으키는 것입니다. 왜냐하면 우리가 단순히 AWS의 지배력에 맞서기엔 적절한 무기가 없다는 힘든 현실 때문입니다. 더 중요한 것은 우리는 여전히 기존 IT 사고를 지니고 있고 클라우드의 물결에 의해 위협을 받고 있는 (대부분 대기업에 있는) 운영 임원들에게 공급업체 락인 lock-in 문제, 보안 문제 같은 메시지를 이용해 지속적으로 공격한다는 것입니다. 이젠 클라우드를 받아들이지 않으면 그냥 망해버릴 거라는 사실을 모두 알고 있습니다. 따라서 국면 전환을 위해 겉으로는 'IT 단순화'라고 포장하면서 더 많은 복잡성을 도입하도록 유도합니다!

지난 10년은 관리형 서비스의 시대였습니다. AWS는 특히 이해가 더딘 MSP로부터 관리형 서비스들을 빼앗아가고 있습니다. 나는 멀티 클라우드를 위한 애플리케이션을 설계하는 것은 일종의 낭비이고, 공통분모를 가장 낮게 제한한다고 생각합니다. 그러나 현재로선 이러한 두려움을 계속 불러일으키는 것이 우리의 유일한 전략입니다(하지만 효과는 서서히 없어지겠죠).

처음에는 이 내용을 Medium에 올릴까 했습니다. 하지만 인터넷 환경에서 정직하다는 것은 '자기 발등 찍기'나 마찬가지라는 생각에 이메일로 메모를 보냅니다.

놀라운 통찰력이 담긴 멋진 글을 더 많이 연재해주시길 기대합니다.

객관적으로, 나는 이 임원의 관점에 공감한다. 변화는 어렵다. 수백 개의 기업이 변화를 스스로 해내는 과정에서 MSP가 이들을 잘 도와줘야 한다. 규모 측면에서 변화는 관리해야 할 손익(P&L)이 클수록 더 어렵다.

그러나 전혀 불가능한 것은 아니다...

로직웍스는 클라우드가 주류가 되기 훨씬 전부터 기업이 IT 환경을 관리할 수 있도록 지원하기 시작했으며 빠른 속도로 비즈니스를 전환하고 있다. 실제로 2016년 팜플로나 캐피털 Pamplona Capital 이 이 전환을 가속화하기 위해 1억 3천 5백만 달러를 투자했다.[2]

로직웍스의 CEO인 케네스 지글러 Kenneth Ziegler 는 다음과 같이 말했다.

우리는 두 가지 주요 이유 때문에 2012년부터 자체 비즈니스를 중단했습니다. 1) 고객이 IaaS 제품의 이해를 위해 점점 더 많은 것을 요구하고 있었고, 2) 그 시점에서 AWS는 우수한 기술 플랫폼이 됐습니다. 이는 컴플라이언스와 보안 요건을 충족하는 반복 가능하고 확장 가능한 솔루션을 만들 수 있다는 것 외에도 자동화 플랫폼을 통해 인적 오류를 줄이고 원하는 환경 구성을 프로그래밍 방식으로 제공해 기존의 표준을 뛰어넘을 수 있다는 것을 의미합니다.

기존 MSP를 활용해 손으로 직접 했던 어려운 작업이 고객이 가입한 관리형 서비스 봇 bot 과 고객이 액세스할 수 있는 데브옵스 전문 기술로 대체되어 고객이 클

---

2 http://www.logicworks.net/news/2016/following-three-years-high-growth-its-amazon-web-services-cloud-automation-software

라우드 여정의 모든 단계에서 비즈니스를 더 빠르게 혁신할 수 있습니다. 기존의 IT 시스템 설치 기반 방식의 방어적 행동을 중단하려는 용기로 인해 초기 기대치를 훨씬 뛰어넘는 성장이 이뤄졌습니다.

AWS의 클라우드 기반 파트너 중 하나인 클라우드리치는 지능형 클라우드 도입에 자부심을 갖고 있으며 7개국 350개의 엔터프라이즈 고객을 확보하고 있다. 2009년 설립된 이 회사는 모범 사례 가이드 및 클라우드 툴링을 통해 기업이 클라우드를 사용할 수 있도록 전문지식을 제공한다.

클라우드리치 미국지사 대표 톰 레이[Tom Ray]는 기업에 최고의 클라우드 솔루션을 제공하기 위해 회사가 다음과 같은 노력을 하고 있다고 말했다.

> 좋은 사람들을 채용하고 이들을 우리 회사가 지닌 기술, 사고방식 및 방법론을 흡수할 수 있도록 노출시킵니다. 여기에는 시간과 노력, 경험이 필요합니다. 프로세스를 차근차근 해나가야 합니다.

한편 세컨드워치 역시 태생이 클라우드이며, 현재 AWS의 선도적인 하이퍼스케일 MSP 중 하나다. 이 회사는 대기업의 퍼블릭 클라우드 도입뿐만 아니라 현재와 미래의 관리 방식을 발전시키는 데 도움을 주고 있다. 세컨드워치의 공동 창립자이자 마케팅 및 비즈니스 개발 부사장인 제프 아덴[Jeff Aden]의 말을 들어보자.

> 많은 대기업들이 세컨드워치와 파트너 관계를 맺고 있습니다. 따라서 퍼블릭 클라우드 도입에 대한 운영, 재무, 기술 요구사항을 전체적으로, 그리고 사전 예측을 바탕으로 한 맞춤형 통합 관리 솔루션을 제공할 수 있습니다. 결국 고객은 훨씬 적은 위험으로 클라우드를 통해 더 많은 레버리지를 얻습니다.

이는 린 클라우드[REAN Cloud]의 가치 제안 중 일부이기도 하다. 참고로 린 클라우드는 엔터프라이즈 클라우드 전환을 지원하는 데브옵스 기반의 관리형 서비스를 구축하고 관리하는 데 핵심 전문지식을 갖추고 있는 클라우드 기반 MSP다. 린 클라우드가 관리하는 대상은 가트너 Gartner가 '바이 모달 IT Bi-Modal IT'라고 부르는 것이다. 이를 통해 기업은 기존 ITIL 주도형 관리 서비스를 관리하고 클라우드 주도형 전환에 적용할 수 있다.

민자르는 또 하나의 혁신적인 MSP로, 인도의 클라우드 비즈니스를 주도하고 있다. 이 회사의 스마트한 관리형 클라우드 서비스는 봇 메트릭 클라우드 관리 플랫폼 Botmetric Cloud Management Platform[3] 위에 지능적인 인간과 머신이 결합된 모델을 기반으로 하며, AWS 역량, 기술 및 자동화를 합하여 24×7의 무중단 AWS 클라우드 운영을 제공한다.

또, AWS 이전을 원하는 기업을 위한 최고의 클라우드 전문 서비스 회사인 CTP Cloud Technology Partners는 기업이 클라우드 도입 및 디지털 혁신 이니셔티브를 가속화할 수 있도록 전문화하고 있다. CTP의 부사장 브루스 코플린 Bruce Coughlin에 의하면, 고객이 종종 CTP의 딜리버리 팀을 '클라우드 테라피스트'라고 부른다고 한다. 왜냐하면 CTP의 지원에 힘입어 자신들이 클라우드에서 차별화가 이뤄진다고 생각하기 때문이다.

코플린의 설명을 들어보자.

> 퍼블릭 클라우드는 단순히 또 다른 하나의 데이터 센터가 아니므로 기존의 데이터 센터처럼 취급해서는 안 됩니다. 우리는 고객의 사고방식을 "데이터 센터에서 수행하는 작업을 어떻게 복제하나요?"에서 "개발자를 위해 적절한 인프라를 어떻게 구성하나요?"로 바꾸는 데 도움을 드리고 있습니다. 결국 포괄적인 보안 및 거버넌스 통제를 이용해 개발자에게 필요한 도구를 적절한 권한으로 제공합니다. 이를 통해 고객이 가장 높은 클라우드 목표를 달성할 수 있도록 도와드립니다.

CTP와 마찬가지로 랙스페이스는 클라우드에 비즈니스를 옮기고 운영하도

---

3 https://www.botmetric.com/

록 돕는 것이 중요하다는 사실을 깨달았다. 그 결과, 최고 수준의 클라우드 관리 및 지원을 제공할 수 있는 전략적 변화를 완전히 수용했다. 랙스페이스의 AWS 사업부 부사장인 프라샨스 찬드라세카르[Prashanth Chandrasekar]의 얘기를 들어보자.

> 랙스페이스는 고객이 기술을 활용해 비즈니스를 발전시키는 데 15년 이상 집중해왔습니다. 우리는 AWS를 사용하고 싶어 하는 엄청나게 많은 고객이 있음을 알게 됐고, AWS 클라우드를 최대한 활용할 수 있도록 필요한 기술과 전문지식을 개발하기로 결정했습니다. 시장에서 약 1년 정도밖에 안 되었음에도 'Fanatical Support for AWS' 사업은 랙스페이스 역사상 가장 빠르게 성장하고 있으며, 고객이 클라우드 지원 비즈니스를 구축할 수 있도록 기능을 지속적으로 조정하기를 기대합니다.

MSP가 기업을 선택하든 기업이 MSP를 선택하든 간에 각 조직에는 클라우드 여정에서 이뤄지는 여러 의사결정을 안내하고 제한하는 그들만의 고유한 기회와 어려운 문제들이 있다.

액센추어에서 액센추어 AWS 비즈니스 그룹을 이끌고 있는 크리스 비그만[Chris Wegmann]의 글[4]은 이러한 생각에 더욱 힘을 실어주는 것 같다.

> 명확하게 이해가 될지는 모르지만, 우리가 조언하는 내용의 핵심은 '결승선에서 출발해 거꾸로 일하라'는 것입니다. 우선 여러분의 비즈니스 목표 및 대상, 즉 가장 중요한 결과를 파악하십시오. 그런 다음 원하는 마이그레이션 방법을 결정합니다. 각 비즈니스에는 고유한 목표가 있습니다. 따라서 이를 제대로 결정해야만 좀 더 확실한 클라우드 여정의 모습이 만들어질 것입니다.
> 예를 들어, 새로 갱신해야 하는 데이터 센터 운영을 종료한다든지 데이터 센터 임대가 만료되는 등의 물리적 문제를 여러분의 조직에서 처리 중인가요? 또는

---

4 https://medium.com/aws-enterprise-collection/cloud-migrations-some-tips-from-the-accenture-aws-business-group-5d6742e58aaf

OS, 하드웨어 수명 종료 같은 기술 부채 문제인가요? 아니면 조직 내부, 외부에서 더 큰 탄력성과 민첩성을 얻을 수 있도록 애플리케이션을 전면 재설계하려고 하고 있나요? 퍼블릭 클라우드는 진정한 비즈니스 혁신을 이끄는 촉매제가 될 수 있습니다. 그러나 비즈니스 요구사항에 따라 그 방법은 다양해지고 진화할 것입니다.

이 책에서 요약 정리한 모범 사례(오늘날 현대화된 기업과 마찬가지로 기존 MSP와 관련이 있음)에 더해서, 클라우드 여정에 어려움을 겪고 있는 MSP를 위한 마지막 조언으로 이 장을 마무리할까 한다.

중력을 이기려고 하지 마라. 클라우드는 바로 여러분 옆에 있다. 그리고 고객은 클라우드를 통해 혁신적인 혜택을 받을 것이다. 그러나 그들은 여러분의 도움이 있어야만 클라우드가 제공하는 기능을 최대한 활용할 수 있을 것이다. 결국, 여러분이 그들을 도와주지 않으면 그들은 대신 다른 누군가를 찾을 것이다. 클라우드상에서 팀이 배우고 익히고 자격증 취득도 하고 시장 출시 시점도 잘 맞추도록 한다. 이를 통해 고객은 지속적으로 스스로를 리인벤트할 수 있게 될 것이고 그 과정에서 여러분 스스로도 리인벤트하게 될 것이다.

23
클라우드상에서 관리형 서비스의 미래

원문(2016년 3월 4일):

http://amzn.to/future-of-managed-services-in-cloud

> "어제의 방법으로 오늘 일을 할 수는 없다.
> 사업에 내일이란 없다."
> – 조지 W. 부시[George W. Bush]

클라우드 주변의 생태계는 빠르게 성장하고 변화하고 있으며, 많은 임원들이 파트너 회사가 어떤지, 그리고 파트너 회사가 기술을 통해 가치 기술을 가속화하기 위해 조직에 무엇을 가져다줄 것인지 고민하고 있다.

클라우드 서비스의 인기에 힘입어, 지난 몇 년간 IT 관리형 서비스 분야에서 상당한 변화가 있어왔다. 이 영역은 업계에서 MSP라는 형태의 서비스를 제공하며 이 계열의 서비스 회사들의 역할과 비즈니스 모델은 빠르게 발전하고 있다. 23장에서는 이러한 변화에 비추어 기업에서 고려해야 할 사항을 살펴보기로 한다.

'오직 비용 절감, 품질은 나몰라라'로는 충분하지 않다

전통적으로 MSP는 정상 상태의 IT 운영을 좀 더 저렴한 비용으로 아웃소싱하려는 기업에게 매력적인 대안이다. 비용을 절감하려는 조직에겐 여전히 '돈만 적게 든다면 품질 따윈 상관없음'이라는 생각이 나름 가치가 있을 수도 있지만 MSP의 운영 방식이 엔터프라이즈 IT 전략과 시장의 방향성이 모두 일치하는지 살펴볼 필요가 있다.

MSP 역시도 일반 회사와 똑같은 이유로 클라우드에 매력을 느끼고 있다. (데이터 센터와 유비쿼터스 IT 서비스를 관리할 때와 별 차이가 없는 어려운 마이그레이션보다는) 클라우드 서비스를 통해 MSP는 더 많은 리소스를 고객에게 할당할 수 있다. 로직웍스, 클라우드리치, 액센추어, 세컨드 워치, 린 클라우드, 카스카디오^{Cascadeo}, 모비퀴티^{Mobiquity} 등 이를 실현하는 많은 MSP 업체들은 운영을 간소화하고 가치를 더해주는 서비스에 집중하며 자체 비용 구조를 최적화할 수 있다. 이를 통해 차세대 MSP의 수익성 향상과 비용 절감이 가능하다.

또한 클라우드 마이그레이션 전문지식과 클라우드의 혜택을 누리는 기업이 익숙한 서비스 방식^{as-a-service}의 모델을 결합한 형태가 새로운 MSP 트렌드로 나타나고 있다.

이 방식에서 MSP는 엔터프라이즈의 기존 시스템을 클라우드로 마이그레이션하기로 하고, 시스템 관리에 전권을 가지며, 비즈니스 기능을 서비스 방식으로 귀하에게 다시 판매한다. 인프라 관리가 필요 없는 상태에서 ERP 시스템을 중심으로 비즈니스 프로세스를 유지할 수 있고 비즈니스 프로세스 변경에 대한 예측 가능한 비용 모델이 있다고 상상해보자. 이 새로운 모델은 변화 관리를 위한 정교한 ITSM(IT 서비스 관리) 프로세스와 이러한 프로세스와 함께 제공되는 (때로는 놀라운) 가격 요율표^{rate card}를 설정하지 않아도 된다. 나는 과거에는 MSP가 비용 면에서 상당히 미미하다고 생각했다. 그러나 최근 한 임원에게 MSP가 AWS 환경에 VPC를 만드는 데 몇 분밖에 걸리지 않을뿐더러 비용도 거의 들지 않는 작업인데도 $10,000를 청구하려 한다는 얘기를 들었다. 나는 AWS와 액센추어의 파트너십을 통해 이러한 새로운 가치를 전달하는 방법을 구축하는 데 많은 시간을 들였으며, 이에 대한 얘기도 더 들려드리고자 한다.

MSP를 위한 데브옵스의 역할

21장에서는 많은 기업이 기업 문화 발전을 위해 파트너 회사들을 찾고 있음을 설명했다. 또한 기업이 데브옵스에 점점 더 관심을 갖는 이유와 이를 수용하기 위해 조직의 변화를 어떠한 방향으로 설정해야 하는지 설명했다. 몇몇 MSP 업체가 이 의견들을 모아서 기업의 안정화 단계의 시스템 운영 관리뿐만 아니라 데브옵스를 활용하고 실험 문화 정착에 많은 도움을 주고 있다.

AWS는 대규모 클라우드 운영을 위한 모범 사례를 MSP에 제공하는 것 외에도 이러한 모범 사례를 구현하겠다는 MSP를 대상으로 감사를 수행하는 외부 감사 업체를 활용하기 위한 AWS 관리형 서비스 프로그램을 만들었다. AWS 관리형 서비스 프로그램의 감사에 합격한 파트너사를 찾으면 적절한 클라우드 전문지식을 보유하고 있으며 자체 클라우드 운영 모델을 개발할 수 있는 파트너사와 함께 일하고 있다는 확신이 들 것이다.

AWS 관리형 서비스 프로그램과 마찬가지로 AWS 데브옵스 컴피턴시DevOps Competency를 달성한 파트너 회사와 협력하면 AWS에서 제공하는 지속적인 통합CI, continuous integration, 자동화, 그리고 다른 여러 데브옵스 중심의 도구들을 구현하는 방법을 이해하고 있는 파트너 회사와 협력하고 있다는 확신이 들 것이다.

이러한 역량을 결합하는 것이 조직에 필요하다고 생각되면, 두 가지 역량을 모두 갖춘 세컨드 워치, 카스카디오, 클라우드리치, 린 클라우드, 스마트로닉스Smartronix, 랙스페이스, 로직웍스 같은 업체들을 알아보기 바란다.

앞에서 설명한 역량이 하나도 없는 파트너 회사와 일하고 있진 않을 거라 생각한다. 그러나 혹시 그렇다면 그 파트너사에게 이런 프로그램을 잘 알려주고 동시에 그 파트너사를 나에게 알려주기 바란다. 또 앞으로 몇 년 사이에 MSP 환경이 얼마나 발전할지에 대해 여러분은 어떻게 생각할지 궁금하다. 나에게도 꼭 알려주기 바란다.

24
기업 내에 CCoE를 만드는 방법

원문(2016년 3월 17일):
http://amzn.to/create-cloud-center-of-excellence

> "나에게 충분히 긴 지렛대와 서 있을 자리가 있으면
> 지구를 움직일 수 있다."
> — 아르키메데스 Archimedes

운 좋게도 2012년 나는 다우 존스의 CIO로 근무하게 됐다. 다우 존스는
123년이라는 업력을 자랑하는 회사, 강력한 브랜드 파워를 지닌 회사, 풍부
한 콘텐츠를 보유한 회사, 높은 고객 충성도를 지닌 회사였기 때문이다. 내
가 맡은 역할은 기술 그룹이 제품 개발에 집중하게 하는 것이었는데, 그 목
적은 (1) 점점 경쟁이 치열해지는 환경에서 관련성을 유지하고 (2) 운영 효율
성을 향상시키며 (3) 비용을 절감하기 위해서였다.

이러한 목표를 달성하기 위해 끊임없이 진화하는 전략을 추진하는 과정에서
많은 지렛대(수단)를 활용했다. 이를테면 인소싱 in-sourcing 인재 확보, 오픈소
스 활용, 클라우드 서비스 도입 등이 있었고 이를 통해 비즈니스 목표에 집
중할 수 있었다. 그러나 무엇보다도 데브옵스라는 CCoE 팀을 만들어 조직
전체에서 클라우드 전략을 구축하고 실행한 방식을 체계화하기로 한 것이

최고의 결정이 아니었나 한다. 조직 전체의 주요 이니셔티브에 대해 단일 스레드 소유권을 가진 전담 팀을 구성하는 것이 결과를 빠르게 얻고 변화에 영향을 미치는 가장 효과적인 방법 중 하나라고 생각한다. 그리고 이를 통해 변화 관리 프로그램의 성공과 실패를 경험했다. 이에 관해서는 '엔터프라이즈 DevOps' 시리즈에서 좀 더 상세히 다루고 있다.

그 이후로, 클라우드 여정을 통해 의미 있는 발전을 이룩한 기업들은 하나같이 발전하는 기술 운영을 위한 모범 사례, 프레임워크 및 거버넌스 생성, 복음 전파(약간 종교처럼 믿어야 한다는 의미에서) 및 제도화를 위한 전담 팀을 구성했고 이를 통해 클라우드 활용을 점점 늘려가고 있다. 이 CCoE 팀은 소규모로 시작해 조직의 규모에 맞게 클라우드 기술을 책임감 있게 구현할 수 있고, 또 제대로 구현하면 조직이 기술이 비즈니스 서비스를 제공하는 방식을 변화시키는 지렛대의 받침점 역할을 한다.

이와 관련해서 기업이 어떻게 하면 되는지는 뒤에서 더 자세히 살펴보자.

팀을 구성하라

다양한 전문 분야 배경을 가진 3~5명으로 팀을 구성하는 것이 좋다. 개발자, 시스템 관리자, 네트워크 엔지니어, IT 운영 및 데이터베이스 관리자를 찾아보기 바란다. 특히 팀을 구성할 사람들은 대단히 개방적인 마인드를 갖고 있고, 현대적 기술과 클라우드 서비스를 활용해 업무 수행 방식을 바꾸고 어떻게 하면 조직을 미래로 이끌 수 있을지에 대한 강한 열정을 지니고 있어야 한다. 경험이 별로 없는 직원들이더라도 걱정하지 않아도 된다. 태도는 적성이나 능력만큼 중요할 수 있다. 그리고 여러분이 원하는 인재가 이미 조직에 있을 수 있다.

팀의 책임 범위를 설정하라(그리고 이를 확장하라)

CCoE는 클라우드에서 시스템을 구현할 때 또는 클라우드로 시스템을 마이그레이션할 때 조직의 다른 나머지 부서가 활용할 모범 사례, 거버넌스 및 프레임워크를 구축해야 한다. 역할 및 권한, 비용 거버넌스, 모니터링, (장애 탐지 및 복구를 위한) 인시던트 관리, 하이브리드 아키텍처 및 보안 모델 등 기본적인 사항들부터 시작한다.

시간이 지남에 따라 이러한 책임은 여러 개의 계정 관리, '골든' 이미지 관리, 자산 관리, 사업 단위 비용 상환 및 재사용 가능한 참조 아키텍처 등 많은 분야에서 발전이 있을 것이다. '(생각만 하느라 실행을 못 하는) 분석 마비 상태'에 빠지지 말기 바란다. 실무 경험이 쌓이면 역량은 자연스럽게 향상될 것이다.

팀을 다른 모범 사례에 연계하라

내가 작성한 모든 모범 사례는 상호 의존 관계를 형성하고 있다. CCoE가 성공하기 위해서는 경영진의 전폭적인 지지와 지원을 확보하고, 조직에 대해 CCoE 방법을 어떻게 교육할지 고민하며, 경쟁력을 유지하기 위해 실험 문화를 수용하고, 각자의 환경에 가장 적합한 도구와 파트너사를 파악하고, 조직의 하이브리드 아키텍처를 소유하고, 클라우드 퍼스트 전략의 핵심 플레이어가 되어야 한다.

25

CCoE의 팀원 확보와 구성

원문(2016년 3월 17일):

http://amzn.to/cloud-center-of-excellence-staffing

> "미래는 지식이 아닌 태도, 적성, 감사하는 마음에 달려 있다."
> – 데바시쉬 므리다[Debasish Mridha] M.D.

여러분이 배운 것을 바탕으로 작게 시작해서 반복하고 성장하는 것은 성공적인 엔터프라이즈 클라우드 여정에서 되풀이되는 주제다. 조직의 CCoE를 이끌 팀을 만들 때 이와 동일한 반복적 사고를 적용하기 바란다.

클라우드가 조직에 어떤 영향을 미칠지 기꺼이 배우고자 하는 소수의 미래지향적 사람들을 모집하는 것부터 시작한다. 3~5명만 돼도 차이가 눈에 바로 보일 것이다. 그런 다음 매달 CCoE가 조직에 미치는 영향을 평가하고, 조정하고, 영향을 받는 프로젝트의 수와 규모가 커지는 데 맞춰 팀을 성장시킨다.

업무에 적합한 직원인지 어떻게 알 수 있을까?

경영진은 종종 채용하고 싶은 사람들을 어디서, 어떻게 찾으면 될지 나에게 물어보곤 한다. 통상적으로 본 결과, 나는 태도[attitude]가 적성[aptitude]만큼이나 중요하다는 사실을 알았다. 즉, 대기업에는 이미 클라우드를 활용하는 데 필요한 인력이 있기 때문이다. 진정한 열정을 가지고 새로운 것을 배우는 데 관심이 있는 사람들을 찾아보기 바란다. 조직에는 프로젝트에 클라우드를 사용했으면 하는 간절함을 지닌 사람들이 많지만 이들을 찾기는 그리 쉽진 않을 것이다. 시장에서 고용한 인재를 팀에 보강하는 것이 좋긴 하지만 실제로 하겠다 마음먹었다면 지체 없이 즉시 시작하기 바란다. 모든 기업, 기관이 이러한 인재를 확보하려고 동분서주하고 있다면? 자체 팀을 쉽게 만들려고 할 경우 인재 확보에서 교착 상태에 빠질 수밖에 없다.

CCoE 팀은 역할과 배경이 다양한 사람들로 구성되는 것이 가장 이상적이다. 주요 팀 구성원으로 애플리케이션 개발자, 시스템 관리자, 네트워크 엔지니어, 보안 전문가, IT 운영 및 데이터베이스 관리자 등을 생각해볼 수 있다. 다양한 전문지식 그룹을 모으면 광범위한 관점을 가진 팀이 생겨 좀 더 완벽한 플랫폼을 만들 수 있다. 이 팀의 기존 제품 및 프로세스에 대한 조직적 지식을 통해 조직에 가장 적합한 클라우드 모범 사례를 만들고 관리하는 방법에 대한 결정을 내리는 데 도움이 된다.

대부분의 클라우드 서비스가 제공하는 서비스형 as-a-service 모델은 교차 기능적 관점에서도 아주 적합하다. 예를 들어, 많은 서버 및 데이터베이스 관리 작업이 자동화되어 소프트웨어로 제어할 수 있다. 서버와 데이터베이스상에서 애플리케이션을 최적화하는 방법을 이해하고 있는 사람이 여전히 필요하다. 하지만 작업 자체는 코드를 작성해 자동화하는 방법을 알고 있는 사람에게 도움이 된다.

이렇게 여러 분야의 융합은 데브옵스의 이면에 있는 요인 중 하나이며, CCoE가 일반적으로 데브옵스로 명명되고 데브옵스 엔지니어와 같은 역할이 CCoE를 담당하는 이유 중 하나라고 할 수 있다. '데브옵스'와 '데브옵스 엔지니어'라는 용어는 꽤 새로울 수 있지만 이와 같은 개념은 실제로 오래전부터 있었다고 생각한다. 오늘날 이러한 역할을 수행하는 대부분의 사람들은 다양한 분야 및 전문 영역에서 이력을 갖고 있으며, 시야를 넓히고 조직에 좀 더 다양한 가치를 제공하고자 한다.

물론, 모든 기업에는 클라우드 챔피언도 있지만 변화에 역행하는 사람도 있을 것이다. 때때로 변화를 주저하는 직원들을 설득하기 위한 모든 것은 결국 올바른 방향으로 유도하는 일종의 '넛지^{nudge}'로 볼 수 있다. 클라우드를 통한 변화와 혁신에 회의적인 사람들 몇 명을 CCoE에 포함시켜 클라우드 여정을 수행한 기업들과 얘기를 나눈 적이 있다. 조직에 큰 영향력을 지니고 있는 리더들 중 클라우드를 통한 혁신을 경계하는 사람들이 여러분의 조직에 있다면 CCoE 내부 또는 가까운 곳에 그들을 배치하여 클라우드에서 여러분이 얼마나 빠르게 가치를 얻을 수 있는지와 그들의 성공을 하나로 엮어보는 것도 생각해볼 수 있다. 이 방법은 대단히 신중해야 하지만 문화적 변혁을 위한 힘을 몇 배 높이는 역할을 하는 것으로 나타났다. 이러한 회의론자들은 클라우드가 비즈니스와 경력에 어떻게 혜택을 줄 수 있는지에 대해 더 많이 배우면서 동시에 방향을 지키면서 조직 내 다른 사람들이 이를 따르도록 독려할 가능성이 높다.

마지막으로, 현재는 CCoE가 어디에 보고하는지보다 CCoE가 받는 경영진의 지원이 훨씬 더 중요하다. CCoE는 조직 내 권력 구도에서 충분히 높은 위치에 있어야 한다. 그래야만 영향력 있는 변화를 만들 수 있기 때문이다.

CCoE 인력을 배치해본 경험은 어땠는가? 팀원들 간에 손발이 척척 잘 맞아서 성공적인 결과로 이어진 전략을 찾아냈다면 나에게도 꼭 알려주기 바란다!

26

CCoE의 공동 책임 부분

원문(2016년 4월 12일):

http://amzn.to/cloud-center-of-excellence-responsibilities

> "옳은 일을 한다는 것과 어려운 일을 한다는 것은
> 대체로 같은 것이라고 보면 된다."
> – 스티브 마라볼리 Steve Maraboli

CCoE는 클라우드 모범 사례, 거버넌스, 프레임워크를 개발하는 일을 담당하는 사람들이 모인 팀으로, 조직의 다른 부서에서 클라우드 기반의 혁신을 이뤄낼 수 있도록 돕는 역할을 한다. CCoE를 만드는 것은 엔터프라이즈 클라우드 여정에서 설명하는 7가지 모범 사례 중 5번째다.

여러분의 조직에서 CCoE는 작게 시작해서 비즈니스의 가치가 더해질수록 성장하게끔 해야 한다. 이것이 잘 이뤄지려면 조직에서 CCoE를 위한 성과 측정 기준 KPI, Key Performance Indicator 을 잘 세우고 이에 대한 진행 경과를 잘 측정해야 한다. 성과 측정 기준을 보면 IT 리소스 사용량(또는 활용률)부터 CCoE에서 긍정적인 영향을 받은 프로젝트의 수에 이르기까지 매우 다양하다. 이러한 성과 측정 기준과 고객 서비스 중심의 접근 방식을 잘 엮으면 다른 사업부에서 CCoE와의 협업에 관심을 보일 것이다. 이를 통해 사업부는 가치를 얻고, CCoE와의 협업이 즐거울 것이기 때문이다.

25장에서는 CCoE의 팀원을 어떻게 확보하는지를 깊이 있게 다뤘다. 26장에서는 CCoE 팀이 성공적으로 성장할 때 조직에서 공통적으로 나타나는 몇 가지 사항을 알아보기로 한다. 이를 통해 여러분이 CCoE가 수행할 사항들을 전부 다 나열하기보다는 실제로 해야 할 것들만 고민했으면 한다. 그리고 추가로 활용할 수 있는 리소스에 대한 얘기로 결론을 지을 예정이다.

우선 작게 시작해야 한다는 점을 꼭 기억하기 바란다. 처음부터 말도 안 되는 목표를 세워서 귀한 시간을 허비하지 말고 현재 프로젝트에서 눈앞에 놓인 문제부터 해결해야 한다. 문제를 해결하는 과정에서 실험하고, 측정하고, 또 배울 수 있을 것이다.

- **아이덴티티 관리**^{identity management}: 조직에서 여러분이 이미 맡고 있는 역할과 책임R&R을 클라우드 환경에서 역할^{role}과 권한^{permission}에 매핑하려면 어떻게 하면 될까? 어떤 서비스와 기능을 사용해야 환경을 더욱 편리하게 만들 수 있을까? 액티브 디렉토리^{Active Directory} 또는 싱글 사인온^{SSO, single-sign-on} 플랫폼과 통합은 어떻게 하면 될까? 예를 들어, AWS의 IAM 플랫폼은 각기 다른 여러 AWS 서비스에 걸쳐 권한, 역할별로 세분화된 액세스가 가능하게 한다. 이렇게 접근 권한을 세분화하는 것은 수많은 기업에겐 새로운 경험일 뿐만 아니라 기업 내에서 어떤 역할이 특정 환경에서 어떤 리소스 또는 서비스에 접근해야 할지 고민할 기회를 줄 것이다.

- **계정 관리와 비용 관리**: IT 서비스를 논리적으로 분리할 수 있거나 사업부별로 각각의 비용을 파악할 수 있도록 사업부와 코스트 센터에 계정을 매핑하고 싶은가? 사업부별로 비용을 책임지게 할 수도 있는 반면 좀 더 큰 리소스 포트폴리오를 놓고 중앙에서 비용 최적화를 관리하는

편이 더 쉬울 수도 있다. CCoE는 예약 인스턴스^{RI}를 어떤 식으로 구매해 비즈니스에 유연성을 유지할 수 있는지 고려하고 이를 지원하는 데 사용할 수 있는 도구(예: CloudHealth, Cloudability)도 살펴봐야 한다.

- **자산 관리 및 태깅**: 프로비저닝한 리소스 각각에 대해 어떤 정보를 추적할 것인가? 내가 본 예를 들자면 예산 코드/코스트 센터, 사업부, 시스템 환경(예: 테스트 환경, 스테이징(준비) 환경, 프로덕션(운영) 환경), 담당자 등이 있다. 내가 다우 존스에 근무할 당시, 우리가 겪었던 첫 번째 시련 중 하나는 점점 더 많은 개발자들이 실험을 하기 시작하면서 지출 비용 규모가 커지는 것이었다. 그러나 개발용 VPC에 생성된 인스턴스 각각에 태그를 붙이고 야간, 주말에 이들 인스턴스 실행을 멈추도록 스크립트를 작성해 단 몇 시간 만에 이 문제를 해결했다. 이렇게 상당히 정교한 태깅 및 자동화 라이브러리를 바탕으로 우리는 시스템 규모의 확장에 맞춰 환경 관리가 가능해졌다. 다른 많은 고객들도 고가용성 아키텍처와 '재해 무관^{disaster indifference}'의 수준을 높여갈수록 프로덕션 환경에서 태그 기반으로 업무를 점점 더 많이 하는 모습을 보였다.

- **참조 아키텍처**: 초기 단계에서 보안과 거버넌스를 여러분의 시스템 환경에 어떻게 하면 구축할 수 있을까? 또 자동화를 이용해 최신 상태를 유지할 수 있는 방법은 무엇인가? 애플리케이션 전반에서 사용하는 도구와 접근 방식에서 공통점을 찾아 정의할 수 있다면 해당 도구의 설치, 패치 적용 및 거버넌스를 자동화할 수 있다. 이때 기업 내 사업부에 필요한 것을 자동화된 방식으로 추가할 수 있는 유연성을 제공하는 하나의 레퍼런스 아키텍처가 필요할 수 있다. 또는 애플리케이션의 다양한 클래스^{class} 또는 티어^{tier}별로 여러 개의 참조 아키텍처가 필요할 수도 있다. 대부분 이 두 가지 사이에서 무언가를 선택하겠지만, 시간이 갈수록 더 많은 작업을 자동화할 수 있는 방법을 고민하고 이를

통해 사업부가 인프라에 대한 고민은 줄이고 애플리케이션에 대한 고민을 더 많이 할 수 있게 하자.

시간이 갈수록 CCoE의 학습 효과가 높아지면서 더 많은 사업부에서 점차 관행으로 인정되고 일관성은 그대로 유지하면서 기술 혁신의 자유를 모두가 누릴 수 있게 한다. 여기서 다루지는 않았지만 이 외에도 자동화 전략 정의, 하이브리드 아키텍처 탐구, 사업부가 더 빠르게 움직이고 '자산 개발 및 운영'을 하기 위한 지속적 전달CD, continuous delivery 기능 지원, 데이터 거버넌스 정의, 비즈니스에 중요한 측정지표/KPI에 투명성을 보장하는 대시보드 구현 등을 고려해야 한다.

AWS 클라우드 도입 프레임워크CAF, Cloud Adoption Framework에는 이러한 모범 사례들을 통해 우리가 고민해야 할 여러 가지 관행적 지침들이 여러 관점에서 담겨 있다. 또한 AWS Trusted Advisor를 활용해 비용, 성능, 보안 및 내결함성 최적화 등을 사전 예방 차원에서 파악할 수 있다. 마지막으로, 전체 AWS 고객을 대상으로 살펴본 모범 사례와 비교해 CCoE가 수행하는 작업을 AWS의 웰 아키텍처 프레임워크WAF, Well-Architected Framework를 활용해 벤치마킹할 수 있다.

27

엔터프라이즈에서 클라우드 플라이휠이란?

원문(2016년 4월 25일): http://amzn.to/enterprise-cloud-flywheel

> "이론과 실제는 이론적으로는 차이가 없다고 하지만 실제로는 있다."
> — 요기 베라[Yogi Berra]

내가 클라우드 혁신 센터[CCoE]를 소개했을 때, CCoE가 여러분의 클라우드 여정의 모든 모범 사례들로 잘 엮여야 한다고 했다. 27장에서 CCoE 시리즈를 마무리하면서, CCoE가 어떻게 클라우드 여정에서 다른 모범 사례로부터 이익을 얻거나 이를 추진하는지 소개한다.

경영진의 지원

강력한 리더십에 의해 추진되지 않는다면 CCoE는 성공하기 어렵다. 경영진 임원들과 CCoE 조직을 만드는 것에 대해 이야기할 때마다, 나는 그들에게 과감히 실천하라고 한다. 이는 팀에 가장 적합한 사람들을 파악하고, 그들의 후임 인력 충원을 하지 않고 현재 직무에서 다른 업무로 전환을 진행하고, 현재 직무도 CCoE로 맡겨서 기존 직무를 맡을 사람이 없는 문제가 생기지 않도록 하는 것을 의미한다.

반면, 보고 라인 체계는 중요하다. 인프라 중심의 조직에 CCoE를 두는 것은 좋지만, 클라우드가 갖는 의미에 대해 조직의 리더들이 걱정하지 않도록 주의 해야 한다. 클라우드 역량을 높이고 클라우드 기반 솔루션에 균형을 맞추면 CCoE가 인프라 팀 전체를 관장하는 조직이 될 가능성이 크다. 이를 위해서는 여러분이 배운 대로 강력한 리더십, 팀 외부의 견제/압력/저항으로부터 팀을 보호하는 방안, 리소스를 팀으로 지속적으로 옮기려는 의지가 필요하다.

직원 교육

CCoE는 조직의 다른 모든 부서에 대해 클라우드를 어떻게 사용할 것인지 교육하고, 비즈니스 지원을 위해 쓰일 모범 사례, 거버넌스, 프레임워크를 전파하는 역할도 해야 한다. 클라우드를 사용해 성공하는 데 필요한 인재는 이미 확보되어 있으며, CCoE가 그들에게 가장 중요한 지원자가 돼야 한다. CCoE가 AWS 교육 및 자격증 프로그램을 최대한 활용하고 이를 조직 특성을 반영한 자료로 만들어 프로그램의 범위를 다른 부서도 교육을 받을 수 있도록 대상을 확대한다. 내가 다우 존스에 근무할 당시 사내 데브옵스 팀은 1년 동안 수강을 희망하는 직원들에게 몇 차례에 걸쳐 DevOps Days 프로 그램을 진행했다. 지금은 다른 회사에서도 이런 걸 하고 있다. 캐피털 원의 경우, 클라우드 엔지니어링 기술 총괄을 역임한 드류 퍼먼트^{Drew Firment}가 캐 피털 원 내부 전체에 클라우드 전문지식을 확산하기 위해 정말 멋진 CCoE 교육 프로그램을 추진했었다. 자세한 내용은 드류 퍼먼트가 쓴 블로그를 참 조하기 바란다.

실험

CCoE는 조직의 보안 태세를 강화하면서 나머지 조직도 신속하게 실험할 수 있는 가드레일을 제공한다. 공통 애플리케이션 패턴에 대한 레퍼런스 아키텍처를 구현하고 하나 이상의 연속적인 통합 플랫폼을 개발해서, CCoE는 관련 사업부들이 지속적이고 편리한 방법으로 실험을 할 수 있게 해줘야 한다. 그뿐 아니라 조직이 구축한 것을 스스로 운영하게 하고, 빠르게 실패하고, 배우고, 전보다 더 빠르게 비즈니스에 대한 가치를 전달할 수 있게 해줘야 한다.

파트너사

앞서 언급했듯이, 클라우드 전략의 가속화는 파트너사의 주요 역할 중 하나이며 CCoE는 파트너사의 전략을 가속화하는 데 도움이 될 수 있다. CCoE를 사용해 파트너 생태계 발전을 이끌고, 새로운 도구를 평가할 수 있다. 또 새로운 클라우드 도구와 컨설턴트를 복잡한 엔터프라이즈 환경에 통합하는 방법에 관한 모범 사례를 관리할 때도 CCoE를 사용할 수 있다. CCoE는 법무, 구매, 보안, 그 외 여러 비즈니스 이해관계자들과 논의를 진행하고 이를 통해 클라우드에 대한 접근 방식과 비즈니스에서 무엇을 파트너사와 하면 좋을지 등을 그들이 이해할 수 있도록 도와야 한다. 어떤 조직은 이러한 접근 방식을 템플릿화해서 각 사업부들이 다양한 도구를 선택할 수 있도록 하기도 하고, 어떤 조직은 단일 표준 형태로 추진하기도 한다. 어떤 식으로 하든 접근 방식과 템플릿을 잘 만들기 위해 CCoE를 적극적으로 활용하기 바란다.

하이브리드

클라우드는 '모 아니면 도' 식의 가치 제안이 아니며, 오랜 기간 IT를 운영해 온 기업들이라면 어떤 형태로든 하이브리드 아키텍처를 운영하고 있을 것이다. CCoE는 하이브리드 전략을 추진해야 할 뿐만 아니라 클라우드와 온프레미스상의 애플리케이션이 서로 통신하게 하면서도 시간이 갈수록 클라우드로 마이그레이션할 수 있도록 표준 아키텍처, 참조 아키텍처를 만들어내야 한다. 내가 다우 존스에서 근무할 당시에, 하이브리드 성격의 과제를 최초로 해결했던 순간은, 온프레미스 환경에서 자체 운영 중이던 ID 관리 시스템과 연동되는 클라우드 네이티브 애플리케이션을 처음 개발했을 때였다. 데브옵스 팀은 아마존 VPC^{Virtual Private Cloud}가 어떻게 동작하는지 몇 시간 동안 연구했고, 내부 방화벽과 잘 연동되도록 보안 그룹을 매핑했으며, 클라우드 애플리케이션이 내부 자산과 통신할 수 있도록 안전한 하이브리드 아키텍처를 구현했다. 이 모든 걸 진행하는 데 걸린 시간은 몇 시간 정도였다. 우리는 즉시 이 결과를 비슷한 시나리오에 반복해서 사용할 수 있도록 자동화된 참조 아키텍처로 만들었다.

클라우드 퍼스트

어느 순간부터 CCoE는 몇몇 사업부(나중엔 회사 전체가 되겠지만)에게 왜 그들이 프로젝트에 클라우드를 사용해야 하는지보다 왜 사용하면 안 되는지를 스스로에게 물어보는 게 더 나을 거라는 사실을 깨닫게 해줄 것이다. 레거시 애플리케이션과 보안 관련 애플리케이션을 위해 자동화 기법과 참조 아키텍처를 사용하면 시장 출시 시기를 더욱 앞당길 수 있을 뿐만 아니라 사업부가 CCoE에게 압박을 받는 게 아닌 CCoE와 함께 일하고 싶어진다는 걸 알게 될 것이다. 이를 통해 인프라와 애플리케이션은 조직으로부터 자유로워질 뿐만 아니라 임원진부터 실무진에 이르기까지 신중한 클라우드 퍼스트 전략이 채택되고 인정받을 수 있다.

28

기업에서 데브옵스를 고려한다면?

원문(2015년 7월 31일): http://amzn.to/enterprise-devops

> "발전이란 점진적인 개선을 기대하면서 인내를 연습하는 것이다."
> – 스리물리야니 인드라와티 Sri Mulyani Indrawati 1

나는 CCoE 시리즈(24~27장)를 쓰기에 앞서, CCoE 모델과 꽤 많은 관련성이 있는 엔터프라이즈의 데브옵스에 관한 시리즈를 썼다.

데브옵스는 내가 이미 오랫동안 존재해왔다고 믿는 개념에 대한 비교적 새로운 용어다. 지금 시점에서 데브옵스는 어떤 조직에서는 문화적 방법으로 널리 받아들여지고 있다. 이전에 고립됐던 팀들이 함께 더 빠르고, 더 빈번하고, 더 신뢰할 수 있는 결과를 만들어낼 수 있는 결합이다.

나는 다행히 데브옵스라는 용어가 유행하기 전에 데브옵스 문화 속에서 경력을 쌓기 시작할 수 있었다. 2001년에 블룸버그에서 개발자로 일하기 시작했을 때, 이 회사는 시장 출시 시기, 반복적인 개발 주기, 이관한 시스템을 계속 운영하는 개발자들을 끊임없이 추구하는 것 등으로 이미 잘 알려져 있었다. 새로운 개발자들이 새벽 4시에(런던 증권 시장이 열렸을 때) 시스템 문제

---

1 인도네시아의 여성 재무부 장관 – 옮긴이

를 해결한다는 게 어떤 것인지 배우는 데는 그리 오래 걸리지 않았다. 이렇게 늦은 밤 시간의 경험들이 우리의 시스템을 더욱 견고하게 만드는 데 큰 동기가 된다는 사실을 알게 됐다.

데브옵스는 스타트업에서 직관적으로 명확할 수 있다. 왜냐하면 더 작은 규모의 비즈니스가 상대적으로 더 쉽게 중력 효과를 느낄 수 있기 때문이다. 그러나 상당한 양의 기술 부채, 모놀리식 아키텍처, 그리고 위험을 회피하려고 하는 사업 관행을 가진 대규모 조직의 경우 이 사업은 위협적으로 보일 수 있다.

한 가지 좋은 소식은 그럴 필요가 없다는 것이다. 나는 데브옵스 문화로 전환하고자 하는 기업들이 작은 프로젝트부터 시작해서 반복하고 배우고 향상시키는, 소위 데브옵스 방식으로 일을 했으면 한다. 그들이 조직 전체에서 일반적으로 받아들여지는 관행을 생산하는 전략을 구현하는 것을 고려하고, 자동화됐을 때 지속적 운영이 분산되고 그들이 구축한 것을 실행할 많은 팀의 손에 맡겨질 수 있다고 생각했으면 한다.

내가 다우 존스의 CIO였을 때, 우리는 데브옵스 업무를 작은 팀으로 구성했다. 약 4~5명이면 프로젝트 몇 개를 진행하기에 충분했다. 그러나 목표는 단순히 새로운 팀을 만드는 것이 아니라 회사 문화에 변화를 일으키는 것이었다. 프레임워크, 모범 사례, 거버넌스를 구현, 발명하고 모든 것을 자동화함으로써 데브옵스는 혁신을 추진하고 제품 개발을 가속화하기 위한 우리의 핵심 지렛대 중 하나가 됐다. 우선 작은 프로젝트로 시작했고, 어떻게 하면 같은 모델을 사용하는 프로젝트를 성공적으로 늘려나갈 수 있는지를 보여주기 위한 결과로 이것을 사용했다. 비록 속도는 느리더라도 확실하게 우리는 더 많은 기능을 전달하기 시작했고, 그 과정에서 제품의 시장 출시에 걸리는 시간을 향상시켰다. 릴리스를 위해 화요일과 목요일 밤샘 작업을 하던 것은 (그 과정에서 일이 종종 잘못되기도 했다) 결국 개발자들이 주 단위로 봤을 때 한

주 내내 수십 가지의 변경사항을 발표하는 식으로 바뀌었다.

데브옵스를 고려하면서 기술 부채도 함께 고민하느라 고생하고 있는 사람들을 위해 다음 세 가지 원칙을 고려해보자.

1. **조직 전체가 고객 서비스 지향적인 자세를 갖도록 한다.** 오늘날의 기업은 회사 내부의 이해관계자들을 고객으로 생각해야 한다. 이러한 고객들은 마케팅 부서, 제품 관리자, 개발자 중 누구라도 될 수 있다. 각 개인이나 집단은 자신의 역할을 할 수 있는 기술이 필요하다. 이러한 요구를 최우선시하는 팀은 고객이 다른 솔루션(새도 IT)으로 전환하는 것을 방지하고 (속도, 성능, 비용 면에서) 더 나은 결과를 제공할 수 있으며, 좀 더 나은 만족을 느끼는 기업 내부 이해관계자들을 확보할 수 있을 것이다. 우수한 서비스가 부족하면 고객은 여러분과 협업하려고 하기보다는 오히려 피하려고 할 것이다.

2. **모든 것을 자동화한다.** 클라우드를 최대한 활용하려면 코드를 사용해 시스템을 안정적으로 재구축할 수 있어야 한다는 것은 널리 알려진 사실이다. 이것은 특히 오토스케일링(탄력성)에 딱 맞다. 또한 자동화를 통해 조직은 변경사항 구현에 훨씬 더 적극적으로 참여할 수 있다. 즉, 실수를 했더라도 아주 빨리 되돌아가서 이전 상태를 안정적으로 재현할 수 있다. 이 외에도 효율성, 보안, 감사 측면에서 많은 이점이 있다 (자세한 내용은 자동화에 대한 블로그 게시글을 참조하기 바란다).

3. **구축한 것을 실행한다.** 기존의 IT에서는 이 점에 대해 염려하곤 한다. 기존 IT 모델을 보면 애플리케이션, 서비스 개발과 전혀 관련이 없는 사람들이 이에 대한 운영 관리를 하곤 한다. 이렇게 하는 여러 가지 이유들(예: 낮은 비용의 리소스, 중앙 집중식 전문성 등)이 있었지만, 나는 이런 것들이 점점 사라지고 있다고 본다. 클라우드 기술은 이제 IT 운영과 관련된 많은 부담을 덜어주고 있으며, 많은 운영 업무를 소프트웨어로

자동화할 수 있다. 개발자들은 소프트웨어에 익숙하기 때문에 업무에서 운영 책임을 굳이 따로 떼어낼 필요를 못 느낀다. 여기서 '데브옵스'라는 용어가 유래했다. 개발자들은 시스템의 세부 사항들을 가장 잘 알고 있으므로 가장 빨리 문제를 해결할 수 있을 것이다. 또한 자동화를 사용하면 변경사항을 체계적으로 전파하고 문제가 발생해도 고객이 영향을 받기 전에 이전 버전으로 롤백할 수도 있고 문제를 해결할 수도 있다. 데브옵스 팀은 개발 팀들이 점점 더 독립성을 갖추기 위한 것들을 하고 현재 운영/배포상에서 요주의 경로에 얽히지 않게 해야 한다.

호기심에 발가락을 살짝 물에 담가보고 싶다면, 바로 지금이 가장 좋은 순간이다. 작게 시작해 점진적인 개선이 이뤄지는 것에서 성취감을 느끼기 바란다. 문화적 변화는 하룻밤 사이에 일어나지 않는다. 포트폴리오에 이러한 개념을 천천히 적용하기 시작하면, 새로운 방식, 오래된 방식 모두 개선될 수 있다. 경험이 쌓여감에 따라, 배운 것들을 다음번 업무 수행에 적용하고, 점점 발전하는 자동화 관련 자산도 이용할 수 있으며, 결국 더 나은 결과물로 나타날 것이다.

29장에서는 고객 서비스 중심의 IT 조직이 무엇을 의미하는지 살펴보기로 한다.

29

고객 서비스가 엔터프라이즈 데브옵스의 핵심인 2가지 이유

원문(2015년 8월 11일): http://amzn.to/customer-service-devops

> "여러분이 고객에게 얼마나 관심이 있는지 알기 전까지 고객은
> 여러분이 얼마나 많이 알고 있는지에 관심이 없을 것이다."
> — 데이먼 리처즈 Damon Richards [1]

앞서 데브옵스 시리즈에서 간략히 설명했던 것처럼(28장), 컨테이너 서비스는 데브옵스 문화를 구현할 때 조직에서 고려할 소위 3가지 교리tenet 중 하나다.

오늘날 세상은 기술 솔루션으로 가득 차 있다. 필요한 것이 무엇이든 이를 충족시키기 위해 사용 가능한 수많은 옵션들이 있다. 기술 솔루션을 만들고 제공하는 사람들에게 있어 좋은 비즈니스란 그저 멋진 제품을 만들고 제공하는 것뿐만 아니라 훌륭한 고객 서비스도 함께 제공할 수 있어야 한다. 고객 서비스가 좋아질수록, 고객이 경쟁업체의 솔루션을 알아볼 가능성은 더 낮아질 것이다.

---

1   비즈니스 컨설턴트, 고객 케어 전문가 - 옮긴이

가장 전통적인 의미에서 고객들이란 아마존닷컴의 사용자나 AWS를 사용하는 기업들처럼 여러분의 제품과 서비스를 구매하는 사람들이다.

엔터프라이즈 IT 분야에서 고객은 종종 여러분과 함께 일하는 사람일 때도 있다. 이들 중 자신의 일을 완수하기 위해 다양한 기술에 의존하는 조직의 모든 사람은 이해당사자로 볼 수 있다. 그들은 때때로 다른 부서(마케팅 팀, 영업 팀 등)에 있기도 하고, 때로는 다른 기술을 다루는 사람들이기도 하다.

내부 데브옵스 조직의 제품과 서비스를 소비하는 사람은 누구인가? 물론 이에 대한 답은 조건에 따라 천차만별일 것이다. 하지만 보통 애플리케이션 개발자, 기술 팀들이 해당될 수 있다. 왜냐하면 제품 개발 시간을 줄일 수 있다는 것이 중앙 집중식 데브옵스를 구축하는 중요한 이유이기 때문이다. 팀 간에 서로 협력하고 소통하는 중앙 집중식 팀은 홀로 떨어져 주어진 과제만 걱정하는 팀보다 요구사항을 더 잘 예측하고 더 나은 고객 서비스를 제공할 수 있을 것이다.

고객 서비스를 조직의 최우선에 둬야 하는 이유로 일단 다음 두 가지를 생각해볼 수 있다.

1. 고객 서비스 중심의 IT 브랜드 향상

20년 전, 엔터프라이즈 기술 수요는 IT를 통해서만 독점적으로 제공됐다. 기술은 복잡한 것으로 인식됐다. 또 기술은 잘 사용하기 위해선 엄청난 전문 지식을 필요로 했다. 팀이 구축한 것을 직접 운영하는 데브옵스 문화와는 달리 대부분의 조직은 IT를 어떻게 구매하고 배포하는지를 아는 몇몇 사람들에게 IT를 집중시켜야 한다는 편견이 있었다. 이 때문에 IT의 고객, 즉 IT 부서를 제외한 나머지 부서들은 IT 관련 요구사항을 충족하기 위한 선택의 여지가 거의 없었다.

하지만 오늘날에는 고객의 문제를 해결하는 제품과 솔루션이 훨씬 더 많다. 기술은 계속해서 상용화되고 있다. 컴퓨터, 스마트폰, 웹사이트, 앱은 옛날보다 더 많이 사용되고 있으며 가정과 직장에서 선택의 폭은 더 넓어졌다. 이러한 추세는 기술을 선도하는 업체들이 (특히 기업 내부에서) 고객 서비스를 생각하는 방식을 바꾸고 있다.

누군가가 일을 수행할 수 있는 더 쉬운 방법을 찾으면 고객은 그것을 이용할 가능성이 있다는 사실을 경험을 통해 알게 됐다. 그들이 IT로부터 필요한 서비스를 받지 못한다면, 다른 곳에서 그 서비스를 찾으려 할 것이다. 뉴스룸의 경우 IT 부서가 자체 버전을 충분히 신속하게 제공하지 못하거나, 제공하지 않는다는 이유로 (외부의) 편집용 소프트웨어를 다운로드할 수도 있다. HR은 내부 일정 관리용 환경이 아닌 외부에서 스케줄링 도구를 찾을 수도 있다. 마케팅 팀은 해당 브랜드의 웹사이트를 다시 만들기 위해 외부 소프트웨어 솔루션 업체를 찾을 수도 있다. 이러한 현상을 업계에서는 '섀도 IT'라고 하며, 대규모 IT 환경을 효과적으로 관리하고 확보하기가 훨씬 어려워질 수 있다. 그럼에도 내부 이해관계자들이 단순히 만족하지 못하거나 IT로부터 원하는 것을 얻는 방법을 모르기 때문에 섀도 IT가 존재하는 것이 현실이다.

고객 서비스 중심의 중앙 집중식 데브옵스 조직은 이러한 시나리오를 피할 수 있는 가능성이 훨씬 더 높다. 여러분이 처음부터 고객에 대해 생각한다면, 시작 단계부터 고객이 필요로 하는 것, 우려하는 것에 깊이 공감할 수 있을 뿐만 아니라 요구사항에 대한 솔루션이 회사 전체에 얼마나 적합한지 판단할 수 있을 것이다. 애플리케이션 팀이 데브옵스 팀이 제공할 수 없는 문제에 대한 해결 방법을 구현할 때마다, 조직은 어떻게 그리고 왜 그러한 일이 발생했는지 배울 기회도 생기고, 앞으로 다른 방식으로 작업을 수행해야 하는지 여부를 결정할 수 있는 기회도 생긴다. 앞으로 이러한 해결방안에 대한 필요성이 낮아지게 할 수 있는 무언가가 있을까? 이에 대한 답은 '아니다'일 것이다. 많은 경우, 해결 방법을 받아들이는 것은 괜찮겠지만 나는 조직이 해결 방법에 대해 좀 더 심사숙고했으면 하는 바람이다. 이렇게 해야 IT가 조직 내에서 소위 저항이 아닌 발전에 기여할 수 있을 것이기 때문이다. 아울러 고객이 여러분을 피해가면서 일하는 게 아닌 결국 여러분과 함께 일하도록 하는 일종의 협업이라고 보면 된다.

2. '고객 서비스 중심'은 개인의 경력에도 도움이 된다

애플리케이션 팀이 구축한 것을 실행하는 데브옵스 모델에서는 오너십과 고객 서비스는 불가분의 관계다. 내가 근무한 모든 회사의 주요 성과 지표에 오너십이 있었는데 솔직히 엄청 운이 좋았다고 생각한다. 오너십은 블룸버그의 핵심 가치 중 하나였으며, 우리는 다우 존스에서 IT 부서를 위해 오너십을 만들었다. 또한 오너십은 아마존의 리더십 원칙 중 하나다.

오너십은 한마디로 제품이나 서비스 담당자는 그 제품이나 서비스를 자신의 비즈니스처럼 다뤄야 한다는 것을 의미한다. 제품 및 서비스는 웹사이트, 모바일 애플리케이션, 회사의 이메일 서비스, 데스크톱 지원, 보안 도구, CMS 또는 고객에게 제공하는 모든 것 등 다양한 형태일 수 있다.

오너십을 통해 고객 서비스 품질이 더 높아진다. 왜냐하면 제품을 감독하는 담당자에게 관련 책임과 권한이 모두 주어지기 때문이다. 따라서 이 담당자는 다른 사람의 말을 듣고, 고객의 대안을 알고, 제품이 어떻게 작동하고 있는지에 대한 통찰력을 끊임없이 유지할 동기가 생길 것이다. 제품 담당자는 문제가 발생했을 때 단순히 '책임을 떠넘길 수 없다'. 그들에겐 문제를 파악하고 필요할 때 도움을 구해야 할 책임이 있다.

개인 경력 관점에선 다음과 같은 이점이 있다. 제품에 오너십을 가지고 건전한 고객 관계를 형성하고자 하는 사람은 누구나 신뢰할 만하고 착실하며 야무진 회사라는 평판을 얻게 될 것이다.

이상의 내용은 크고 복잡한 조직 내부에서 고객 서비스가 매우 중요한 이유 중 두 가지일 뿐이다. 여러분의 경험도 꼭 알려주기 바란다.

30

엔터프라이즈 데브옵스: 구축한 것을 직접 운영해야 하는 이유

원문(2015년 8월 15일): http://amzn.to/run-what-you-build

> "직접 만들고 실행하라."
>
> — 버너 보겔스 Werner Vogels 1

흔한 시나리오 하나를 생각해보자. 가족과 시간을 보내고 있는데 갑자기 휴대 전화가 울린다. 무시무시한 에어 혼(압축 공기로 작동하는 경적)이 여러분에게 SEV1 단계의 장애를 알린다.[2] 애플리케이션에서 메모리 누수가 주기적으로 발생하는 바람에 재시작하는 방식으로 운영상에서 문제를 '수습'하고 있었는데, 이제는 온라인 상태로 전환된 후 불과 몇 분도 안 되어 서버 리소스를 거의 다 써버리고 있다. 이 애플리케이션은 사실상 사용 불가 상태다. 운영 팀은 재시동이나 롤백 외에 많은 것을 할 수 있는 장비를 갖추지 못했다. 그러나 가장 최신의 백업본은 몇 개월 전 버전이다. 그동안 무엇이 어떻게 변했는지 누가 알겠는가? 메모리 누수 문제를 해결해야 하는데, 지금 여러분은 사무실과 컴퓨터로부터 몇 마일이나 떨어져 있다.

---

1 AWS 최고기술책임자(CTO) – 옮긴이
2 SEV1: Critical Impact/System Down, SEV2: Significant Impact, SEV3: Minor Impact – 옮긴이

이와 같은 장애 상황은 개발과 운영을 따로 하는 전통적인 엔터프라이즈 IT 모델에서는 너무 흔한 문제다. 하지만 이런 식으로 안 해도 된다. 데브옵스는 스타트업 회사만을 위한 것이 아니다. 엔터프라이즈(대기업)에서도 사용될 수 있다. 자동화 및 고객 서비스와 마찬가지로, 데브옵스 모델을 사용해 엔터프라이즈 IT 제공을 개선하는 데 효과적인 수단이 될 수 있다.

전통적인 방식에서 개발자는 솔루션을 설계하고 만든 다음 운영 팀에 이관한다. 간혹 운영 팀이 친절하게도 프로덕션 환경에서 문제 해결에 대한 지침을 제공하기도 하지만, 운영 환경에 대한 지식이 거의 없는 경우도 있다. 이 팀들이 하나로 합쳐져 있지 않으면 이들은 다른 팀이 어떻게 일하는지, 무엇이 필요한지 아는 게 거의 없을 것이다. 운영 팀에는 종종 운영 과정에서 발생하는 문제를 해결하기 위한 운영 지침서^{runbooks}, SOP^{Standard Operating Procedures} (표준 운영 절차) 또는 기타 메커니즘이 있다. 문제를 빨리 해결해야 할 때는 이런 것들이 효과적일 수 있지만, 근본 원인이 규명되지 않았을 경우에는 마치 배에 물이 새는 곳을 껌을 붙여 막는 것과 같다. 당연히 배는 물속으로 가라앉을 것이다.

데브옵스가 더 나은 방법을 제공할 수 있다

클라우드가 이 벽을 허무는 데 도움이 됐다. 클라우드로 인프라를 소프트웨어처럼 보이게 할 수 있기 때문이다. API 기반 특성을 통해 개발자들이 이해하는 코드로 인프라스트럭처를 처리할 수 있다. 모두가 인프라스트럭처에 훨씬 더 가까워졌기 때문에 운영은 당연히 더 중요한 요건이 된다.

한편, 소프트웨어가 서비스 형태로 점점 더 많이 판매되면서 고객은 당연히 지속적인 개선을 요구하게 된다. 여기저기서 발생하는 실수에 그러려니 할 수도 있겠지만, 그건 그런 실수들이 즉시 해결되고 다시 발생하지 않도록 유지하는 경우에만 그렇다. 이러한 변화에 맞추려면 고객과 의논 과정에서 자칫 놓칠 수 있는 실마리와 통찰을 위해 고객의 말을 경청할 필요가 있다. 여러분과 마찬가지로 고객들도 여러 가지 일로 많이 바쁘다. 그리고 고객이 여러분을 불렀다면 뭔가 불만이 있어서일 것이다. 고객과 대면하는 일은 새로운 것을 배울 수 있는 좋은 기회이기도 하지만, 여러분이 사용하는 용어를 그들이 이해할 수 있도록 하는 기회일 수도 있다. 이러한 통찰은 개발과 운영 사이에 장벽이 있을 경우 훨씬 더 어려워진다. 운영 팀은 땜질식으로 빠르게 보완을 해서 본질적 문제를 감추려고 할 수도 있고, 개발자는 안전망이 지나치게 많을 경우 운영 효율성에 대한 기준치를 낮추려고 할 것이다.

앞에서 설명한 모든 것이 기존의 IT 모델에서 벗어나 개발과 운영이 하나로 통합되는 데브옵스 문화로 나아가야 하는 이유다. 임원진이 데브옵스를 주도하는 조직에서 '구축한 것을 직접 운영'하는 핵심 원칙을 잘 실천했으면 한다. 조직이 얻을 수 있는 이점은 다음과 같다.

- **프로덕션 설계**: 구축한 것을 직접 운영한다면 개발 팀은 소프트웨어가 어떻게 운영될지 생각하고 설계를 하게 된다. 이렇게 하면 팀이 마감 일정을 지키려고 프로덕션 환경에 강제로 맞추는 과정에서 마지막 몇 분 동안 발생할 수 있는 대혼란을 피할 수도 있다. 실제로 이렇게 품질에 해가 되는 상황을 나는 수없이 봐왔다. 프로덕션과 개발 단계에서 차이를 해결하기 위해 배포 단계에서 급하게 무언가를 변경한다고 가정해보자. 그러면 관련 테스트를 (충분한 고민 없이) 생각나는 대로 할 것이고, 그러다 보면 나중에 이러한 변경사항들 때문에 시스템의 다른 어딘가에서 버그가 발생할 수 있다.

- **직원들에게 더 많은 자율성 부여**: 구축한 것을 직접 운영하는 방식은 오너십과 책임감을 더욱 북돋워준다. 또한 경험상 오너십과 책임감을 지닌 직원들이 자립심과 책임감도 더 강하며 심지어 조직 내에서 경력

면에서도 성장한다.

- **더 나은 투명성**: 개인 시간을 방해받고 싶은 사람은 아무도 없다. 누구든 긴급 호출을 받으면 애초에 이런 상황이 생기지 않도록 할 수 있는 건 무엇이든 할 것이다. 팀은 자연스럽게 시스템 환경의 투명성을 높이고 사전 모니터링을 해서 문제가 사방으로 퍼지기 전에 이슈를 파악할 수 있게 할 것이다. 문제가 발생하기 전에 먼저 찾아내는 것 외에도 이런 식으로 투명성을 통해 해결 중인 문제의 근본 원인을 더 쉽게 파악할 수 있을 것이다.

- **자동화 확대**: 개발자들은 반복적인 수작업을 싫어하기 때문에 문제 해결을 위해 프로덕션 단계에서 무언가를 반복해야 한다면, 근본 원인을 찾고 그 과정에서 세부 작업들을 자동화할 가능성이 높다.

- **운영 품질 향상**: 투명성과 자동화를 통해 팀의 효율성은 점점 더 좋아질 것이고 운영 우수성에 대한 기준도 계속해서 높아질 것이다.

- **고객 만족도 향상**: 구축한 것을 직접 운영하면 IT 팀은 고객에 대해 더 많은 것을 이해하게 된다. 그러한 지식은 더 이상 제품 개발 팀, 영업 팀에 국한되지 않을 것이며, 이러한 통찰력은 지속적인 제품 개선을 위해 엄청나게 유용할 수 있다.

이 외에도 많은 이점들이 있을 것이다. 여러분도 생각나면 꼭 알려주기 바란다.

31

엔터프라이즈 데브옵스:
데브옵스를 수행할 때 기대하는 것

원문(2015년 9월 11일):

http://amzn.to/what-to-expect-when-youre-devops-ing

> "경험은 창조할 수 있는 게 아니다. 반드시 겪어야만 얻을 수 있는 것이다."
>
> — 알베르 카뮈Albert Camus

여러분의 조직에서 데브옵스를 경험하게 되면 무엇을 기대할 것인지에 관한 얘기로 엔터프라이즈 데브옵스 시리즈를 마무리하려고 한다. 자동화, 고객 서비스 지향 IT, 구축한 것을 실행/운영하는 사고방식을 받아들인 조직에서 내가 경험했던 것, 봤던 것들이다.

여러분의 조직에서 데브옵스가 천천히 성장했으면 한다

데브옵스 문화를 구현하는 데는 많은 시간이 걸린다. 나는 모든 사람이 작게, 심사숙고해서 시작했으면 한다. 조직 내부에 변화의 영향도를 측정하고, 효과가 있는 건 수용하고, 효과가 없는 것에서는 교훈을 얻는다. 이러한 모든 것은 조직이 지속적으로 발전하는 문화로 성장하는 데 도움이 된다. 시작이 반이다. 여러분이 데브옵스 문화에 점점 더 익숙해질수록, 여러분의 조직이 직면할 수 있는 독특한 도전 과제들이 분명해질 것이고, 해결 방안도 생각보다 가까이 있을 것이다.

내가 다우 존스에서 데브옵스를 구현했을 때는 고작 4명으로 시작했고, 이후 매월 다른 IT 분야에서 한두 명의 멤버를 충원해 팀을 천천히 성장시켰다. 이를 통해 몇 가지 경험과 모범 사례를 구축하고 데브옵스를 적용하는 프로젝트의 수에 따라 확장할 수 있었다. 나는 여러분이 이것보다 훨씬 빨리 성장하려고 일부러 노력하지는 않았으면 한다. 느리면서도 의도적인 성장을 통해 여러분과 여러분의 팀, 그리고 이해관계자들과 함께 상황이 얼마나 빨리 변화할지에 대한 현실적인 기대를 설정할 수 있다. 또한 전체 비즈니스 이익에 비례해 리소스를 소비할 수 있게 해서 리소스 배분을 둘러싼 불필요한 사내 정치 구도를 파악하는 데 도움이 될 수 있다.

대략 18개월 동안 모범 사례, 자동화, 거버넌스 모델의 충분한 인벤토리를 구축했다고 느끼면서, 우리는 대부분의 인프라 리소스를 데브옵스 팀으로 이전하는 데 익숙해졌다. 이러한 변화에 대한 우리의 목표는 데브옵스 팀이 시간이 지남에 따라 쌓아온 경험을 이용해 회사 임직원들이 기존의 역할을 데브옵스 방식으로 하도록 하는 것이었다. 사람들의 일하는 방식은 하루아침에 급격하게 바뀌지 않았다. 하지만 그들은 우리의 모든 시스템을 관리하는 방식에 조금씩 변화를 주기 시작했다.

데브옵스를 어디에 어떻게 적용할지에 대해 열린 마음을 갖는다

데브옵스를 구현하고 경험을 쌓는 데 있어 만병통치약은 없다. 모든 조직은 제각각의 특징을 지니고 있다. 모든 것이 바뀔 필요는 없다. 무엇이 효과가 있고 무엇이 그렇지 않은지를 측정할 준비를 하라. 데브옵스 정신과 팀을 IT

의 모든 부문에서 비즈니스 이익과 연계할 수 있는 방법을 찾아보기 바란다. 업계에서는 데브옵스와 혁신 문화가 어떻게 제품 개발에 적용되는지 강조하곤 하지만, 나는 이러한 사례가 백오피스, 최종 사용자 컴퓨팅, 기타 IT 부문에 적용할 수 있는 것으로 생각해왔다. 여러분이 맡은 프로젝트의 유형에 대해 열린 마음을 갖는다면 여러분의 데브옵스 팀을 육성하고 그것이 어떻게 여러분에게 가장 잘 작용할 수 있는지를 이해하는 데 집중할 수 있을 것이다.

데브옵스 문화의 성숙도가 높아질수록 조직에 나타난 혜택은 다음과 같다.

- **지속적인 릴리스**: 데브옵스 문화는 더 자주 이뤄지는 작은 변화에 도움이 돼야 한다. 앞 장에서는 효율성 향상, 비즈니스 요구에 맞는 리소스 증가, 운영 효율성 향상과 같은 이점을 소개했다. 이 모든 것이 (내부, 외부 양쪽의) 고객에게 더 나은 경험으로 이어진다. 이러한 일이 발생할 경우 비즈니스 이해관계자의 기대치를 관리할 준비를 하되, 이러한 기대치보다 너무 앞서가지는 말기 바란다. 이해관계자들이 끊임없이 변화하는 제품이나 환경을 리스크로 볼 수 있다는 사실에 주의할 필요가 있다. 여러분이 이것을 책임감 있게 수행하는 데 필요한 메커니즘을 구축하고 증명하는 데는 시간과 성숙함이 필요할 것이다. 신뢰를 쌓는 것은 필수적이며, 새로운 일을 하기 위해 신뢰를 쌓으려면 시간이 걸린다. 혼자만 결승선을 통과하는 건 좋은 게 아니다.

- **전 세계적으로 분산된 애플리케이션**: 표준 시간대별로 비즈니스를 수행함에 따라 전 세계 여러 지역에 걸쳐 애플리케이션 규모가 커졌다/작아졌다 하는 것을 보는 것은 IT 임원으로서 가장 보람 있는 경험 중 하나다. 데브옵스 팀이 여러 지역에 걸쳐 일련의 리소스를 자동화하고 관리하는 방법을 이해하면 애플리케이션을 전 세계에 배포하는 일이 간단해질 것이다. 고객에게 더 가까이 서비스를 푸시하면 지연 시간이

줄어들어 시스템의 효율성과 비용 효율성이 향상되며, 당연히 고객을 만족시킬 수 있다. 데브옵스에 점점 더 숙달될수록 애플리케이션을 전 세계에 배포하는 일이 점점 더 쉬워질 것이다.

- **데이터 센터 마이그레이션**: IT 부서의 모든 업무는 비즈니스에서 도출돼야 한다. IT 임원이 기존의 IT 계획을 실제 비즈니스 사례로 만들 수 있을 때 그냥 IT 임원이 아니라 IT를 감독하는 비즈니스 임원으로서 입지를 굳히게 된다. 자동화 및 전 세계적으로 분산된 애플리케이션의 인벤토리를 사용해 데이터 센터의 일부 또는 전부를 클라우드로 마이그레이션할 수 있는 강력한 비즈니스 사례를 개발할 수 있다. 나는 2014년 한 해 동안 이런 현상이 일어나는 빈도가 점점 더 증가하는 것을 봤다.

나는 다우 존스에서 데브옵스 팀을 몇 달간 운영하면서 이러한 경험을 얻었다. 홍콩에 있는 데이터 센터의 임대 계약 만료까지 남은 기간이 몇 달밖에 없었기 때문에 인프라를 호스팅할 다른 곳을 빨리 찾아야 했다. 데브옵스 실무 경험과 클라우드 전문지식으로 충분히 강력한 추진력을 갖고 있다는 것을 느꼈는데, 한 걸음 뒤로 물러서서 다른 데이터 센터 업무에 자신을 가두는 것은 부끄러운 일이었을 것이다.

초기에 반발이 있었지만 팀은 파악한 모든 장애물을 잘 피할 수 있는 방법을 찾았고, 6주 만에 AWS로 데이터 센터 전체 마이그레이션을 완료했다. 이렇게 특이하다고 느낄 수 있는 배포 작업이 오늘날 우리가 마이그레이션을 완료했을 때와는 많이 다른 것처럼 보이지만, 시간이 갈수록 전문지식을 구축하고 기대치를 관리하면서 어떤 일이 일어나는지에 대한 훌륭한 증거로 남아 있다고 생각한다. 우리가 얻은 경험이 없었다면 이러한 마이그레이션은 성공할 수 없었을 것이다.

32

클라우드 기반 하이브리드 아키텍처에 대한 3가지 근거 없는 믿음

원문(2015년 3월 9일): http://amzn.to/3-myths-hybrid-cloud

> 어떤 다리를 건너야 할지, 어떤 다리를 불태워 없애야 할지
> 아는 것이 인생에서 가장 어렵다.
> — 데이비드 러셀David Russell

클라우드 서비스상에서 동작하는 여러 비즈니스 솔루션 개발을 리드하는 CIO로서 나는 하이브리드 클라우드에 대한 나만의 견해를 정립하기 시작했다. 몇 년 동안 대기업의 CIO, CTO와 많은 얘기를 나누면서 이 주제에 대한 나의 생각을 좀 더 구체화할 수 있었다. 하이브리드 아키텍처를 다룬 수많은 자료와 블로그도 읽었는데, 기업이 클라우드를 사용한 하이브리드 아키텍처의 모습을 공통적으로 이해했는지 나에겐 명확히 와닿지 않았다.

기업은 여러 가지 이유로 클라우드 기술을 받아들인다. 클라우드를 도입한 회사는 더 나은 기민성agility, 더 낮은 비용, 글로벌 시장 진출 기회 확보 등의 혜택을 얻는다. CIO와 얘기를 나누다 보면 상태가 별로 좋지 않은 비즈니스에서 좋은 비즈니스로 귀중한 리소스를 쏟을 수 있었다는 얘기로 귀결됐다. 예를 들면 인프라 관리로 인한 과중한 업무, 브랜드를 대표하는 제품, 서비

스의 개발 같은 것들이다.

대부분의 엔터프라이즈 IT 조직은 현재 운영 중인 인프라와 거버넌스를 구축했다. 이 인프라를 최대한 신속하게 클라우드로 마이그레이션하고 싶지만 의미 있는 클라우드 도입이 시간이 걸리는 여정임을 알고 있는 많은 CIO와 얘기를 나눴다. 클라우드 여정에서 기업은 시스템 가동 상태를 유지하면서 기존에 투자한 인프라를 최대한 활용할 방법을 필요로 한다. 엔터프라이즈 클라우드 전환에 대해 나는 기업들이 인프라를 AWS로 확장하기 위해 VPC와 다이렉트 커넥트^{Direct Connect}를 어떻게 사용하는지 설명했다. 이러한 하이브리드 아키텍처가 가장 합리적이라고 생각한다. 아울러 많은 기업이 클라우드의 이점을 극대화하기 위해 이러한 단계를 따르고 있다고 본다.

이 외에도 하이브리드에 대해 다소 난해한 얘기들이 있다. 처음에 들어보면 그럴듯하다고 믿지만 더 깊게 파악하고 나면 받아들이기 어려운 3가지 근거 없는 믿음이라고 생각하게 된다. 다음을 보자.

오해 1: 하이브리드 클라우드는 영구적 종착지다. '영구적'이란 단어는 이 관점을 설명하기에는 어감상 너무 강하다. 엄청난 규모의 레거시 시스템을 운영해 온 대기업들은 몇 년 동안 시스템을 하이브리드 아키텍처로 운영할 것이다. 조직마다 클라우드 여정은 차이가 있을 것이고, 각자에게 편안한 속도로 전환을 진행할 것이다. 그럼에도 많은 회사가 먼 훗날 여전히 자체 데이터 센터를 운영하진 않을 거라 확신한다. 아마 3년 이상 걸리겠지만 오래 걸려도 15년 미만일 것이다. 이러한 클라우드 전환을 가속화하기 위해 작용하고 있는 요인으로 적어도 다음 4가지가 있다.

1. **클라우드 공급업체가 달성하는 규모의 경제는 클라우드 도입과 함께 계속 성장하고 있다.** 이러한 혜택은 어떤 식으로든 클라우드 소비자에게 이익이 될 것이다.

2. 클라우드 기술에서 오는 혁신의 속도는 전례가 없을 정도로 빠르다. AWS는 새로운 서비스 및 기능을 2014년 516개, 2015년 722개, 2016년 1,017 개 출시했다.

3. 기업이 비즈니스를 운영하기 위해 의존하는 기술(이메일, 생산성, 인사관리HR, CRM 등)이 점점 클라우드 기반으로 동작하도록 개발되고 있다.

4. 기업의 클라우드 마이그레이션을 지원하는 기술과 비즈니스의 수가 급격히 증가하고 있다. 자세한 내용은 AWS 마켓플레이스 및 AWS 파트너 네트워크를 확인하기 바란다.

오해 2: 하이브리드 클라우드를 통해 자체 인프라와 클라우드 간에 애플리케이션을 원활하게 이동할 수 있다. 표면적으로는 매력적으로 보일지 모르지만, 이 전제에는 근본적인 결함이 있다. 회사 내부 인프라와 클라우드의 기능이 동일하다고 가정하는 것이다. 물론 많은 회사가 사내 인프라 관리 역량을 충분히 갖추고 있다. 동시에 기업들은 진정한 의미의 탄력성, 보안 강화, 종량 요금제pay-as-you-use, 지속적인 혁신 등 데이터 센터에는 없는 특징과 기능을 위해 클라우드로 이동하고 있다. 그러나 데이터 센터와 클라우드 양쪽에서 애플리케이션이 원활하게 작동하려면 아키텍처는 최소한의 공통 분모 기능으로 제한될 수밖에 없다.

오해 3: 하이브리드를 사용하면 여러 클라우드 공급업체들 사이에서 애플리케이션을 원활하게 중개할 수 있다. 여기에는 미묘한 뉘앙스의 차이가 있다. 기업들은 비즈니스 요구사항을 충족하기 위해 다양한 클라우드 솔루션을 사용하고 있다. 여기에는 일반적으로 인프라 서비스뿐만 아니라 회사의 데이터 센터가 아닌 다른 곳(거의 AWS)에서 실행되는 패키지 솔루션도 포함된다. 이건 어찌 보면 너무 당연한 얘긴데, IT 임원들은 해결하려는 문제를 살펴보고 제약 조건을 감안해 가장 잘 해결할 수 있는 도구를 선택해야 하기 때문이다.

내가 두려워하는 것은 기업들이 여러 클라우드 제공업체의 클라우드 환경에서 동작하는 단일 애플리케이션을 설계하려는 함정에 빠질 때다. 사실 왜 엔지니어들이 이런 유혹에 끌리는지 이해가 간다. 여러 클라우드에서 잘 돌아가도록 만드는 것이 대단한 성과이기 때문이다. 하지만 안타깝게도 이러한 노력은 클라우드 전환을 통해 생기는 생산성 향상 부분을 잠식해버린다. 결국 원점으로 되돌아간다는 얘기다. 이제는 인프라를 자체적으로 관리하는 대신 여러 클라우드 제공업체들의 미묘한 차이를 관리하자. 오해 2와 마찬가지로, 이렇게 하면 공통 분모 부분을 최소한도로 제한하게 된다.

아울러 클라우드 제공업체가 계속 정직하게 서비스를 제공하도록 하고, 단일 업체에 종속되는 것을 피하기 위해 기업이 이와 같은 과정을 따를 수도 있다. 반대로 중요한 클라우드 제공업체 중 한 곳을 잃을 수도 있다는 위험성에 대해서도 논의한 결과 클라우드 컴퓨팅 업계의 향방이 가혹한 비즈니스 전술이 될 가능성은 없을 듯하다. 대신 이러한 우려를 완화할 수 있는 더 나은 방법이 있다고 본다. 잘 알려진 자동화 기법을 사용해 애플리케이션을 설계하는 기업은 시스템 환경을 안정적으로 복제할 수 있을 것이다. 이러한 모범 사례를 통해 클라우드의 탄력성을 활용할 수 있을 뿐만 아니라 애플리케이션과 인프라를 분리할 수 있다. 불가피하게 다른 클라우드 공급업체의 환경으로 옮기더라도 부담이 적어진다.

기술 선택에는 늘 어려움이 따르며 종종 완벽하지 않을 수도 있다. 하지만 하이브리드 아키텍처를 만들 때는 그럴 필요가 없다.

33

하이브리드 클라우드 아키텍처에서 문제를 해결했던 순간

원문(2016년 6월 2일): http://amzn.to/hybrid-cloud-moment

클라우드를 이용해 비즈니스에 가치를 전달하는 방식을 바꿔나가고 있는 임원들을 나는 매주 몇 명씩 만난다. 클라우드를 시작하려는 계기는 다양하지만 이들과의 대화에서 일관성 있게 언급되는 사안은 클라우드를 통해 핵심 비즈니스에 더 많은 리소스를 투입하고 더 빠르게 움직이며 보안 수준을 더 높일 수 있다는 것들이었다.

이런 변혁은 하루아침에 일어나지 않기 때문에 그 과정을 흔히 여정이라고 한다. 이 기간 동안 기업은 비즈니스를 계속 운영하기 위해 기존 IT 자산을 운영해야 한다. 내가 얘기하는 대부분의 기업은 IT 포트폴리오의 일부 또는 전체를 클라우드로 마이그레이션하는 과정에 있지만, 클라우드가 한다면 전부 다 하고, 아니면 아예 안 하는 식의 가치 제안이 아니라는 사실도 깨달았다. 각 기업이 이를 인식함에 따라 회사 내부 IT 자산을 클라우드와 연결하고 오랜 시간에 걸쳐 이를 통해 IT 포트폴리오의 상당 부분을 클라우드로 마이그레이션할 수 있게 됐다.

앞 장에서 클라우드의 하이브리드 아키텍처에 관한 3가지 오해를 설명했는데, 이 글을 쓰는 지금도 임원들과 하이브리드 클라우드 아키텍처를 얘기하면서 이 문제를 접하곤 한다. 여러분이 여전히 조직의 하이브리드 클라우드 아키텍처 관점을 정립하는 중이라면, 이러한 근거 없는 믿음에 대해 내가 언급한 것들을 잘 생각해보기 바란다.

이제 내가 다우 존스에서 CIO로 근무할 당시 하이브리드 클라우드 아키텍처를 처음 구현할 때 나와 우리 팀이 경험한 문제 해결의 순간을 함께 알아보자.

하이브리드 클라우드에서 문제의 순간

2012년, 나의 직장 상사(이후 다우 존스 CEO를 역임)가 한 가지 가설을 세웠다. 무엇인고 하니 우리 모두가 '다우 존스의 대표적인 B2C 상품 중 하나인 「월스트리트저널」의 모든 구독자가 전 세계 자산의 상당 부분을 보유하고 있고, 다우 존스 B2B 상품인 팩티바와 다우 존스 뉴스와이어스의 모든 구독자가 전 세계 자산의 상당 부분을 관리한다면, 우리는 서로 연결하고 소통할 수 있는 메커니즘을 제공함으로써 가치 있는 플랫폼을 만들 수 있을 것이다'라는 것이다.

우리는 사전 준비도 없이 바로 시작했고 빨리 움직이고 싶었다. 이와 같은 개념을 실제로 구축하기 위해 엔지니어와 설계자로 구성된 작은 팀을 만들고, 그들에게 원하는 어떤 도구든 자유롭게 선택할 수 있게 했다. 6주 후 오픈소스, 자동화 도구, AWS 서비스 등을 가지고 모두들 열심히 작업한 덕분에 재해에 영향을 받지 않는 고가용성 애플리케이션을 가동하고 실행하게 됐다. 비즈니스에 기술을 제공할 수 있는 이러한 새로운 능력은 일종의 '영웅' 프로젝트hero project가 됐고, 우리 팀과 임원급 이해관계자들이 클라우드 여정에 참여하는 데 많은 도움이 됐다.

이 애플리케이션을 더 많은 제품에 통합하면서 일부 내부 전용 ID 관리 시스템과도 통합할 필요가 있음을 알게 됐다. 이러한 시스템들 중 일부는 인터넷에 노출되지 않기 때문에 인터넷의 AWS상에서 실행되는 애플리케이션에서는 접근할 수 없었다.

네트워킹, 인프라 및 개발 팀의 엔지니어들은 이 문제의 해결책을 찾기 시작했다. 연구 조사 결과 아마존 VPC를 활용해 내부 IP 주소 공간 내에 가상 네트워크를 만들고 애플리케이션을 VPC 내부에 배치할 수 있다는 사실을 알게 됐다.

AWS 문서를 읽고 AWS 보안 그룹과 회사 내부 방화벽의 규칙을 통합해 어떻게 관리할지 결정한 후 팀은 이 작업을 실행에 옮겼다. 불과 45분도 안 걸려서 VPC를 생성하고 퍼블릭 인터넷에서 운영하던 인스턴스의 스냅샷을 만들고, 내부 서브넷의 IP 주소를 할당받은 VPC 내에 있는 인스턴스를 가져와서 인바운드 트래픽을 새로운 인스턴스에 라우팅하고, 인스턴스에서 내부 ID 시스템으로 연결을 가능하게 했다. 이를 통해 마이그레이션을 완료했다.

우리는 전체적인 작업이 너무나 간단해서 놀라지 않을 수 없었을 뿐만 아니라 클라우드에 구축된 시스템으로 기존의 레거시 시스템을 개선하고 확장할 수 있다는 기회가 있다는 사실에 더욱 놀랄 수밖에 없었다.

이후 몇 년 동안 (CCoE라고도 하는) 데브옵스 팀은 VPC 생성, 거버넌스를 몇 가지 참조 아키텍처로 자동화했고 프로젝트에서 배운 내용을 코드화했다. 간단하면서도 강력한 이 전략을 바탕으로, 우리는 하이브리드 아키텍처 모델을 사용해 기존 시스템 전부를 한꺼번에 마이그레이션하지 않으면서도 클라우드에 기존의 모든 시스템을 구축하고 강화할 수 있었다.

그 이후로, 앞에서 얘기한 문제 해결 순간을 경험한 많은 임원과 이야기를 나눴다. 기존 인프라를 모두 폐기하지 않으면서도 클라우드를 활용할 수 있다는 사실을 알게 되면 여러 가지 가능성이 열린다. 이를 통해 팀은 새로운 것을 배우고, 기존 투자/감가상각 일정에서 벗어나, 클라우드의 탄력성, 민첩성, 보안 및 비용 특성을 활용할 수 있다.

하이브리드 아키텍처를 구축하면서 문제 해결의 순간을 경험해본 적이 있는가? 나에게도 꼭 알려주기 바란다!

34

클라우드 퍼스트는 어떤 모습일까?

원문(2016년 7월 5일): http://amzn.to/what-does-cloud-first-look-like

> "여러분이 찾을 수 있는 최고의 인재를 영입하고 그들에게 권한을 위임하라.
> 그리고 판단하고 결정한 대로 잘 진행되고 있으면 절대 간섭하지 마라."
> – 로널드 레이건^{Ronald Reagan}

변화는 어렵다. 조직이 커지고 복잡해질수록, 특정한 방식으로 일을 하는 데 익숙해질수록 변화는 더욱 어려워진다. 그럼에도 불구하고 변화는 항상 찾아온다. 더욱이 포춘 500대 기업 중 매년 20~50개의 회사들이 사라지는 걸 보면 힘들어도 긴장의 끈을 결코 늦춰선 안 된다는 생각이 든다.

2부에서는 클라우드를 사용해 스스로를 재창조하는 것을 두려워하지 않는 조직이 채택한 7가지 모범 사례를 소개했다. 이러한 관행은 형태, 업종, 규모에 관계없이 모든 기업이 기술을 사용해 비즈니스를 지원하고 경쟁력을 유지하는 방식을 바꿀 수 있도록 돕는다. 또한 이러한 사례를 통해 기업의 수많은 기술 임원들은 비즈니스에서 가장 중요한 다른 기업과 차별화하는 제품과 서비스에 리소스를 투자할 수 있을 뿐만 아니라 이를 더 빠르고 안전하게 수행할 수 있는 영웅이 됐다.

조직 내에서 이러한 변화의 가속도를 높이려는 많은 임원진은 조직 내 모든 기술 프로젝트에 대해 "왜 클라우드를 사용해야 하는가?"에서 "왜 클라우드를 사용하면 안 되는가?"로 정당성의 관점을 완전히 바꾸기 위해 클라우드 퍼스트 정책을 수립하고 있다.

클라우드 퍼스트 정책 선언은 이 시리즈에서 다룰 마지막 모범 사례다. 또 클라우드 퍼스트에 관한 일반적인 질문도 이 장에서 다뤄볼까 한다.

클라우드 퍼스트 정책을 선언하는 조직은 어디에 있는가?

이 정책을 개별 사업부에 적용하는 임원도 있고, 전체 조직에 걸쳐 적용하는 임원도 있다. 그 범위는 종종 각 사업부의 경험, 목표, 제약에 따라 다르다. 예를 들어, GE는 많은 사업 부문이 서로 독립적으로 운영될 뿐만 아니라 일부 사업부의 클라우드 여정 속도가 다른 사업부에 비해 훨씬 빠른 고도로 분산된 조직이다. GE 오일 & 가스는 클라우드 여정을 잘 거쳐왔고 클라우드 퍼스트 운영 모델을 활용하고 있으며 나머지 사업 부문의 클라우드 여정은 근소한 차이로 따라가고 있는 상황이다. 반면에 캐피털 원은 전체 비즈니스에 걸쳐 클라우드 퍼스트를 실현하고 있다.

클라우드 퍼스트 정책을 누가 관리하는가?

클라우드 퍼스트 정책이 조직 전체에 적용되면 중앙의 IT/기술 사업부 외에도 많은 사업부서에 영향을 미치게 된다. 구매, 법무, 재무, 사업 개발, 제품 등의 사업부는 모두 클라우드 퍼스트 정책을 현실화하는 데 기여할 수 있다. 이러한 사업부들이 클라우드 기술 벤더들을 활용해 어떻게 업무를 해나가면 되는지 더 많이 알수록, 그리고 조직이 클라우드를 활용하려고 하는 이유

(비즈니스에 중요한 것에 더 집중하기 위해)를 더 많이 파악할수록 조직이 클라우드 퍼스트 결정을 내리도록 이끄는 데 있어 좀 더 적극적인 역할을 수행할 수 있다.

내가 다우 존스의 CIO로 있는 동안 우리 팀과 나는 클라우드 퍼스트 정책을 수립했다. 우리가 가장 먼저 한 일 중 하나는 하드웨어 관련 비용 요청을 하이라이트하기 위해 재무 부서와 함께 결제 라인을 만드는 것이었다. 클라우드 역량을 활용하는 대신 하드웨어를 구매하려는 모든 부서는 구매 주문서의 승인을 받으려면 원하는 작업을 클라우드에서 할 수 없는 이유를 설명해야 했다. 우리의 의도가 얼마나 진지한지 이해하는 데는 많은 에스컬레이션이 필요 없었다. 시간이 흐르면서 법무, 구매, 상품 사업부도 우리와 비슷한 질문을 하기 시작했다.

클라우드 퍼스트 조직 선언은 언제 하는가?

2015년 9월 이 모범 사례 시리즈를 처음 시작하면서 클라우드 정책은 조직이 클라우드를 비즈니스에 사용한 경험이 많이 쌓인 후에야 나온다는 걸로 종합 정리를 하려고 했었다. 이것이 다우 존스에서 내가 경험한 것이었다. 하지만 그 후로 나는 수백 명의 임원들을 더 만났고, 그들을 통해 많은 조직이 경우에 따라서는 경험을 제대로 쌓기도 전에 클라우드 퍼스트 정책을 세우려고 한다는 걸 알게 됐다.

몇몇 조직의 경우 비즈니스 사례가 너무 좋아서 클라우드 퍼스트에 대한 확신을 얻으려고 몇 년간 경험을 쌓아야 한다는 데 별로 공감이 안 된다고 하기도 한다. 나와 함께 일하고 있는 포춘 100대 기업 중 하나는 개발자들이 AWS 환경에 대한 충분한 교육을 바탕으로 AWS 환경에서 일할 경우 최소 50% 이상의 생산성 향상이 이뤄진다고 믿고 있다. 이 조직에는 2,000명 이상의 개발자가 있으며 클라우드 마이그레이션과 클라우드 퍼스트 노력에 의해 연간 1000+ 맨데이person-day의 효과를 얻을 수 있다. 이 내용은 정말 매력적이었다. 그래서 이 조직은 클라우드 퍼스트 방식으로 클라우드 여정을 시작했다.

감각적으로 관리하기

나와 함께 일해본 사람이라면 꼭 필요하지 않은 한 하향식 정책을 별로 좋아하지 않는다는 걸 알 것이다(개인적으로는 그랬으면 좋겠다). 그러나 하향식 정책을 가끔씩 사용하면 리더들이 행동의 변화를 만들고, 변화의 가속도를 높이며, 모든 사람이 조직의 우선순위가 무엇인지 이해하는 데 도움이 된다는 사실을 알았다. 잘 실행된 정책에는 조직이 정책을 이해하고, 정책의 이면에 있는 근거, 그리고 그것이 그들의 역할에 어떤 영향을 미칠지 이해하는 데 도움이 되는 철저한 커뮤니케이션 계획이 수반된다. 좋은 리더가 훌륭한 리더가 되기 위해 의사소통은 매우 중요한 요소 중 하나다.

3부

다른 의견 / 다른 관점

앞에서 보았듯이 나는 수백 명의 기술 임원 및 AWS 파트너와 함께 클라우드가 그들에게 어떤 영향을 끼쳤는지에 대해 얘기를 나눴다. 3부에는 대규모 클라우드 전환 과정에서 문화의 중요성을 보여주는 실제 사례들을 담았다. 브라이언 랜더만Bryan Landerman (콕스Cox 자동차 최고기술책임자CTO), 테렌 피터슨Terren Peterson (캐피털 원의 Retail & Direct Bank 사업부 플랫폼 엔지니어링 부사장), 폴 한난Paul Hannan (SGN의 CTO), 내티 구르Natty Gur (프리드킨 그룹Friedkin Group의 부사장 겸 CIO), 뉴욕 공립 도서관의 제이 하크Jay Haque 등 비즈니스 및 기술 분야에서 가장 진취적인 임원들이 자신의 경험을 직접 소개한다.

그뿐 아니라 조나단 앨런Jonathan Allen, 필 포틀로프Phil Potloff, 일리야 엡스테인Ilya Epshteyn, 조 청Joe Chung, 토마스 블러드Thomas Blood, 미리엄 맥레모어Miriam McLemore, 마크 슈워츠Mark Schwartz 등 AWS 핵심 인재들의 견해와 경험도 이 장에 함께 담았다. 이들과 함께 일할 수 있어 너무나 행복하고 감사할 따름이다. 이들은 세계에서 가장 크고 유명한 조직과 기업에서 트랜스포메이션을 주도해왔다.

AWS 엔터프라이즈 컬렉션Enterprise Collection[1]의 정기 독자였던 분들에겐 뒤에서 소개할 내용이 이미 본 것들일 수도 있다.

끝으로, 이렇게 훌륭한 리더들의 의견을 한꺼번에 담을 경우 내용이 엉망이 될 것 같았다. 그래서 이들의 다양한 관점이 잘 유지될 수 있도록 각자의 생각과 의견을 따로따로 소개했다. 이를 통해 여러분이 리더들의 통찰과 지성을 명확히 파악하고 혁신을 위해 이러한 지식과 경험을 잘 적용할 수 있으리라 생각한다.

앞으로도 여러분 겪은 새로운 경험을 더 많이 들었으면 한다. 좋았던 것, 안좋았던 것 모두 다 너무나 소중한 것들이다. 꼭 알려주시기 바란다. 나중에 이 책의 개정판을 낼 때 함께 쓰는 것도 의논하고 싶다. 모든 사람은 다른 이의 경험에서 많은 것을 얻는다!

---

1   https://medium.com/aws-enterprise-collection

35

SofA를 통한 캐피털 원의 클라우드 여정

– 테렌 피터슨 / 캐피털 원의 Retail & Direct Bank 사업부 플랫폼 엔지니어링 부사장

원문(2017년 4월 5일): http://amzn.to/capital-one-cloud-journey

"새로운 해결책을 적용하려 하지 않는 자는 새로운 재앙이 닥칠 것을 각오해야 한다.
시간은 가장 위대한 혁신가이기 때문이다."
– 프랜시스 베이컨 Francis Bacon

지난 몇 년간 나는 운 좋게도 많은 조직에서 대규모 문화적 변혁[1]을 이끌고 있는 수백 명의 진취적 마인드를 지닌 임원진들과 함께 일할 수 있었다. 그저 훌륭한 리더가 아닌 수많은 임원진들이 매력적으로 느낄 만큼 멋진 문화를 구축한 기업들을 생각해봤을 때 아마도 캐피털 원보다 더 좋은 사례가 있을까 싶다. 대규모 클라우드 마이그레이션을 성공적으로 이끌면서 이 과정에서 무엇이 필요한지 나에게 많은 것을 가르쳐준 캐피털 원 태런 피터슨이 자신의 경험담을 소개해준 것에 큰 감사의 마음을 표한다.

◆ ◆ ◆

캐피털 원의 클라우드 여정에 관한 글을 부탁받았을 때, AWS와 함께 혁신을 만들어나가는 과정에 캐피털 원의 엔지니어 수천 명이 각자 맡은 역할을 했음을 생각하면 이건 나에게 일종의 특혜가 아닌가 하는 생각이 들었다.

---

1   http://amzn.to/culture-eats-strategy-for-breakfast

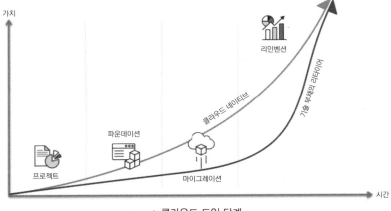

▲ 클라우드 도입 단계

지난 몇 년간 우리의 클라우드 여정을 돌아봤을 때, 나는 스티브이 작성한 SofA 방법론을 사용하고 있었다. 이것은 클라우드 여정의 진행 과정을 추적할 수 있는 주요 이정표를 제공하기 위해, 몇 년간 많은 노력을 기울인 결과를 집대성한 매우 훌륭한 체계라고 생각한다.

캐피털 원은 미국 최대 은행 중 하나이며 소비자와 기업을 위한 신용카드, 수표 및 예금 계좌, 자동차 대출, 보상, 온라인 뱅킹 서비스를 제공한다. 2016년, 우리는 미국에서 가장 혁신적인 비즈니스 기술 사용자 순위인 인포메이션위크 엘리트InformationWeek Elite 100의 정보 부문 1위에 올랐다.[2]

우리는 거의 모든 AWS 서비스를 사용하고 테스트하고 있다. 아울러 AWS re:Invent 같은 행사에서 배운 것들을 열심히 공유할 뿐만 아니라 클라우드 커스토디언Cloud Custodian 같은 오픈소스 프로젝트를 통해 우리가 만든 도구를 공유하기도 한다.[3]

---

2 http://www.informationweek.com/2016-informationweek-elite-100-winners/d/d-id/1325060

3 https://github.com/capitalone/cloud-custodian

1단계: 프로젝트

2013-14년 우리는 '실험 단계'라는 것으로 퍼블릭 클라우드 전환을 시작했으며, 이노베이션 랩스innovation labs[4]를 만들어 AWS를 활용해 기술과 운영 모델을 테스트했다. 이러한 초기 단계에서, 우리는 기술을 다루는 사람은 몇 명으로 제한했고 조직을 대상으로 교육을 하는 것도 최소화했다. 참여한 사람들은 동기부여가 매우 강한 소프트웨어 엔지니어들이었고 그들 중 몇몇은 우리 회사에 입사하기 전에도 이미 AWS를 잘 알고 있었다.

이노베이션 랩스는 새로운 애플리케이션 개발 외에도 새로운 제품과 서비스 도구의 타당성을 검증하기 위해 작은 규모로 실험 환경을 만드는 데 초점을 맞춰 시작하기에 가장 알맞은 장소였다. 인프라 설치 공간이 작기 때문에 다양한 보안 도구와 외부적으로 프로세스와 방법이 어떻게 다른지 테스트할 수 있었다.

이노베이션 랩스에서 실험을 성공적으로 마친 후, 보안 모델, 인프라를 즉각 프로비저닝할 수 있는 능력, 피크 시간에 구매 수요를 처리할 수 있는 탄력성, 고가용성, 혁신의 속도 등을 바탕으로 우리는 퍼블릭 클라우드를 계속 사용하는 게 좋겠다는 결론을 내렸다.

2단계: 파운데이션

2015년으로 넘어오면서, 우리는 AWS 풋프린트에 개발 환경과 테스트 환경을 추가했고 첫 번째 운영 환경 배포를 할 수 있었다. 이를 통해 서비스에서 전문성을 필요로 했던 기술 관계자의 양적 증가에 큰 진전을 이룰 수 있었고, 전문지식을 어떻게 확산하면 좋을지에 대해서도 큰 영향을 끼쳤다.

---

4 http://www.capitalonelabs.com/

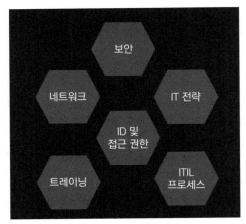

▲ 캐피털 원의 클라우드 여정에서 파운데이션 구성요소들

또한 가상 네트워크를 AWS 데이터 센터로 확장하기 위해 다이렉트 커넥트 Direct Connect 같은 서비스를 사용하기 시작하면서 투자 기간이 시작됐다. 온프레미스 환경과 AWS 북미US 리전 간에 원활한 환경을 만들기 위해 액세스 관리 도구를 통합하는 노력이 필요했다. 이로써 애플리케이션 제공 프로세스의 마찰을 줄이고, 모든 새로운 애플리케이션을 클라우드 퍼스트 인프라 접근 방식으로 전환할 수 있었다.

이 기간 동안 AWS의 프로페셔널 서비스, 테크니컬 어카운트 매니저, 솔루션스 아키텍트, AWS 서비스 팀 등 여러 그룹과 긴밀하게 협력해 클라우드 엔지니어링 패턴을 구축했다.

클라우드 경험이 있는 사람들에 대한 수요가 점점 늘면서 우리는 CCoE Cloud Center of Excellence를 세워야 한다는 걸 분명히 알게 됐다. CCoE는 회사 내부 프로젝트에서 모범 사례와 배울 점들을 파악하고 교육 커리큘럼을 만드는 것을 1차 목표로 세웠다. 여기에는 얼마나 많은 직원이 교육을 받았는지, AWS 공인 자격증 프로그램을 통해 전문지식을 쌓았는지 등을 정량화하기 위한 지표와 목표 수립도 포함됐다.

3단계: 마이그레이션

2015년 AWS re:Invent에서 우리는 2014년 8개였던 데이터 센터를 2018년까지 3개로 줄여서 AWS 경쟁력을 강화하겠다는 야심 찬 목표를 대외적으로 발표했다. 클라우드를 활용해 인프라를 간소화하고 비용 절감 효과를 비즈니스에 다시 반영하는 목표를 달성하기 위해 조직을 결집시켰다.

이러한 규모의 작업을 수행하려면 CCoE에서 육성하고 있는 인재를 지속적으로 활용하는 광범위한 노력이 필요하다. 이 시점에서 우리는 AWS 사용 방법을 수천 명의 엔지니어에게 교육했고, AWS 공인 솔루션스 아키텍트, 디벨로퍼 자격증을 수백 명이 취득했다.

애플리케이션 마이그레이션의 일환으로, 우리는 대상 규모에 알맞게 마이그레이션 작업을 처리하기 위한 프로세스와 패턴 개발을 돕기 위해 AWS, AWS 파트너사와 함께 지속적으로 작업을 수행했다. 우리는 애플리케이션을 6R(6장 참조)에 할당하는 AWS에서 만든 마이그레이션 패턴을 적극적으로 사용했다. 예를 들어, 변경 부분은 상대적으로 적고 리프트 앤 시프트 전략이 더 많이 필요한 경우 '리호스팅'이 적합하다. 반면 대규모 투자가 필요한 경우는 '리플랫폼' 또는 '리아키텍팅'이 적절하다. 한편 여기에는 커널 및 JVM 업그레이드를 수행하는 것, Amazon SQS 또는 Amazon RDS처럼 애플리케이션 내에서 더 많은 클라우드 네이티브 오퍼링을 사용하는 것이 공통적으로 포함되어 있다.

4단계: 최적화

AWS 풋프린트가 증가할수록, 우리는 구축 작업을 자동화해 비용을 최적화하고 속도를 개선할 수 있는 방법을 지속적으로 모색했다. 최적화 작업 중 일부는 각 애플리케이션에 할당된 인프라를 '조정'하는 것이다. 미사용 부분이 파악된 EC2 인스턴스 크기를 점진적으로 줄이고 리눅스 배포 버전을 변경하면 비용을 크게 줄일 수 있다. 이를 통해 클라우드로 옮기기 위한 비즈니스 가치를 높일 수 있을 뿐만 아니라 자동화, 툴링 면에서 다른 인프라를 개선하기 위한 정당성도 확보할 수 있다.

이 밖에도 최적화를 위한 활동으로 서버리스 모델을 사용하기 위해 기존의 플랫폼을 좀 더 과감하게 리팩토링하기도 한다. 우리도 현재 이러한 패턴으로 전환하고 있는 몇 가지 핵심 애플리케이션이 있다. 또 소프트웨어 엔지니어들이 처음 CCoE에서 했던 것처럼 새로운 서비스를 사용할 수 있도록 하기 위해 애자일 팀을 구성했다. 서버리스의 가치에 대한 자세한 내용은 https://medium.com/capital-one-developers/serverless-is-the-paas-i-always-wanted-9e9c7d925539에서 확인하기 바란다.

AWS 서비스의 성장 속도가 엄청나다는 걸 감안했을 때, 우리는 최적화 단계에 지속적인 노력이 있을 것으로 기대한다. 왜냐하면 신규 AWS 서비스를 검증하는 것뿐만 아니라 우리의 애플리케이션 포트폴리오를 매핑하기 위한 엔지니어링 리소스를 필요로 하기 때문이다. 아울러 추가로 데이터 센터를 폐쇄하고 더 큰 AWS 풋프린트로 옮길수록 더 많은 리소스를 할당할 수도 있다.

36

콕스 오토모티브의 로드맵 여정: 클라우드에 대한 가속화

– 브라이언 랜더만 / 콕스 자동차 최고기술책임자[CTO]

나의 경험과 클라우드 여정, 그리고 우리가 무엇을 배웠는지 설명하기 전에, 우리가 누구이며 어디서부터 시작했는지 얘기하고자 한다.

회사 소개

콕스 오토모티브[Cox Automotive 1]는 맨하임[Manheim]의 오프라인 및 온라인 경매부터 오토트레이더[Autotrader 2] 및 켈리블루북[Kelley Blue Book 3]에 이르기까지, 또 판매 대리점 웹사이트와 서비스 스케줄링, 그리고 ERP, CRM, BI 같은 운영 소프트웨어, 자동차 부품 등 모든 면에 걸쳐 자동차 업계에 소프트웨어와 서비스를 제공하는 선도적인 업체다. 인수, 합병한 기업을 포함해 총 40여 개의 회사로 구성되어 있으며, 전 세계에 글로벌 풋프린트와 34,000명의 직원을 보유하고 있고, 북미 지역 기준 15개 이상의 엔지니어링 부지와 52개 이상의 데이터 센터가 있다.

인수, 합병에 의한 성장은 여러 가지 흥미로운 역학 관계로 이어질 수 있다.

---

1   https://www.coxautoinc.com/future-cox-automotive/

2   https://www.autotrader.com/

3   https://www.kbb.com/

엔지니어링의 경우 아이시리즈 iSeries, 오라클 DB Oracle DB, 오라클 엑사데이터 Oracle Exadata, IBM 데이터파워 DataPower, 닷넷 .Net, 자바 Java, 파이썬 Python 에서 동작하는 IBM RPG Report Program Generator 가 있으며, 메사추세츠 종합 병원 유틸리티 멀티프로그래밍 시스템도 섞여 있음을 의미한다. 아쉽지만 이는 전체에서 극히 일부일 뿐이다. 즉, 우리는 다양한 문화, 기술, 기술을 갖고 있다. 하나의 크고 행복한 가족 같은 조직이지만, 클라우드 전환은 복잡하고 오늘날 다른 많은 기업이 직면하고 있는 것과 크게 다르지 않다.

어떻게 시작했는가

우리가 어디서부터 시작했고 무엇이 오늘날 우리가 있는 곳으로 이끌었는지 곰곰이 생각할수록, 지나고 나서 보니 모든 것이 명확해지는 것 같다. 우리는 작게 시작해서 일찍 성공을 경험했다. 그 성공을 통해 무언가를 배울 수 있었고 계속해서 클라우드를 도입할 수 있는 충분한 자신감을 만들어냈다. 우리의 풋프린트 footprint 와 관심은 증가했지만 특정 솔루션에 대한 마이그레이션 비용 분석이 재무 측면에서 타당성을 얻지 못하면서 중단되기 시작했다. 예를 들어, Autotrader.com을 위한 재해 복구 DR, disaster recovery 사이트와 동일한 기준을 가지고 NFL 슈퍼볼 중계 트래픽의 2배에 해당하는 하드웨어를 프로비저닝해야 했지만, 마이그레이션 비용 지출이 이득에 비해 더 컸다. 접근 방식과 가격 모델의 진화에 따른 상황에서 작업을 잠시 멈췄지만, 클라우드가 우리의 미래라는 사실을 알고 있었다. 그래서 CCoE의 툴링과 구축에 계속 투자하고 준비했다.

2015년 말과 2016년 초, 우리는 마이크로소프트 애저 Azure, AWS, 구글 클라우드, 피보탈 클라우드 파운드리 Pivotal Cloud Foundry 를 조사했다. 우리는 기술 역량, 대화, 기술 및 제품의 통합에 우선순위를 두기로 결정했으며, 최소한 당시에 예외적으로 특수한 업무를 제외한 모든 업무에 대해 단일 클라우드 제공업체를 선택하게 됐다. AWS를 우리가 앞으로 나아갈 길이라고 결정하고, 우리 팀들에게 "(당연히 도입해야 한다는 의미로) 왜 AWS를 도입하면 안 되는가?"라고 물어보는 것으로 시작했다. 우리는 대규모 마이그레이션을 할 준비가 되진 않았지만, 팀의 분열을 막아야만 우리의 전략이 나타날 때가 온다는 사실을 알고 있었다. 각 팀에게 AWS가 옳은 선택이라고 가정해달라고 요청했고, 그들이 다른 경로를 밟기 전에 AWS가 효과가 없다는 것을 입증해줄 것을 요청했다.

2015년 AWS re:Invent 행사에서는 모든 것이 매력적이었다. 진짜 '전부 다' 매력적이었다. 이 행사를 통해 리더십 팀과 나는 우리가 무엇을 해야 할지 깨달았고, 아키텍처 팀 리더와 나는 그것을 실현하기 위한 준비에 착수했다.

이후 10개월 동안 전개된 내용은 AWS 팀과 함께 시작해서 '모범 사례 1: 경영진 지원 제공(11~14장), 클라우드로 대규모 마이그레이션을 고려하는가?(4장), 6R에 뿌리를 둔 개념들(6장)' 같은 스티븐의 책 전반에 걸쳐 설명된 몇몇 개념에 중점을 뒀다. 위에서 언급한 다양성으로 인해 계획을 파악하는 것은 어려웠지만, 우리는 자신과 회사를 위해 어디서부터 시작해야 하는지를 알았다. 클라우드란 무엇이며, 왜 중요한가?

지금 여러분은 "모든 기업과 기술 회사는 이미 클라우드를 알고 있지 않은가?"라고 스스로 물어보고 있을 것이다. 내가 이 질문에 여러분의 회사/조직에 맞는 답을 할 수는 없지만, 대부분의 콕스 오토모티브 사람들은 기술 산업에서 실제로 일어나고 있는 일에 대해 한 발짝도 물러서지 않았다는 것은 얘기할 수 있다. 우리는 그들이 거시적 변화를 파악하고 클라우드에 익숙해지도록 도와야 했고, 도입하고 마이그레이션하겠다는 큰 약속을 하는 데 익숙해져야 했다.

간단하지 않은가? 우리가 지금까지 오는 과정은 때때로 고통스러웠지만, 앤디 재시가 말했듯이 그리고 스티븐과 우리 중 많은 이들이 여러 차례 말했듯이 "경험을 위한 압축 알고리즘은 없다". 그 경험은 우리가 원했던 것보다 더오래 걸렸지만 보람이 있었다. 그리고 이 과정에서 정말 많이 배웠다!

우리는 여전히 배우고 다듬고 있다. 후회는 없지만, 두 번째 기회가 주어진다면 다른 방식으로 했으면 하는 것들이 있다. 아울러 큰 변화를 가져올 일들을 다시 해보고 싶다. 이제 우리의 접근 방법과 그 과정에서 무엇을 배웠는지 상세히 설명한다.

목표와 당위성 수립

나는 컴퓨팅의 변화에 있어 절실히 필요한 거시적 관점을 제공하기 위해 에너지 산업의 역사를 이용했다(re:Invent 행사에서 만난 드류 퍼먼트 덕분에 니콜라스 카 Nicholas Carr 의 『The Big Switch』를 읽었는데, 여러분도 꼭 읽어보기 바란다). 프레젠테이션에서는 회사 경영진, 상품 담당 리더, 엔지니어 등 모든 사람이 인프라에 대한 통제 권한을 포기하고 PaaS를 채택하는 것이 왜 옳은지 설명했다. 프레젠테이션이 정말 큰 반향을 일으켰고, 한 고위급 상품 담당 리더가 "발표하신 주제를 이미 보고, 생각도 했었습니다. 나는 이미 클라우드에 대해 알고 있어요. 하지만 이번 프레젠테이션을 통해 눈을 뜰 수 있었고 이것이 왜 중요한지 생각할 수 있게 된 것 같아요. 특히 운영 관리 관점에서 나에게 말이죠. 감사드립니다."라고 말했을 때 메시지가 잘 전달됐음을 알았다.

배운 점: 모두가 같은 생각을 할 거라고 생각하지 마라. 클라우드가 전사 차원에서, 그리고 회사가 주도하는 이니셔티브인지 확인하는 데 시간을 투자하기 바란다. 순수 비용 절감이나 단순한 기술 이니셔티브로 본다면, 결과가

실패로 가고 있는 것이다. 비용 절감보다 훨씬 더 많은 가치가 있으며, 반드시 이해해야 할 더 큰 변화가 일어나고 있다!

비즈니스 사례 구축

우리의 비즈니스 사례는 비용과 가치에 대한 균형 잡힌 관점을 만들기 위해 많은 요소와 위험 요소를 고려한 정교한 모델에 뿌리를 두고 있다. 우리는 데이터를 수집하고(리프레시 속도, 라이선싱 계약, 데이터 센터 및 하드웨어 재사용), 팀과 함께 검색하며, 애플리케이션 매핑을 6R에 포함시킴으로써, 마이그레이션에 대한 확고한 프레임워크가 되고, 시스템 환경에 존재하는 복잡성을 표현하는 방법을 단순화하는 데 많은 시간을 들였다. 이것은 우리가 확신을 가지고 비즈니스 사례를 개발할 수 있게 해줬다.

배운 점: 이것을 단순히 데이터 센터의 이전이라고 생각하지 않는 것이 중요하다. 왜냐하면 데이터 센터보다 더 복잡하고 관련된 것이 있기 때문이다. 시간을 들여서 잘 생각해보기 바란다! 운영 비용^{OpEx}에 대한 설비 투자^{CapEx} 및 비용 낭비에 대한 대화를 지속적으로 진행하는 것과 비교해 비즈니스에 적합한 계획을 실행할 수 있도록 AWS와 계약을 체결하는 것은 처음부터 더 많은 노력을 기울일 가치가 있다!

접근 방식 계획 수립

우리는 데이터 센터를 차근차근 해치우기로 결정했다. 이를 통해 (실행과 지원 모두를 위한 단일 소유자인) 클라우드 비즈니스 오피스$^{Cloud\ Business\ Office}$를 구축하고, 마이그레이션이 진행됨에 따라 마이그레이션 기능과 기술을 검증할 수 있었다.

1. 집중하고, 사내 정치를 최소화하고, 관련자 수를 줄일 수 있는 데이터 센터의 선정부터 시작한다. 이러한 데이터 센터는 단일 사업부에 의해 운영된다. 즉, 일반적으로 단일 물리적 위치에 단일 엔지니어링 팀을 의미한다. 이를 통해 기술/운영 지원을 늘리고, 교육을 단순화하고, 팀을 잘 규합할 수 있다.

2. 6R을 기반으로 주어진 데이터 센터에서 공격적으로 마이그레이션을 수행한 후 해당 데이터 센터를 폐쇄한다.

3. 깨끗하게 마무리하고 위의 과정을 반복한다!

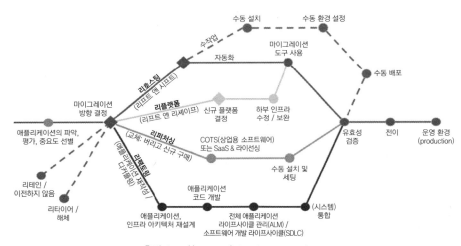

▲ 출처: http://amzn.to/migration–strategies

클라우드 마이그레이션과 동시에 여러 데이터 센터를 대상으로 데이터 센터 통합을 진행하는 것이다. 업무 흐름을 결합해 불필요한 데이터 센터를 줄이고 클라우드 마이그레이션을 실현한다. 이 방법은 불필요한 비용을 최소화하는 동시에 비용 회피와 장기적 절감 효과를 극대화한다.

배운 점: AWS에는 여러분이 더 많이 생각하고 시각을 넓히는 데 유용한 훌륭한 리소스가 많이 있으니 적극적으로 활용하기 바란다. AWS 담당자들의 논의를 통해 우리는 이 접근 방법을 정착시키고 비즈니스 사례를 만들 때 비용 낭비 같은 핵심 개념을 명확히 할 수 있었다. 초기에 자주 가치를 잡아내는 것이 무엇보다 중요하며, 특히 비용 절감은 모두에게 공감을 얻을 수 있는 사안이다! 즉, 몇몇 마이그레이션은 기존 온프레미스 아키텍처 및 인프라와 비교했을 때 비용이 비슷하거나 더 증가했다. 전체적인^{holistic} 접근 방식을 취함으로써 우리의 마이그레이션 포트폴리오는 균형을 이뤘고 유리한 비즈니스 사례를 낳았다.

힘들고 어려웠던 순간

우리는 엔지니어링 조직에서 클라우드를 향한 많은 모멘텀을 갖고 있었다. 우리는 팀들에게 왜 AWS가 별로 도움이 안 되는지, 반대로 AWS를 왜 사전 승인받았는지를 해명해줄 것을 요청하는 데 집중했다.

배운 점: 모멘텀은 매우 중요하므로 그것을 포용할 수 있는 방법을 찾아야 한다. 팀의 일상 업무에서 상당한 변화가 일어날 것이다. 여러분이 사용하는 소프트웨어와 도구를 만드는 방법이 하루아침에 바뀔 것이다. 모멘텀을 갖추면 변화율이 높아지고 클라우드 커뮤니티 구축이 가속화될 수 있다. 불필요한 비용 지출, 즉 비용 버블에 대해 내부 논의를 한 끝에 얻은 결정체가 바로 모멘텀이었다. 왜냐하면 상쇄되는 활동^{offsetting activities}과 조정된 프로그램^{coordinated program}이 없다면 우리의 모멘텀은 치솟는 비용 증가를 야기할 것이고 가치 전달을 가속화하는 우리의 역량을 떨어뜨릴 가능성이 매우 높을 것이기 때문이다.

파트너사 찾기

클라우드 마이그레이션과 전략을 도와줄 수 있는 파트너사들은 많다. 우리는 파트너사보다는 AWS와 직접 함께 일하는 것이 합리적일 것으로 생각했다. 우리는 투자를 해줄 수 있는 파트너가 필요했고 이런 부분에서 AWS는 우리가 성공할 수 있도록 잘 도와줄 것 같았다. 아울러 콕스 오토모티브의 클라우드 마이그레이션은 궁극적으로 AWS에도 득이 되는 중요한 사업이었다.

10개월간 여러 가지 것들을 알아보는 과정에서, 우리에게 무엇이 필요한지 확신을 갖기 어려웠고 따라서 어떻게 도와달라고 해야 할지 모른다는 걸 알게 됐다. 혼란스럽고 갈팡질팡했던 시절이었다. 클라우드 여정에 대해 점점 더 많이 알게 되면서 AWS와의 파트너십도 점점 더 좋아졌다.

배운 점: 올바른 파트너사의 선택은 대단히 중요하다. AWS를 파트너사로 선택한 것은 옳았지만, 모두에게 그럴지는 알 수 없다. 여러분의 비즈니스에 가장 적합한 신뢰할 수 있는 파트너를 찾기 바란다. 보통 많은 이들이 역기능, 경험 미숙 등에서도 얻을 게 있을 수 있는 상황을 별로 달가워하지 않는 것 같단 생각이 든다.

또한 시간을 내서 이런 일을 한 적이 있는 사람들과 얘기를 나눠보기 바란다. AWS 또는 여러분의 파트너사 어디든 상관없다. 이들에게 다른 고객과 연결해달라고 요청해보기 바란다. 일찍 배우고, 자주 배우기 바란다. 우리의 경우 충분히 이렇게 하지 않았다.

파운데이션에 투자

추진력은 좋았지만, 장기적인 성공을 보장하기 위한 몇 가지 핵심 요소들을 여전히 놓치고 있다. 데이터 센터가 52개나 되므로, 스노우플레이크snowflake

애플리케이션을 데이터 센터에서 AWS로 옮기는 마이그레이션 작업에 극도로 예민했다.

배운 점: 다음 사항들을 포함해 파운데이션에 우선 투자하라.

1. 랜딩 존^{landing zone} 설정
2. 팀의 교육
3. 보안 업무의 혁신
4. CI/CD 업무 및 운영 도구 툴링 간소화
5. 마이크로서비스 POV, 툴링 및 참조 아키텍처를 포함하는 API 접근 방식 설정(이는 특히 분해할 모놀리식 아키텍처들이 있다면 꼭 필요함!)

초기에 자주 소통할 것

이것은 많은 요소를 가진 복잡한 과정이다. 시스템의 모든 단계에서 받아들이는 것은 이 변혁을 실행하는 데 매우 중요하다.

배운 점: 이해관계자들과 초기 단계부터 자주 의논하기 바란다. 비즈니스 사례를 개발하는 핵심 그룹으로부터 궁극적으로 실행 권한을 가질 그룹으로 오너십과 계정 관리 권한을 이전하는 일은 매우 중요하다. 계획에 이 사안을 반드시 포함시키기 바란다. 타이밍이 생명이다!

자, 이제 마무리를 할까 한다. 우리는 여전히 많은 데이터 센터를 운영하고 있을 뿐만 아니라 하나로 합쳐야 할 비즈니스가 여러 개 있다.

스티븐은 이 여정을 가이드할 1부 '클라우드 도입 단계별 전략', 그리고 2부 '7가지 모범 사례'에서 전략과 기법을 개략적으로 설명했다. 이러한 움직임

의 몇몇 단계를 거친 사람들은 우리를 하나로 뭉치도록 하는 데 필요한 것과 스티븐의 교훈을 잘 연관 지을 수 있을 거라는 걸 알게 될 것이다. 우리는 기쁜 마음으로 도움을 드리고자 한다. 그러니 주저 말고 도움을 요청하고 배우기 바란다. 우리가 집대성한 클라우드 도입 방법론은 향후 기술 측면에서 큰 변화를 이끌 것이다!

37

AQR 캐피털의 클라우드 여정:
첫 프로덕션 애플리케이션

— 닐 파와르[Neal Pawar], **마이클 라포사**[Michael Raposa] /
AQR 캐피털 클라우드 서비스 사업부의 CTO와 VP

기업들이 클라우드 환경으로 전환하기 시작하면서, 많은 회사가 첫 단계부터 난관에 봉착한다. 글로벌 계량적 투자 관리업체인 AQR 캐피털 매니지먼트[Capital Management]가 AWS 풋프린트가 전혀 없는 상태에서 첫 번째 운영 워크로드를 구현하기 위해 수행한 클라우드 여정을 살펴보면, 이와 같은 중요한 단계에 대한 자세한 규범적 지침을 제공하는 데 도움이 될 것이다.

클라우드 비즈니스 사례 만들기

클라우드에 대한 비즈니스 사례를 만들 때 첫 번째 권장사항은 대상 비즈니스를 총 소유 비용[TCO, Total Cost of Ownership]으로 제한하지 않는 것이다. 실제로 가급적이면 TCO는 논의 대상에서 제외하는 게 좋다.

클라우드로 전환하면 TCO 관점에서 얼마나 많은 비용 절감 효과가 있는지는 헤드라인으로는 대단히 매력적이지만, 사실 그렇게 간단하지는 않다. TCO 계산에 포함된 것은 큰 차이를 만들 수 있다. 예를 들어, 물리적 서버의 구매 및 공급업체의 지원 비용 대비 비교 가능한 EC2 인스턴스를 단순히 비교하는 것은 공평하지 않다. 이렇게 단순하게 비교할 경우 물리적 서버는 상당히 저렴할 수 있다. 게다가 장비의 수명 기간 동안 온프레미스 서버 유지에 드는 모든 부대 비용이 제대로 반영되지 않기 때문에 이렇게 비교하면 안된다. 총 비용을 정확하게 비교하려면 운영 인력, 데이터 센서 랙 공간, 전기, 네트워크, 냉각 등에 소요되는 비용이 온프레미스 비용 분석에도 포함돼야한다. 다시 말하면, 우리는 클라우드로 옮기기 전과 후의 관련 비용도 함께 다뤄야 한다고 제안하는 것이다. 클라우드로 옮기는 것을 '(동일한 개체를 비교한다는 의미인) 사과 대 사과' 비용 놀이처럼 생각해서는 안 된다는 뜻이다.

우리는 클라우드 비즈니스 사례를 구축하는 데 있어 다른 접근 방식을 취했다. 첫째, GPU 서버들을 구축하거나 맵리듀스 클러스터를 개발하는 것과 같이 온프레미스상에서 구현하는 데 시간이 많이 소요되고 비용이 많이 드는 유스케이스에 초점을 맞췄다. 둘째, 우리는 클라우드 또한 '뉴 노멀'이 됐다고 믿는다. 대략 10년 전에 가상화는 데이터 센터에서 모범 사례로 자연스럽게 전환됐다. 우리는 클라우드가 비슷한 전환을 일으키고 있다고 믿는다. AWS상에서 운영 워크로드를 운영하는 가장 크고 잘 알려진 금융 서비스 회사들 중 몇몇을 보면 클라우드가 IT 서비스를 실행하는 데 더 적합한 솔루션이 됐음을 보여주는 수많은 사례가 있다.

우리 회사에 혁신의 문화가 이미 자리 잡고 있었던 것은 참 다행스러운 일이었다. 연구원의 입장에서 실험의 본질적 속성을 아주 잘 이해하고 있었다. 클라우드는 우리가 온프레미스에서는 하기 어려운 방식으로 실험을 할 수 있게 해준다. 금융 관련 연구를 하려면 많은 양의 데이터와 계산이 필요하다. 단지 '빅데이터' 시대라는 것, 새로운데 명확하지 않은 데이터셋들 때문에 의욕이 꺾였던 것일 뿐 연구원들에겐 데이터에 대한 끊임없는 욕구가 있었다. 우리는 클라우드를 도입해서 이러한 욕구를 충족시킬 수 있었다. 아울러 연구원들은 대규모 초기 투자 없이도 딥러닝, 빅데이터 분석 같은 기술을 실험할 수 있었다.

개념 증명으로 시작하기

스티븐이 클라우드 도입 단계별 전략에서 제안한 것처럼, 보통 개념 증명PoC, proof of concept 으로부터 시작해보기 바란다. AQR에서는 클라우드 퍼스트 접근 방식을 채택함으로써 구현을 가속화할 수 있는 탁월한 유스케이스를 지닌 소수의 연구원 및 엔지니어 그룹과 협력했다. 이후에 좀 더 자세히 설명할 이 프로젝트는 기술적 타당성과 AWS를 실행할 수 있는 사업상의 이익을 모두 증명할 수 있는 좋은 기회였다. 특히 개념 증명은 그냥 버려지지 않고 실제 문제를 해결했는지 확인했다. 여기서 말하는 실제 문제란 부하 테스트 실시, QA 통과, 인수 테스트까지 마칠 수 있는 문제를 의미한다.

개념 증명은 새로 구성된 클라우드 서비스 팀에서 담당했다. 스티븐이 언급한 CCoE와 마찬가지로 고객 지원CS, Customer Support 팀은 AQR의 엔지니어링 팀에 클라우드 가치를 제공하는 데 주력하고 있다. 이 팀은 AQR의 클라우드 이니셔티브를 감독하고 CISO 및 AQR 엔지니어링 부서장과 협력한다. 또한 이 팀은 클라우드 아키텍처가 높은 수준의 보안, 운영상의 견고성, 운영 제어 및 감사성을 갖춘 민첩성을 제공하도록 설계됐는지 확인한다. 마지막으로, 이 팀은 주요 비즈니스 이해관계자들과 협력해 클라우드 환경에 맞게 설계된 클라우드 위험과 개선된 제어 기능을 설명한다.

일단 개념 증명이 잘됐다면, 조직 전반에서 이를 추진하기 위한 연합 팀을 구축하기 시작해야 한다. 클라우드를 단순히 어떤 엔지니어링 프로젝트라고 생각하지 말기 바란다. 클라우드의 이점을 얻으려면 적응형 인프라, 실험 및 혁신, 데브옵스의 모든 이점을 얻기 위해 많은 프로세스와 조직 구조도 변경해야 할 것이다. 엔지니어링 조직 외부의 고위급 이해관계자로부터 승인을 얻기 바란다. 이 승인을 받지 못한다면, 여러분은 첫 번째 '도로 과속방지턱'에서 추진 동력을 잃어버린 AWS 이니셔티브를 한참 뒤에나 하게 될 수도 있다. 처음부터 지원을 받았기 때문에 이러한 팀들은 클라우드 컴퓨팅의 성공적인 도입 측면에서 이미 기득권을 쥔 셈이다.

클라우드 정책 작성

클라우드 도입에 대한 조직 전체의 공감대를 형성하는 부분은 클라우드 정책을 개발하는 것이다. 이 문서는 클라우드에서 운영을 위한 규칙을 단순하고 이해하기 쉬운 언어로 규정한다. 이 문서는 AWS에서 워크로드를 실행하기 위한 운영 프로세스를 받아들이기 위해 회사 내 고위급 리더십 팀 전체에 걸쳐 사용될 것이다. 이러한 팀의 리더십은 문서 개발에 포함돼야 하며, 이는 여러분 회사의 클라우드 전략을 위해 일종의 '승부의 책임 skin in the game'을 갖추는 것이 핵심이기 때문이다. 변경사항을 추적하거나 예외사항을 강조함으로써 이 문서를 '살아 있는 문서'로 만들어 감사인이 준수할 수 있게 한다. 많은 조직은 이것을 '(성경 말씀 중) 너희는 OO할지어다' 같은 문서, 즉 AWS에서 운영하기 위한 깰 수 없는 규칙이라고 부른다. CIS AWS 파운데이션 벤치마크 Foundations Benchmark 는 정책 문서에 포함할 수 있는 다음과 같은 여러 가지 예제 정책을 제공한다.

- 모든 루트 계정은 MFA로 보호한다.
- 인터넷 게이트웨이가 사용되지 않는다.
- AWS IAM 암호 정책은 회사 암호 정책과 일치한다.
- 모든 AWS 서비스에 대해 정지 상태 및 진행 중 in-flight 암호화가 필요하다.

문서가 완료되면 클라우드 서비스 CS, Cloud Services 팀은 정책을 구현하는 데 사용되는 거버넌스와 운영 지침 및 프로세스를 개발할 수 있다. 이러한 방식으로 CS 팀은 AWS에서 '정확하게' 운영하기 위해 운영상 그리고 보안상 필요한 사항에 대해 명확한 방향을 갖고 있다. 이 정책은 클라우드에서 회사가 어떻게 운영돼야 하는지에 대한 모든 고위 이해관계자의 명확한 방향을 제공하기 위해 사용된다.

그렇게 할 수 있는 내부 전문지식이 없다면 이 문서를 만들기 위해 컨설턴트 회사를 이용하는 것을 추천한다. 컨설턴트 회사는 여러분의 회사에서 만들 수 있고 여러분의 회사에 맞출 수 있는 이 정책 문서의 일반 버전을 갖고 있을 것이다. 또한 이 과정에서 어떠한 실수도 일어나지 않기를 바랄 것이므로 이 정책 문서를 독립적으로 검증하고 승인하는 것이 중요하다.

이러한 문서 및 지침이 없으면 CS 팀이 단순한 실수를 하거나 기업 표준에서 우발적으로 이탈하는 일이 너무나 쉽게 일어날 것이다. 이렇게 되면 AWS 프로젝트는 위험에 처하게 될 것이다. 이 모든 것이 단순한 거버넌스상의 실수 때문이다. 심지어 개발 환경에서조차도 그렇다. 예를 들어, 개발 단계에서 EC2 인스턴스에 퍼블릭 IP 주소를 할당하면 프로젝트에 심각한 영향을 줄 뿐만 아니라 보안 팀에게도 안 좋은 영향을 끼칠 수 있다.

멀티 클라우드?

우리의 경우 멀티 클라우드에 대한 논의는 클라우드로 옮기기로 결정한 직후부터 시작됐다.

기술 관점에서, 우리는 멀티 클라우드를 전략적 장애물로 보았다. 즉, 멀티 클라우드 방식은 클라우드들 간에 공통적인 부분을 최소화하는 제약이 있다고 느꼈다. 이렇게 기능을 축소해버리면 클라우드의 매력적인 장점을 지닌 많은 관리형 서비스가 제공하는 이점이 사라진다. 완전한 멀티 클라우드 전략에서, 우리는 개발자들에게 동기를 부여하기 위한 서버리스 같은 여러 가지 새로운 디자인 패턴을 효과적으로 수용하지 못하고 있다.

그러나 회사 운영의 중요 부분과 관련하여 단일 공급업체의 위험 요인이 있을 수 있겠다는 보안 팀의 우려가 있었다. 우리는 이 위험 요인을 완화하기 위한 전략을 세웠다.

먼저, 핫/웜 페일오버 시나리오를 이용해 다중 리전 전략을 개발했다. AWS는 더 많은 북미 리전과 다이렉트 커넥트 게이트웨이를 출시해 이 프로세스를 훨씬 더 쉽게 만들었다. 다중 리전이 단일 공급업체의 위험 요인을 완화하는 것은 아니지만 단일 AWS 리전의 지리적 운영 중단과 관련된 리스크를 제거했다.

다음으로 컨테이너(특히 도커)를 이용해 운영체제를 추상화했다. 주요 이점 중 하나는 애플리케이션에서 기반 플랫폼을 분리한다는 것이다. 이를 통해 온프레미스에서 AWS로, 필요할 경우 다른 클라우드로 쉽게 마이그레이션 할 수 있다.

셋째, 클라우드 구현을 완전히 자동화했다. 이를 통해 단일 공급업체의 위험 요인을 완화할 수 있는 다음과 같은 두 가지 이점이 있다.

1. 전체 환경이 코드로 되어 있어서 클라우드 공급업체를 변경해야 할 경우 무엇을 변경해야 하는지 쉽게 감사^{audit}할 수 있다. 기본적으로 우리는 이 코드를 다른 클라우드 공급업체의 환경 설정으로 바꿀 수 있다.
2. 자동화된 배포를 이용하면 클라우드 제공업체를 변경하는 것은 단지 자동화 변경의 문제일 뿐이다. 그것은 확실히 어려운 일이지만, 그래도 손으로 하는 것보다 훨씬 쉽다.

또한 적절한 곳에 단순하고 저비용인 추상화 계층을 사용한다. 많은 메시징 플랫폼에서 흔히 볼 수 있는 간단한 애플리케이션 인터페이스가 있었기 때문에 Amazon SQS^{Simple Queue Service}를 중심으로 간단한 래퍼^{wrapper}를 사용했다. 개발자가 래퍼를 통합하면 개발자 API를 변경하지 않고도 시스템 내부의 SQS 구성요소를 쉽게 바꿀 수 있다. 가능한 한 추상화 계층을 쓰지 않도록 노력한다는 점에 유의하기 바란다. 우리는 이러한 계층을 추가하는 것이 우리 비즈니스의 핵심이 아닌 분야에서 AWS의 혁신 속도를 따라잡게 하고, 소프트웨어 엔지니어링 투자에 부정적인 영향을 미칠 수 있다고 믿는다. 따라서 계층이 명백히 필요하고 기본 서비스의 기능성을 훼손하지 않고 구현하기 쉬운 경우를 제외하고는 이러한 계층들을 피한다.

멀티 클라우드를 사용할 때 공급업체와 더 나은 가격으로 협상할 수 있을 거란 사안은 논의하지 않았다. 가격 협상은 멀티 클라우드에 대한 일반적인 주장이지만, 우리는 그 주장이 깊이가 부족하다는 것을 알았다. 아마존은 AWS 비용을 절감해온 확고한 역사가 있다. 게다가 클라우드 시장은 매우 비용 경쟁력이 있으며, 우리는 그 변화가 곧 일어날 것이라고는 보지 못했다. 경쟁 압력은 계속해서 비용을 절감시킬 것이다. 따라서 멀티 클라우드 전략과 관련된 비용은 가격 협상과 관련된 비용 절감액을 초과할 가능성이 높다.

마지막으로, 멀티 클라우드에 대해 생각하는 방법은 약간 다르다. 우리가 추구하는 것은 주요 클라우드 제공업체들을 대상으로 공통 부분을 최소화하는 환경을 만드는 게 아닌 동시에, 달걀을 한 바구니에 담는 전략도 쓰지 않는다는 것이다. 우리는 SaaS^{Software-as-a-Service} 제공업체와 클라우드 인프라 제공업체들 사이에서 타사 제품들보다 선호할 만한 명확한 영역이 있음을 알게 됐다. 예를 들어, 업계에서 인기가 많은 클라우드에서 호스팅 가능한 티켓팅 시스템을 사용하고 있으며 매우 만족하고 있다. 마찬가지로 윈도우 중심 워크로드의 일부는 다른 곳에서 실행되고 있다. 분명히 우리는 워크로드를 멀티 클라우드 환경에 교차 설치해야 하는 요구사항이 거의 없거나 전혀 없을 때(즉, 클라우드 호스팅된 애플리케이션 간 통신이 거의 없는 경우), 특히 SaaS 솔루션에서 상당히 가능할 때 이를 수행하려고 한다.

적합한 컨설팅 파트너 찾기

스티븐이 모범 사례로 설명한 것처럼 클라우드 여정의 첫 번째 단계 중 하나는 AWS 컨설턴트와의 파트너 관계를 맺는 것이다. 파트너사를 이용할 경우 여러분은 기존 직원을 늘리기 위해 계약 직원을 이용해 클라우드 도입 시간을 단축할 수 있다. 그러나 더 중요한 것은 파트너사의 사전지식을 활용해 과거의 실수로부터 배우고 모범 사례에 대한 통찰력을 얻을 수 있기 때문에 직접 이와 같은 실수를 저지르지 않아도 된다는 점이다.

계약 시작 시 컨설턴트를 적절하게 조사해야 한다. 우리의 경우 파트너사에서 우리의 기준에 맞는 컨설턴트를 제공하지 않았던 경험이 있다. 컨설턴트가 필요한 기술력을 갖추고 있는지뿐만 아니라, 조직에 맞는 문화적 적합성도 확인해야 한다. 우리는 내부 직원이 채용하는 만큼 높은 수준의 채용 기준에 맞는 컨설턴트를 고용하려고 한다. 이로 인해 적임자를 확보할 때까지 기다려야 할 수도 있겠지만, 그럴 만한 가치가 있다. 제대로 할 수 있는 기회가 많지 않기 때문이다.

클라우드 마이그레이션을 위한 '미리 준비한pre-canned' 템플릿 및 프로세스를 보유한 컨설턴트와 계약하기 바란다. 이러한 빌딩 블록 구성요소는 기본 AWS 서비스 조각들(예: 아마존 VPCVirtual Private Cloud, AWS 다이렉트 커넥트)을 설정하는 데 사용되며 도입 가속화의 핵심이다. 기존 템플릿을 수정해서 새 템플릿을 만드는 것이 훨씬 쉽다. 다시 한번 강조하지만 여러분은 그들이 실수한 것을 통해 배우는 것이다. 또 이미 문제가 없음이 검증된 모범 사례도 사용하는 것이다. 컨설턴트의 템플릿과 문서화된 프로세스를 확인하기 바란다. 이전에 이 작업을 수행한 컨설턴트는 여러분이 검토하는 데 사용할 수 있는 다른 고객의 산출물을 갖고 있을 것이다. 이 문서 검토는 표준에 부합하는 파트너와 협력하고 있는지 확인하는 좋은 방법이다.

AQR에서 우리는 몇몇 파트너사와 계약했다. '빠른 실패'라는 접근 방식을 활용하고 여러 파트너사와 동시에 참여해 실험했다. 우리의 목표는 가능한 한 많은 파트너사로부터 AWS로 마이그레이션하고 운영하기 위한 가장 좋은 방법을 배우는 것이었다.

첫 번째 애플리케이션 마이그레이션

마이그레이션할 첫 번째 애플리케이션을 선택하는 것은 AWS 도입에서 중요한 결정이다. 첫 번째 애플리케이션이 잘못되면 전체 마이그레이션 작업에 지장을 줄 수 있다.

'클라우드에 적합한' 애플리케이션에 초점을 맞추기 바란다. 여러분은 AWS에서 운영하기에 적합한 애플리케이션을 찾고 있을 것이다. 이 애플리케이션을 선택할 때 여러분의 목표는 합리적 사고방식을 갖춘 사람 모두가 이 애플리케이션을 AWS로 옮기는 것에 반대 의사가 없도록 하는 것이다.

다음은 '클라우드에 적합한' 애플리케이션인지 확인하는 몇 가지 사항들이다.

- 애플리케이션의 클라우드 이전을 통해 봉인해제될 수 있는 분명한 비즈니스 이점이 있어야 한다.
- 애플리케이션의 위험 부담이 낮아야 한다. 조직이 위험성을 어떻게 정의하느냐에 따라 위험성이 있다. 예를 들어, 공개적으로 이용할 수 있는 데이터셋만 사용하는 애플리케이션은 위험성이 매우 낮은 유스케이스가 될 수 있다.

- 애플리케이션은 클라우드 이점을 활용할 수 있고 활용해야 한다(예: 스케일업/다운, 서버리스).

- 마지막으로, 애플리케이션은 잘 '컨테이너화'돼야 한다. 이는 애플리케이션에 다운스트림 의존성이 거의 없음을 의미한다. 앱이 '독립실행형 stand-alone'일수록 온프레미스 애플리케이션과의 종속성이 줄어들기 때문에 마이그레이션이 더 쉬워질 것이다.

AQR에서는 마이그레이션할 첫 번째 애플리케이션 그룹으로 (우선순위가 낮은 데이터에 대한) 연구 워크로드에 초점을 맞췄다.

AQR은 계량적 자산 관리 QAM, quantitative asset management 회사다. 따라서 우리의 투자 결정은 우리가 만든 수치 모델과 시스템 기반 트레이딩 프로세스에 완전히 캡슐화되어 있다. 연구원들은 수년간의 데이터에 대한 아이디어를 엄격하게 테스트해(이를 백 테스트 back test 라고 한다) 새로운 투자 신호와 트레이딩 전략을 개발해서 혁신을 이뤄낸다. 우리 연구 팀의 요구에 따라 자동 확장 가능한 기능으로 탄력적인 컴퓨팅에 액세스하면 AQR이 최대의 효율성을 가지고 혁신을 할 수 있다.

이 HPC 클러스터는 AWS로 마이그레이션한 첫 번째 애플리케이션이었다. 이 애플리케이션은 '클라우드 적합성이 명확한' 애플리케이션의 모든 기준을 충족했다. 첫째, PoC를 통해 AWS가 기술적으로 실현 가능한 해결 방안이라는 것에 확신을 갖게 됐다. 둘째, 클러스터는 스케일업/다운 모델에 완벽하게 들어맞는다. AWS 인스턴스는 수요에 따라 자동으로 규모를 조정하고 우리가 필요한 만큼만 비용을 지불한다. 셋째, 우리의 연구 작업은 멱등성 idempotence 을 지니고 있는데, 이는 우리가 온디맨드 가격에서 상당한 비용 절감으로 AWS 스팟 인스턴스에서 그 일을 운영할 수 있음을 의미한다. 또한 비용 효율적이고 확장성이 뛰어난 데이터 구조와 스토리지를 AWS에서 이용할 수 있다. 모든 AWS 데이터 솔루션은 클러스터 규모에 따라 컴퓨팅 요구사항을 지원할 수 있는 수준으로 확장된다. 마지막으로, 연구 애플리케이션의 멱등성 및 상태 비저장stateless 같은 특성은 다중 AZ 설계, 스케일 업/다운 및 불변형 아키텍처 등 여러 가지 클라우드 이점을 쉽게 활용할 수 있게 해준다.

그러나 무엇보다도 중요한 것은 연구원들이 이제 새로운 기술과 방법을 실험할 수 있다는 점이다. 온프레미스에서는 실험을 위한 '툴킷'이 한정되어 있다. 클라우드에서는 연구자들이 더 빨리 실험을 할 수 있을 뿐만 아니라, 상당한 재정 및 시간 투자 없이도 새로운 기술로 실험할 수 있다. 이것은 우리 회사가 모델을 더 빨리 개발하고 더 혁신할 수 있게 해준다.

결론

클라우드 도입과 디지털 전환 시 주요 고려사항은 다음과 같다.

- 첫 번째 애플리케이션은 '클라우드에 적합'할 것
- 클라우드를 시작하는 주요 동기로 TCO는 무시하려고 할 것
- AWS에서 운영하기 위한 규칙을 설명하는 정책 문서 작성
- 클라우드 및 디지털 혁신 여정에 대한 IT 외부 고위 리더십의 지원받기
- 여러 클라우드 공급업체를 포함하지 않을 수도 있는 멀티 클라우드 전략 개발
- 초기 클라우드 플랫폼 및 사례 구축을 지원하기 위한 파트너사와의 계약

38

뉴욕 공립 도서관의 클라우드 여정

– 제이 하크 / 뉴욕 공립 도서관의 IT 총괄

원문(2016년 6월 21일): http://amzn.to/NYPL-cloud-journey

> "도서관은 수많은 아이디어의 산실이며,
> 역사를 살아 숨 쉬게 하는 곳이다."
> – 노먼 커즌스 Norman Cousins

나는 몇 년 전 제이 하크가 뉴욕 공립 도서관 NYPL, New York Public Library 의 클라우드 여정을 이끌기 시작했을 때 그를 만나서 너무 기뻤다. 나는 다우 존스에서 비슷한 클라우드 여정 중이었고, 서로 이야기를 나눌 기회가 있었다. 몇 년 전 내가 쓴 글에 대한 제이의 논평을 보고 기뻤으며, NYPL에서의 그의 클라우드 여정이 어떻게 진행됐는지를 좀 더 듣고 난 후, 모범 사례에 대한 그의 관점이 더 넓은 시장에 도움이 될 것이라고 생각했다.

알고 보니 나는 혼자가 아니었다. 그리고 제이와 그의 팀은 클라우드 혁신 챌린지 Cloud Innovation Challenge 에서 2016 AWS City의 우승자로 선정됐다.[1] 제이에게 감사를 표한다. 나는 여러분과 NYPL이 고객을 위한 기술 제공 방식을 지속적으로 혁신하기를 기대한다! NYPL에서의 제이의 클라우드 여정을 자세히 알아보자.

---

1 https://aws.amazon.com/stateandlocal/cityonacloud/

◆ ◆ ◆

스티븐이 CCoE 육성을 위한 내 경험을 글로 써달라고 했을 때, 그의 '클라우드로의 전환을 위한 7가지 모범 사례'를 다시 살펴봤고, 우리 회사의 경험이 이러한 업무와 일치한다는 사실을 알게 됐다.

뉴욕 공립 도서관의 클라우드 여정을 보면 규모에 대한 개념을 바로 이해할 수 있다. 엔터프라이즈 클라우드 전환을 시작하기 위해 대규모 팀 또는 큰 프로젝트가 필요하지 않은 경우, 소규모의 집중적인 노력으로 시작할 수 있으며, 이를 통해 업무 환경을 구축하고 규모를 확장할 수 있다. 재정적 지원과 더불어 압도적으로 강력한 비전과 회사 수뇌부의 보호막을 갖춘 큰 규모의 하향식 지원이 있다면 모든 기술자는 꿈을 실현할 수 있겠지만, 우리는 그런 일이 항상 일어나는 건 아니라는 사실을 알고 있다. 이런 것이 없다면, 작은 것이라도 무엇이든 시작해보라.

우리의 여정은 초기 화면에 해당하는 웹사이트[2]의 재설계와 우리의 유명한 디지털 컬렉션Digital Collections[3]의 출시가 큰 긍정적 효과를 얻는지 보여주기 위해 클라우드에 형상 관리 플랫폼을 구축하는 단순한 아이디어로 시작했다. 우리는 클라우드, 특히 AWS가 자동화를 통해 프로젝트 완료 시간을 앞당기고, 적절한 규모를 산정해 비용을 절감하고, 중복성을 제공하며, 제대로 하지 않으면 비용이 많이 들 수 있는 원활한 확장 기능을 지원한다는 점을 알았다. 우리의 여정은 작게 시작했지만 결과의 성공은 실로 놀라웠다. 세계적인 수준의 개발, 제품, 프로젝트 및 데브옵스 팀이 AWS를 사용해 모범 사례 분야의 클라우드 혁신 챌린지에서 2016 AWS City의 우승자로 선정되는 영광을 안겨줬다.

---

2 http://www.nypl.org/

3 http://digitalcollections.nypl.org/

AWS 파트너사인 컨트롤 그룹^{Control Group}과 협력해 웹 자산에 필요한 인프라를 제공할 뿐만 아니라 향후 프로젝트를 가속화할 구성 관리 플랫폼도 제공하는 계획을 고안했다. 여기서 핵심 아이디어는 웹 자산이 언젠가는 폐기될 테지만 관리 플랫폼은 필요에 따라 확장될 것이며 무한정 많은 사이트에 대한 인프라 구축을 자동화할 것이라는 점이다. 이 프로젝트는 팀 시간의 50% 미만으로 12주 이내에 완료될 것이다.

우리의 프로젝트가 스티븐의 7가지 모범 사례와 어떻게 일치하는지 가장 명확히 보여주기 위해, 우리의 경험을 동일한 형식으로 정리했다.

1. 경영진의 지원

임원진의 하향식 지원은 여러분이 주도할 수 있는 이니셔티브에 목표와 무게감을 더해준다. 규모 면에서는 임원 한 명, 프로젝트 하나라도 할 수 있는 것부터 시작한다. 성공한 만큼 더 많은 임원진의 지원을 확보하는 데 주력하기 바란다. 이것은 유기적으로 지원을 받는 데 도움이 될 것이다.

우리가 이 여정을 처음 논의했을 때, 도서관의 현황은 잠재적인 예산 삭감에 직면해 있는 2개의 주요 SaaS 프로젝트, 새로 부임한 CTO, 제한된 인적 자원 등으로 정리할 수 있을 것 같다. 상상이 가겠지만 대규모의 집중적인 클라우드 이니셔티브를 시작하려는 욕구는 낮았다.

그럼에도 불구하고 우리는 어디서부터 시작해야 하는지나 업계 동향에 뒤처질 위험을 감수해야 한다는 사실을 알고 있었다. CTO는 빠르게 완료할 수 있고, 위험도도 낮으며, 자원 사용률도 낮은 프로젝트로 클라우드상에 환경 구성 관리 시스템을 구축하는 프로젝트를 지원해줬다. 일단 그 프로젝트가 클라우드의 가치를 보여준 후, CTO와 다른 경영진들의 관심이 상당히 증가했고, 우리의 클라우드 여정에 대한 지원의 기초가 됐다.

프로젝트에 필요한 지원을 얻기 위해 다음의 다섯 가지 요인에 초점을 맞췄다.

1. **기존 프로젝트를 활용한다.** 우리는 환경 설정 관리 플랫폼을 미래의 높은 우선순위 프로젝트를 가속화하기 위한 수단으로 배치했다. 제안된 플랫폼을 구축함으로써 인프라가 필요한 향후 프로젝트의 실행 속도를 높일 것이다.

2. **작게 시작하라.** 이로 인해 나머지 세 가지 요인이 우리에게 유리한 역할을 할 수 있었다.

3. **성공의 확률을 극대화하고 위험을 최소화한다.** 그 프로젝트는 실패가 일어나지 않을 것 같을 만큼 작았다. 실패했더라도 비용과 사업에 충격 정도가 낮았을 것이다.

4. **빨리 실행하라.** 질질 끄는 작은 프로젝트는 성가신 일이 될 수 있다. 스포트라이트는 즉각적인 결과를 보여주고 더 큰 프로젝트를 향해 점진적으로 나아가는 곳에 비춰진다.

5. **확장성에 대해 이야기하라.** 프로젝트는 작았지만, 프로젝트의 다양한 구성요소들이 향후 성공을 위해 얼마나 커질 수 있는지에 초점을 맞췄다.

2. 직원 교육

기술자는 항상 배운다. 그것이 바로 우리가 하는 일의 본질이다. 규모 면에서는 학습할 수 있는 용량 또는 사용 가능한 시간을 염두에 둔다. 그런 다음, 팀원들에게 동기를 부여하고 가능한 모든 리소스를 제공한다. 즉시 최대의 수익을 제공할 핵심 요소를 학습하는 데 초점을 맞춘다. 우리에게는 조정(오케스트레이션), 환경 설정 관리, 코드가 모든 것의 중심이 되었으며, 따라서 이러한 것들부터 먼저 배우는 데 주력했다.

환경 설정 관리 플랫폼 프로젝트를 시작할 때, 팀은 우리의 야심 찬 목표를 잘 알고 있었다. 첫 번째 AWS 프로젝트를 시작하기까지 몇 주는 서비스에 대한 논의로 가득 차 있었다. 즉, 서비스를 어떻게, 어디서 활용할 수 있는지, 파트너 프레젠테이션, 그리고 다른 조직이 무엇을 하고 있는지에 대한 학습 등이었다. 우리는 열정으로 가득 차 있었고 배우려는 의지도 매우 강했다. 프로젝트가 시작되면서 PMO 관행 및 CTO 레벨 지원을 통해 리소스 시간을 할당함으로써 충분한 회사 수뇌부의 보호막도 확보했다. 마지막으로, AWS가 제공하는 강좌가 없을 때는 파트너가 제공하는 워크숍에 참여했다.

3. 실험 문화의 조성

클라우드 여정을 시작하는 데 도움을 주는 파트너사를 활용해, 우리는 실험 문화를 육성하는 데 초점을 맞췄다.

파트너사는 시스템 엔지니어링 팀에게 AWS 샌드박스 환경에서 기술을 탐색하고 테스트하기 위한 충분한 시간을 제공해, 구현 작업 전에 기술 아이디어를 잘 제시했다. 이 샌드박스는 시스템 엔지니어들이 복잡한 문제에 대한 다양한 해결책을 가지고 빠르게 스택을 만들고 해체하고 실험할 수 있는 유연한 환경을 제공했다. AMI의 활용과 퍼펫Puppet 기반의 완전한 오케스트레이션 외에도, 외부 저장소 및 S3의 동기화 코드를 포함한 다양한 방법을 사용해 웹 인프라의 인스턴스화를 탐구했다. 이러한 수준의 실험은 파트너사와의 심도 있는 토론과 함께 우리의 아이디어를 새로운 모범 사례와 융합해 경쟁 기술에 효과적으로 무게를 두도록 하는 장을 제공했다.

클라우드 여정의 초기에 뿌리 내린 실험 문화는 지금도 아주 잘 자리 잡고 있다. 다양한 전문 기술을 갖춘 엔지니어와 개발자가 클라우드의 모든 것을 적극적으로 실험하도록 지원하고 있다. 우리는 하루 동안의 내부 해커톤 기간 동안 일래스틱 트랜스코더 ^{Elastic Transcoder}를 사용해 미디어 변환 파이프라인을 설계하고 개발했다. 상당한 재정적 투자 없이 조직이 실험할 수 있는 수단을 제공하는 AWS가 없었다면 실험에서 이 정도의 자율성을 실현할 수 없었을 것이다.

4. 적합한 파트너사 선정

컨트롤 그룹이 없었다면 우리가 했던 것처럼 빨리 자리를 잡을 수 없었을 것이다. 규모 면에서, 팀원이 늘면서 우리의 작은 시스템 엔지니어링 팀에 검증된 AWS 전문지식이 쌓이기 시작했다. 컨트롤 그룹은 고객이 자체 소프트웨어 개발 작업에서 쓰는 클라우드 내 시스템 구축 및 배포를 자동화하기 위해 확립된 모범 사례를 제공한다. 서비스 제공업체와 사용업체 모두 AWS에 대한 실제 경험은 우리의 학습 곡선을 급격하게 줄임으로써 클라우드 여정을 가속화하는 데 도움이 됐다.

클라우드 여정의 초기 단계에 파트너의 참여는 팀 교육, 내부 실험 및 작업에서 모범 사례의 적용을 지원했다. 이 긴밀한 관계는 지속적인 성공을 가능하게 했다.

5. CCoE 생성

초기 AWS 프로젝트가 거의 완료될 무렵, '다음' 요소에 초점을 맞췄다. 규모 면에서는 BIG에 집중했다. 이것은 상당한 지원이 필요할 것이다.

개발 및 시스템 엔지니어링 팀은 AWS를 기반으로 향후 프로젝트를 구축하는 방법을 논의했다. 이것은 역할이 어떻게 변화할 것인지, 어떻게 함께 일할 것인지, 그리고 이러한 작업 방식이 전체 속도에 얼마나 영향을 미칠 것인지를 깨닫는 시작이었다. 주요 웹사이트를 AWS로 이전하고 그 뒤를 이어 플랫폼에서 매우 기대되는 디지털 컬렉션 사이트의 출시 작업을 독립적으로 진행하면서 파트너 지원을 유지했다. 디지털 컬렉션 사이트는 클라우드에서 작동하는 우리의 능력을 실제로 테스트할 수 있을 만큼 크고 복잡했다. 당사의 시스템 엔지니어링 및 개발 팀은 출시까지 수개월 동안 충분한 전문지식을 확보했으며 제어 그룹을 통해 수요가 많은 웹사이트에 적합한 솔루션을 설계할 수 있다는 확신을 갖게 됐다.

우리는 여전히 CCoE, 그리고 심지어 데브옵스의 개념을 기반으로 아주 많은 일을 하고 있다. 경쟁 세력이 무엇인지 배우고 있으며 어떻게 균형을 맞출 것인가에 대해 어려운 질문을 던지고 있다. 예를 들면, '우리는 속도를 원하지만 시스템의 무결성을 희생시키고 싶지는 않다', '표준화를 원하지만 너무 많은 오버헤드는 원하지 않는다' 같은 것들이다. 이러한 질문들은 모두 최적화 측면에서 물어볼 수 있는 것들이다. 인프라 제공이 수개월에서 단 며칠로 바뀌었지만, "어떻게 하면 더 좋고 빠르게 할 수 있을까?"라는 질문을 계속 하고 있다.

6. 하이브리드 아키텍처 구현

이것은 뉴욕 공립 도서관에 절대적으로 필요한 사항이었다. 우리가 계속 운영해야 하는 상당한 온프레미스 인프라를 갖고 있기 때문이다. 주된 초점은 AWS에서 새로운 제품을 만들고 우리가 (편리하게) 플랫폼으로 옮길 수 있는 사이트들을 옮기는 것이다. 레거시 콘텐츠를 클라우드로 이전하려는 조직의 욕구는 점점 커지고 있다. 그러나 이전을 실행해야 하는 리소스들은 때때로 새로운 제품을 만드는 데 더 잘 활용되기도 한다. 규모 면에서 마이그레이션 목표를 현명하게 선택해야 하며, 레거시 시스템을 통한 모든 옵션을 고려해야 한다. 마이그레이션과 감가상각은 별개의 것이다. 그동안 우리는 하이브리드 아키텍처를 적극적으로 지원한다.

7. 클라우드 퍼스트 전략 구현

이 사항은 부분적으로 구현했다. 우리는 AWS에 웹 중심의 시스템을 구축하는 데 매우 능숙하며, 이러한 시스템은 거의 항상 클라우드에 구축된다. 사실, 새로운 웹 솔루션을 온프레미스에 배치해야 하는 설득력 있는 기술적 이유가 있을 것이다. 클라우드에 다른 유형의 비즈니스 애플리케이션을 구축하는 방법에 대해서는 아직 배울 점이 있으며, 이러한 경우에도 SaaS 제품이 실행 가능한 대안인지 여부를 묻는 경향이 있다. 클라우드 퍼스트 정책으로 가는 길은 클라우드 여정에 성과들로 포장된다. 비용 및 효율성 이점은 스스로를 대변하고 클라우드 퍼스트가 최적의 전략이라는 사실을 깨닫게 한다.

요약

스티븐과 내가 처음 만나서 얘기를 나눴을 때 뉴욕 공립 도서관은 이제 막 클라우드 여정을 시작했다. 우리는 그때 이후 오랜 시간을 함께하고 있고 성공을 위한 모델도 점점 더 명확해지고 있다. 7가지 모범 사례를 통해 스티븐이 명확하게 정리해준 내용은 클라우드 여정을 진행 중인 어떤 조직이든, 클라우드 여정의 어느 단계에서든 많은 도움이 된다. 이 결과물이 클라우드 여정을 어떻게 시작하는지, 어디서부터 시작할지를 고려하는 사람들에게 도움이 되기를 바란다. 모든 성공 사례가 모여 있는 도서관에 이 사례도 추가하고자 한다. 더불어 모든 이야기는 학습의 기회인 만큼 나도 여러분의 경험을 듣고 싶다.

39

채널 4가 AWS로의 이전을 통해 유지, 수익, 범위를 구축하다

– 배리 오라일리 Barry O'Reilly /
이그젝캠프 ExecCamp 창립자이자 『Lean Enterprise』의 공동 저자

채널 4는 영국의 가장 큰 텔레비전 네트워크 중 하나다. 2012년, 대부분의 텔레비전 방송사와 마찬가지로 채널 4는 시청률이 낮아지고, 광고 수익이 감소하며, 새로운 고객에게 다가갈 수 있는 방법이 부족했음을 인지하고 있었다. 그 결과, 그들이 가진 콘텐츠를 활용하고, 제품과 서비스를 혁신하며, 사업에 미래 성장과 지속 가능성을 창출할 새로운 방법을 시급히 고안할 필요가 있었다. 동시에, 채널 4는 조직 내부의 기술 역량에 큰 위기가 있었다. 조직이 이관을 하려고 했던 많은 핵심 이니셔티브에 대해 (높은 수요와 스트레스 부하로 인한 주기적인 시스템 장애와 같은) 어려움과 지연이 있어왔다.

여러 가지 이유로 조직의 비즈니스 부문과 기술 부문 사이에 골치 아픈 관계가 있었다. 비즈니스 그룹이 아름다운 사무실에서 일하는 동안, 기술 팀은 1940년대 건물의 먼지투성이 회색 칸막이 공간에서 일해야 했다. 이렇게 조직의 두 부문 사이에는 부실한 협력과 낮은 신뢰 관계 등 가지각색의 과거가 있었다.

요리사 제이미 올리버 Jamie Oliver 는 가장 인기 있는 온라인 탤런트 중 한 명이었다. 그의 쇼는 매주 영국 인구의 약 10%가 시청했다. 이 쇼가 끝날 때 제

이미는 시청자들에게 채널 4 웹사이트에서 해당 에피소드의 레시피를 얻으라고 말하곤 했는데, 이후에 무슨 일이 일어날지는 여러분이 상상하는 그대로다. 채널 4 웹사이트는 평소 몇천 명인 방문객 수가 순식간에 5백만 명으로 증가할 것이다. 웹사이트는 다운되고 시청자의 관심이 매출로 이어질 기회는 모두 날아가 버릴 것이다. 그뿐 아니라 채널 4가 이 기술적 도전 과제를 중심으로 쇼 스케줄을 짜야 한다는 것을 의미하며, 메인 웹사이트가 다운되지 않도록 특정 시간에 특정 쇼의 진행을 피했다.

기술 관점에서 당면한 과제는 채널 4가 어떻게 기술 역량을 확장해 수요를 충족하고, 고객을 만족시키고, 콘텐츠를 최대한 활용할 수 있는가다. 기껏해야 일주일에 몇 번만 필요한 값비싼 인프라 시설에 많은 돈을 투자하고 싶지 않았으나, 향후 이니셔티브를 위해 훨씬 더 큰 용량을 구축해야 한다는 압력이 거세지고 있었다. 예를 들어, 그 기업은 채널 4가 그들의 제품과 서비스를 혁신하면서 해당 콘텐츠를 수익화할 수 있는 기회를 제공하는 스크랩북Scrapbook이라는 새로운 서비스를 고안해냈다. 이 아이디어는 현재 핀터레스트Pinterest가 된 것과 비슷했는데, 이 TV 방송국은 방송에 영향력 있는 사람들이 방송에서 이야기할 그들의 제품을 광고하기 위해 다른 회사들과 제휴를 맺을 것이다. 예를 들어, 제이미 올리버는 "내가 헹켈에서 산 이 멋진 새 칼들을 봐."라고 말할지도 모른다. 다음으로 그 쇼가 방영된 후 시청자들은 제이미의 스크랩북으로 갈 수 있었고, 쇼에서 사용한 칼, 혹은 요리법에 사용한 음식을 파는 청과물 상점 등으로 연결될 수 있을 것이다.

상황을 더욱 복잡하게 하기 위해, 새로운 스크랩북을 전달하려면 여러 이해관계자 그룹의 참여가 필요할 것이다. 이들 그룹에는 채널 4 리더십 팀, 비즈니스 제품 및 기술 부서, 제품을 만들기 위한 흥미로운 아이디어를 고안해내려는 설계 기관, 채널 4 운영 팀, 그리고 실제로 소프트웨어를 구축하는 책임을 맡고 있는 이관delivery 팀 등이 있다.

하지만 그게 다가 아니었다. 내가 함께 일한 회사인 소트웍스ThoughtWorks, 그리고 채널 4의 인프라를 클라우드에서 호스팅하기로 선정된 아마존 웹 서비스AWS를 포함한 새로운 파트너사가 있었으며, 그들은 10gen의 몽고DB MongoDB라는 새로운 NoSQL 데이터베이스 기술과 인프라를 통합하는 임무를 맡았다. 그래서 채널 4의 목표를 달성하기 위해 각각 한 개체로 모이려고 노력하는 8개의 개체가 있었다. 이 특별한 구성이 규모 면에서 함께 테스트된 적이 없다는 것이 가장 큰 장점이었다. 그 팀은 진정으로 새로운 영역을 개척하고 있었다.

스티븐은 종종 "문화는 아침식사로 전략을 먹는다."라는 농담을 한다. 하지만 한 조직에 여러 가지 문화가 있을 때, 성공을 위해 어떻게 하나의 문화로 만들 것인가? 이것이 우리가 직면한 도전 과제였고, 이 팀에 대한 지침 중 하나였다. 여러 회사가 결과물을 이관하려고 할 때, 무언가 잘못되고 있는 것 같으면 모든 사람이 다른 사람을 비난하는 경향이 있다. 왜냐하면 우리는 이 제품을 이관하는 데 기여하는 여러 공급업체들과 사업체들, 기술들, 그리고 이 모든 업체들에 걸쳐 원-팀one-team의 사고방식, 행동, 문화를 만들기 위해 정말 열심히 일했기 때문이다.

우리의 가이드 원칙은 '우리 모두가 성공해야만 성공할 수 있다'는 것이었다. 각 부분별로 성공하는 것은 아무 의미가 없었다. 우리에게 주어진 기간 동안 달성해야 했던 원하는 결과를 얻기 위해, 이것은 개인적 비난보다는 집단의 책임 문화를 조성하는 것을 의미했다. 그리고 우리가 사용한 많은 기술에 대해 현실적으로 가능한 허용 임계치를 찾고 있었다. 예를 들어, 초당 2,500개의 페이지 로드를 처리하기 위해 몽고DB와 AWS를 결합하는 것은 전에 해본 적이 없었다. 불확실성도 높았고, 제약도 만만치 않았다.

우리는 채널 4의 본사 근처에 사무 공간을 빌려서 항상 함께 일하고 협력할 수 있는 방을 만들었다. 문 꼭대기에는 '회고retrospective — 최상위 지령'이라는 성명서가 있었다. 회고처럼 지속적인 개선 활동을 시행하기 위한 기본 지침은 최상위 지령이라는 것이다. "우리가 발견한 것과 상관없이, 우리는 모든 사람이 그들이 당시에 알고 있던 것, 그들의 기술과 능력, 이용 가능한 리소스, 그리고 당면한 상황에 비춰볼 때 그들이 할 수 있는 최선의 일을 했다고 이해하고 진실로 믿는다."

회고의 목적은 제품 전달과 관련된 성공과 실패, 그리고 왜 그것이 발생했는지와 어떻게 개선할 수 있는지를 탐구하는 것이며, 그것을 비난 용도로 쓰지 않는 것이다. 우리는 모두가 한마음으로 채택한 그 문구를 벽에 붙였다. 스티브 잡스는 매킨토시를 개발할 때 이런 접근법에 대해 이야기하곤 했다. 그들은 매일 끊임없이 아이디어를 통합하고 테스트하면서, 다음 제약을 찾아내고, 배운 것을 바탕으로 제품을 반복하며, 계속해서 앞으로 나아갔다.

아마존 웹 서비스는 그 당시 영국에서 이 정도 규모의 배포를 한 적이 없었고, 어떤 회사도 0명에서 500만 명 규모로 빠르게 확장해야 하는 일을 단 몇 초 만에 해본 적이 없었다. 10gen은 이 정도의 성능에 대처하기 위해 몽고DB 데이터베이스를 지원하고자 드라이버를 개선하고 있었고, 이전에는 그런 일을 해본 적이 없었다. 우리는 모두 지식의 한계점 밖에 있었지만, 모두 함께 그것을 알아내고 있었다. 우리가 정말 열심히 했던 일은 거의 매일 모여서 우리가 했던 모든 일을 통합하는 빠른 실험, 테스트, 학습 반복의 문화를 창조하는 것이었다. 그런 다음 모든 성능 테스트를 실행해 해당 사이트가 우리가 해결해야 하는 부하 수준에 대처할 수 있는지 확인했다.

언제나 그 과정을 통해 버그나 문제, 또는 망가진 것들을 발견하곤 했지만, 누구의 잘못인지 탓하거나 할당하는 데 시간을 낭비하지 않았다. 그 과정에서 정말 놀라운 일은 사람들이 누구 잘못인지 파악하는 데 집중하기보다는 문제나 실패를 시스템을 계속 개선할 수 있는 배움의 기회로 본다는 점이다. 그러고 나서 우리가 배운 것이 무엇이든 제품의 다음번 반복으로 피드백을 주고 나서, 가능한 한 빨리 변화를 통합하고 테스트를 다시 실행했다.

우리는 늘 뒤처지고, 결코 이관을 하지 않는 코스트 센터 같은 IT의 오래된 모델보다는, 기술이 채널 4의 전략적 역량이 될 수 있다는 걸 보여줄 기회를 스크랩북이 제공한다는 걸 알았다. 그것은 회사의 변화를 위한 촉매제였다. 19주라는 매우 어려운 기간 내에 스크랩북을 출시했고, 제품과 콘텐츠는 온라인 고객들로부터 정말 좋은 평가를 받았다. 그들은 이 새로운 개념의 스크랩북을 좋아했고, 방송인들이 만들어내는 다양한 콘텐츠와 사람들이 상호작용할 수 있다는 것도 무척 좋아했다.

그 결과, 새롭고 흥미로운 방식으로 콘텐츠를 수익화함으로써 조직에 새로운 수익원을 제공했다. 웹사이트에 더 이상 장애는 없었고, 채널 4가 이것을 달성한 것은 그들 역사상 처음이었다. 심지어 업계에서 뛰어난 기술력으로 혁신상을 수상하기도 했다. 채널 4의 실제 결과는 원-팀으로 구성된 팀이 비즈니스 모델을 혁신하고 고객에게 큰 결과를 제공할 수 있는 전략적 능력으로서 기술을 활용하면서 한 팀으로 구성된 것이었다.

이 프로젝트에서는 채널 4에 의해 달성된 성공적인 결과 외에도 많은 훌륭한 것들이 나왔다. 아울러 이 프로젝트는 내가 『Lean Enterprise』 책을 공동 집필할 수 있는 동기가 됐다. 우리가 제품 개발 중에 사용한 많은 개념은 책에 직접 입력된 원칙이었다. 또한 클라우드와 팀의 인프라 선두주자인 키프 모리스 Kief Morris 는 채널 4 스크랩북 미션에서 시작된 『Infrastructure as Code』라는 책을 썼다.

40

미래는 아무도 기다려주지 않는다:
캐피털 원의 AWS 클라우드 여정

– 조너선 앨런 / AWS 유럽중동지역 엔터프라이즈 전략 담당 및 에반젤리스트

원문(2017년 6월 16일): http://amzn.to/capital-one-journey-aws

> "뭔가 하려고 할 때 생각이 너무 많으면, 아무것도 할 수 없다."
>
> – 이소룡

항상 내 마음속에 박혀 있는 인용구가 있는데, 마블 코믹스 팬들은 잘 알 것이다. "큰 힘을 가지면, 그만큼 큰 책임이 온다." 나에게 있어 그 큰 책임은 영국 캐피털 원에 있는 수백만 명의 고객들이 매번 어김없이 회사의 기술 서비스를 이용할 수 있게 하는 것이었다.

그러나 안타깝게도 대부분의 기술 리더들과 마찬가지로 서비스 장애 가능성에 대해 진지하게 생각했던 때가 엄청 많았다. 그리고 실제로 장애가 발생했을 때 나는 위험 요인에 약간 더 중점을 두기도 하지만, 약간은 위험 요인을 회피하려 하는 것도 알게 됐다. 이건 자연스러운 일이다. 그러나 이 공포가 당신을 사로잡았을 때, 변화에 대한 여러분의 욕구는 대체로 감소하기 쉽다.

물론, 우리가 완전히 이성적이면 이러한 생각의 결함은 빠르게 표면화된다. 왜냐하면 삶에서 유일한 상수는 '변화change'라는 단어이기 때문이다. 그리고 놀랍게도, 이것은 매일 빨라진다! 나는 우리가 지금 경험하고 있는 디지털 파괴 Digital Disruption 와 4차 산업혁명[1]이 포용돼야 하고, 완전히 수용돼야 한다고 믿는다. 그렇지 않으면 그것은 당신의 비즈니스를 그냥 소모시킬 것이다. 그렇기 때문에 우리 모두를 위한, 모든 기술 리더를 위한 선택은 꽤 간단하다. 아무것도 하지 않고 사라지거나, 생존하고 번영하기 위해 클라우드 변화를 수용하는 것이다. 어떤 선택이 더 큰 위험을 안고 있는지 스스로에게 물어보라.

내가 AWS에서 일하기 시작한 것은 이런 큰 사건들을 배경으로 하고 있다. 2017년 4월, 영국 캐피털 원에서의 임기가 끝났다. 나는 놀랍게도 17년 동안 근무했으며 리더십, 변화, 기술, 은행업에 대해 상상 이상으로 배웠다. 특히 리더로서 여러분이 원하는 모든 의도와 아이디어를 얻을 수 있음을 알았다. 반면 팀원의 생각을 듣고, 배려하고, 적극적으로 지원해서 팀의 신뢰와 존경을 얻지 못한다면 여러분은 그저 아무것도 아닌 사람이 된다는 것도 알았다. 다행히 캐피털 원에는 멋진 팀과 훌륭한 매니저, 그리고 아주 든든한 동료들이 있었다.

변화로 인한 상당한 보상

나의 지난 3년은 가장 흥미진진했다. 영국지사의 CTO로서, 캐피털 원이 AWS를 주요 플랫폼으로 채택함에 따라 국민, 프로세스 및 기술 변화를 주도할 수 있는 특권을 갖고 있었다. 이는 내 직업과 인생을 바꾸는 경험이었다. 비록 그것이 모두 새로웠을 때, 특히 우리를 안내할 로드맵이 많지 않을 때(AWS는 이제 캐피털 원 같은 회사들과 제휴해 하나의 로드맵을 만들었다)[2] 솔직히 약간 무섭긴 했지만 말이다. 우리는 결국 극복해냈으며, 다른 동료들과

---

1   https://www.weforum.org/agenda/2016/01/digital-disruption-has-only-just-begun/

2   https://aws.amazon.com/map/

마찬가지로 우리가 보상을 받으려면 그만큼 어려운 것들을 이뤄내야만 한다는 사실을 나 역시도 배웠다.

이는 최근 내가 EMEA 엔터프라이즈 전략 담당 및 에반젤리스트로 AWS에서 일하기로 한 결정을 이해하는 데 도움이 되며, 내가 지금 왜 AWS 학습과 경험을 전 세계의 회사들과 공유하기를 원하는지도 설명이 될 것 같다.

AWS 클라우드가 모든 것을 변화시켰다

나는 인프라, 애플리케이션 개발 및 지원의 거의 모든 분야에서 선두적인 팀들로부터 엄청난 혜택을 받았다. 그리고 캐피털 원에서 전통적인 역량과 매트릭스 형태의 온프레미스 환경에서 팀과 기술을 어떻게 운영하는지에 대한 독특한 통찰력을 얻었는데, 이는 매우 제한적이었을 뿐만 아니라 클라우드 상에서 철저하게 변화가 이뤄져야 하는 것이었다.

예를 들어, 우리가 숙련된 AWS 엔지니어들과 함께 티핑 포인트 tipping point 에 이르렀을 때를 매우 생생하게 기억한다. 여러 엔지니어들과 팀들이 모두 이해하고 있는 공통의 클라우드 빌딩 블록을 사용할 수 있다는 점 때문에 아이디어에 서로 경쟁이 붙다 보니 회의실의 분위기가 고조되곤 했다. 이는 다소 안타깝지만 자기만 관심이 있는 온프레미스 엔지니어링에서 기술 역량과 사일로화된 것들이 너무 대비된다. 그리고 낡은 온프레미스 방식으로 팀을 다시 이끈다는 건 상상조차 하기 어렵다.

2014년 당시를 돌이켜보면, 이제 막 통합 온프레미스 인프라 구축이 끝난 후 우리는 좋은 환경을 구축했다고 생각했다. 좀 더 빠른 진전이 있었고, 약간의 혜택도 있었다. 나는 우리가 성장하기 위한 일종의 숨쉬는 공간을 구매했다고 생각했다. 사실 실제로 그런 건 아니었다. 여러분이 자체 데이터 센터를 운영하는 것에 대한 오래되고 뻔한 얘기는 예전부터 그랬던 것처럼 만연해 있다. 이를테면 여전히 고립된 기술, 신뢰성 이슈, 날아가 버린 자동화의 꿈, 확장하기 어려운 시스템, 하드웨어가 자본 집약적이고 시간에 쫓길 경우 실험에 대한 욕구 불만 같은 것들이다.

이 시점에서 가장 골치 아픈 문제인 지속적인 하드웨어 업그레이드를 이 목록에 추가한다. 그 주기는 너무나 예측 가능하고 반복적이며 소모적이었다. 우리는 스토리지 어레이 / 빅 시스템 업그레이드 프로젝트를 완료하기 위해 열심히 노력했고, 그런 다음 프로젝트를 시작했다. 그리고 계속 반복됐다.

확실히 더 좋은 방법이 있다고 생각했고 실제로 있었다. 캐피털 원의 미국 동료들은 AWS 클라우드 기술 및 운영 모델을 테스트하고 혁신 연구소에서 실험해왔다. 인프라스트럭처를 즉각적으로 프로비저닝할 수 있는 능력과 보안 및 탄력성은 매우 매력적이었다. 왜냐하면 마침내 그 오래된 뻔한 얘기들이 하나씩 파괴되고 있었기 때문이다. 설립자 및 CEO는 글로벌 및 부서별 CIO의 리더십과 함께 우리에게 변화의 청신호를 주었다. 그래서 우리는 시작했다.

당시 영국에서는 아웃소싱이 심했고, 폭포수 공정^{waterfall process}을 운영하고 있었으며, 주로 레거시 기술에 숙련된 기술자들을 보유하고 있었다. 말도 안 되는 시도를 하기도 쉬웠을뿐더러, AWS를 통해 클라우드로 마이그레이션할 수 있는 '방법'을 지나치게 많이 생각하려고 하기도 쉬웠다.

하지만 그렇게 하는 대신 'Bias for Action' 정신으로 그냥 시작했다. 그리고 첫 번째 제품을 지원할 수 있는 클라우드 운영 환경을 구축하기 위해 공간과 지원, 집중력을 갖춘 소규모 멀티 스킬(2피자)[3] 팀으로 출발했다.

시간이 흐르면서 한 팀은 두 팀이 됐고, 점점 더 많은 팀이 됐다. 우리는 고객 문제를 해결하기 위해 필요했던 AWS 클라우드 인프라의 다른 영역을 구

---

3 http://whatis.techtarget.com/definition/two-pizza-rule

축했다. 그리고 도중에 놀라운 일들이 일어났다. 엔지니어들은 사일로에서 벗어났고, 공통적이고 통합적인 기술력과 언어가 생겨났으며, 하나의 레거시 데이터 센터 기술에 두세 명의 엔지니어가 있는 대신, 갑자기 많은 AWS 인프라 개발자들이 데이터 센터에서 하드웨어를 패치, 설치 및 업그레이드하는 것 이상을 했다. 심지어, 우리는 고객이 어려워하는 문제에 대해 적절한 AWS 빌딩 블록을 활용해 해결하는 개발 팀의 일부가 됐다.

첫 번째 운영 인스턴스를 통해 혁신을 위한 패턴을 수립했다. 여기에는 블루/그린 배포, 빠르고 빈번한 배포, 엔드 투 엔드 로깅과 모니터링, 파이프라인 코드를 통해 가능한 한 모든 것을 배포하는 등의 기능이 포함됐다. 모두 플랫폼이 제공할 수 있는 설계에 따라 고유한 탄력성 및 가용성을 활용할 수 있다.

너무 많이 생각하지 말고 그냥 시작하라

기술의 속도는 느려지지 않고 있다. 4차 산업혁명 시대에 경쟁하려면 거인의 어깨에 설 수 있어야 한다. AWS를 사용하면 경쟁하는 데 필요한 초능력을 얻을 수 있다. 처음에는 오랜 시간 하기로 되어 있었음에도 결코 이관되지 않았던, 기술 빌딩 블록 기반의 혁신적 고객 솔루션을 구축한다는 역량은 결국 그저 코드 몇 줄 속으로 사라졌다.

변화를 받아들여라. 그리고 벽에 부딪혔다고 생각될 때마다 '당신이 가정한 제약은 모두 논쟁의 여지가 있다'는 점을 기억하기 바란다.

41

IT의 권한 이양: 유럽의 메이저 전력/수도 회사 SGN은 어떻게 클라우드를 이용해 IT 현대화를 이뤘는가

– 폴 한난 / SGN 최고기술책임자

원문(2017년 5월 9일): http://amzn.to/sgn-cloud-journey

"탈중앙화는 통제력을 잃는 것이라고 믿는 사람들이 많다.
한마디로 이건 사실이 아니다.
여러분이 사람을 통제하는 게 아닌 사건을 통제하는 것처럼
'통제'를 바라본다면 통제를 더욱 잘할 수 있다."
– 윌버 크리치^{Wilbur Creech} / 전 미합중국 공군대장

AWS^{Amazon Web Services}의 엔터프라이즈 전략 책임자로서 일하면서, 세계 최대 기업의 가장 미래 지향적이고 혁신적인 경영진들이 현대 기술을 사용해 비즈니스를 어떻게 변화시키고 있는지 알 수 있는 기회를 갖게 되어 나는 매우 행운이라고 생각한다. 의미 있는 변혁에는 강력한 리더십이 필요하며, 최근 SGN의 최고기술책임자인 폴 한난과의 대화를 통해 그의 추진력, 열정, 그리고 리더십, 변화, 조직 변화 등에 대한 관점이 전이된다는 사실을 알게 됐다. 나는 다른 사람들이 동의할 것이라고 생각했고, 폴이 자신의 경험을 글로 써주기로 한 것에 감사의 마음을 표한다!

유틸리티 기업들은 많은 산업과 마찬가지로 폭넓고 다양한 원인들로 인해 엄청난 혼란을 겪고 있다. 예를 들어 에너지 구성의 변화(석탄과 석유 비율이 감소하는 동안 천연 가스의 역할이 계속 확장됨), 재생 에너지 자원은 경제적으로 더 활성화되고, 전기 자동차, 신규 시장 진입업체, 진화하는 사이버 위협 및 새로운 운영 모델 등에서 극적인 증가를 보이고 있다. 그 결과, 유틸리티 기업들이 기술을 사용하는 방식은 보조를 맞추기 위해 변화할 필요가 있다. '스마트' 그리드, 실시간 네트워크 모니터링, 로보틱스, 인공지능, 분석 등의 활용이 표준화되고 있다. 오늘날 유틸리티 제공업체와 기타 조직이 기술에 점점 더 의존하고 있는 것을 흔히 4차 산업혁명이라고 표현하고 있다(세계경제포럼 World Economic Forum 참고).[1]

사용자, 이해관계자 및 규제기관에 대한 기대치가 당연히 치솟았다. IT가 이러한 기대에 부응하기 위해서는 기존의 기술 제공 방식과는 매우 다른 길을 가야만 했다.

나는 권한 이양의 중요성을 강하게 믿는다. 메이저 유틸리티 기업의 최고기술책임자CTO로서, 나는 IT의 권한 이양을 중심으로 한 기술 전략을 채택했다. 이는 표준화, 인프라 패턴, 자동화, 오케스트레이션을 활용하는 클라우드 서비스의 대규모 채택을 통해 가능했다.

이것은 일부 최고기술책임자들의 전통적인 '명령-통제command-and-control' 방식과 상충될 수 있지만, 기술 사용을 통해 가치를 달성할 수 있는 가장 짧은 경로를 우리 사업에 제공하고, 미래 조직에 IT 기능이 지속적으로 관련되도록 하는 것이 필수적이라고 생각한다.

이 글을 쓰기 18개월 전, SGN은 비즈니스의 미래를 위한 올바른 일은 클라

---

1 https://www.weforum.org/focus/the-fourth-industrial-revolution

우드 기술의 광범위한 채택을 추진하는 것이라고 결정했다. 이는 IT 부서에 의해 추진되기보다는 오로지 우리의 기업 전략과 냉철하고 단단한 경제학에 의해 추진됐다. 비즈니스에 대해 설정한 과제를 달성할 수 있는 유일한 방법은 IT 서비스인 클라우드를 제공하는 데 있어 훨씬 더 민첩하고, 안전하고, 비용 효율적이며, 내구성이 뛰어난 방식을 채택하는 것이었다.

이와 같은 특성을 가진 맞춤형 기능을 구축하기 위한 관련 비용과 복잡성은 경제나 시장 출시 기간 측면에서 도저히 실현될 수 없었다. 하이브리드 모델을 피하기 위해 대규모, 올인 마이그레이션에 초점을 맞췄고, 2개의 다른 운영 모델, 상용 모델, 보안 모델을 실행하는 것은 우리에게 너무 큰 위험이었다!

AWS의 엔터프라이즈 전략 책임자 스티븐 오반은 최근 클라우드가 IT 조직이 비즈니스를 통제하는 것보다 더 큰 자율성을 제공하는 데 어떻게 도움이 되는지 설명했는데, 나는 전적으로 동의한다.

그러나 나는 또한 클라우드 서비스 드라이브의 대규모 채택이 비즈니스 내에서 훨씬 더 광범위한 비즈니스 혁신을 추진하기 위한 25년 동안 한 번 있을 수 있는 기회를 제공한다고 생각한다. 최근, 나의 친한 친구 중 하나는 '클라우드가 당신이 IT를 분류할 수 있게 하는 동시에 수년 동안 감춰져 있던 다른 모든 프로세스 비효율성에 빛을 비추게 한다'는 것을 고려할 필요성을 설명했다.

어느 누구도 클라우드 서비스의 채택이 그저 그런 기술 프로젝트라고 얘기하지 않게 해야 한다. 클라우드는 IT 내부와 그 이상의 광범위한 혁신 프로그램을 위한 촉매 역할을 하며, 따라서 IT를 실무진에서 경영진 쪽으로 끌어올리는 것이 아니라 이사회 차원에서 실무진을 향해 아래쪽으로 프로그램을 구동하고 지원하는 것이 필수적이다.

내가 클라우드 프로그램을 '변혁의 실마리를 뽑는다'라고 언급했는데, 이에 관해 설명하면 다음과 같다.

여기서 원칙은 한 가지 변화가 더 큰 영향을 미칠 것이며 한 가지 요소를 변경하면 다른 레거시 프로세스가 풀린다는 것이다. 클라우드 기술을 사용하고 자동화, 표준화된 서비스 소비, 구매 금지, 상용 및 기술 이식성 등과 관련된 모범 사례를 채택할 경우 IT 조직에 큰 영향을 미칠 수 있다는 것이 우리의 경험이었다. 모든 사람의 역할은 법무, 조달, 금융, 미지급 계정, 감사, 기업 위험 및 비즈니스 프로그램 제공 같은 훨씬 더 광범위한 영역에 영향을 미칠 것이다.

예를 들어, 클라우드가 직간접적으로 가능하게 한 변화 영역은 다음과 같다.

- 전체 IT 부서의 조직 개편: 새로운 목표 운영 모델이 구축 및 운영에서 벗어나 직접적인 비즈니스 참여 및 컨설팅을 지향하도록 변경됨. SIAM Service Integration and Management (서비스 통합 및 관리) 또는 MSI Multi-supplier Integration (다중 공급업체 통합) 운영 모델 채택

- 현저하게 향상된 보안으로 전환: 제로 터치 zero-touch, 제로 트러스트 zero-trust, 제로 패치 zero-patch, 노 픽스 no-fix 같은 모범 사례 보안 모델 채택

- 비즈니스와 협력하는 새로운 방법: IT에 의한 참여나 오너십 없이도 IT 솔루션을 제공할 수 있는 비즈니스의 능력은 관계의 균형을 완전히 바꿔놓았다. 비즈니스가 주도하는 프로그램은 지속적인 비즈니스 후원, 참여 및 책임성을 보장하는 데 이상적이다.

- 진입장벽이 낮아짐에 따라, 새로운 상업용 벤처와 프로젝트는 우리 기업이 시험하고 채택해 운영 및 상업용 혁신을 주도할 수 있도록 경제적으로 더욱 활성화된다.

- 법무 및 구매의 초점 변경: 맞춤형, 장기 계약에서 표준화된, 종종 협상 불가능한 조건의 수락까지.

- 유틸리티 컴퓨팅, 클라우드 환경에서 공급업체 지불 지연의 전체 라이프사이클에 초점을 맞추면 서비스 가용성에 위험이 발생한다. 제때에 청구서 비용을 지불하지 않으면 여러분은 해고될 것이다!
- 새로운 재무 모델(IT 지출의 자본화에서 벗어나 운영 비용으로의 전환)을 재무 팀과 세무 팀이 이해해야 함
- 데이터 레지던시 data residency 규제와 같이 위원회 수준에서 추적되는 새로운 기업 리스크

이는 클라우드 기반 서비스의 채택이 여러분의 비즈니스에서 추진하는 데 도움이 될 광범위한 변경사항들을 모아놓은 것에 불과하다. 각각의 비즈니스는 독특하지만 지금까지 클라우드 도입 과정에서 얻은 조언 중 하나를 공유한다면 다음과 같다. **'여러분 회사의 클라우드 프로그램을 기업 전략에 맞게 조정하기 바란다. 이렇게 하면 회사에서도 반박할 수 없을 것이다.'** 이 전략을 전달하는 데 긍정적인 영향을 미칠 어떤 이니셔티브도 그것이 명확하게 정의되고 잘 생각하다 보면 여러분의 경영진은 관심을 보일 것이다.

또한 상호 이익을 얻을 수 있는 관계를 만들기 위해 클라우드 서비스 제공업체의 파트너십에 투자하기 바란다. 그것은 신기술 채택의 위험을 줄이고 실제로 여러분이 투자한 것 대비 최대한의 이익을 얻는 것을 기본으로 한다. 기존의 대립형 고객/공급업체 모델은 앞으로 나아가지 못할 것이다.

클라우드 서비스의 채택은 새로운 업무 방식, 새로운 비즈니스 모델 및 모범 사례 프로세스의 채택을 촉진하기 위한 조직 내 진정한 변화의 에이전트가 될 수 있다. 나는 여러분이 클라우드 여정에 최선을 다했으면 한다. 어느 누구도 클라우드 여정이 그냥 IT 프로젝트라고 얘기하지 못하게 하기 바란다!

42

장애에 대응하는 클라우드 기반의 민첩성: 미국 적십자사 사례

- 마크 슈워츠 / AWS 엔터프라이즈 전략 담당

원문(2017년 12월 19일): http://amzn.to/red-cross-disaster-agility

클라우드에서 엔터프라이즈 민첩성에 대해 얘기할 때, 데브옵스 또는 애자일 소프트웨어 이관 절차를 통해 이를 달성하라는 얘기를 종종 하곤 한다. 즉, 애자일 소프트웨어 이관 절차란 빠르게 인프라스트럭처를 프로비저닝하고, 배포된 소프트웨어를 적재하고, 사용자로부터 빠르게 피드백을 받고, 순발력 있게 규모를 확장/축소하기 위한 민첩성에 대한 것이다. 하지만 소프트웨어 민첩성은 클라우드를 사용할 수 있게 하는 엔터프라이즈 민첩성 중 하나일 뿐이다.

2017년 8월 25일, 허리케인 하비 Harvey가 텍사스주 해안가를 강타하면서 휴스턴 지역에 52인치(약 1320mm)의 폭우가 쏟아졌고 이로 인해 1,800억 달러(한화 약 2.1조 원)의 재산 피해를 냈다.[1] 미국 적십자사는 구호시설을 열고 음식과 위로물품, 그리고 절실하게 도움을 필요로 하는 사람들을 위해 수백 명의 자원봉사자를 현장에 배치했다. 결과적으로 종합해보면 적십자사는 긴급 보호시설에서 414,000명의 거처와 450만 개의 식사 및 간식을 제공하

---

1 Kimberly Amadeo, "Hurricane Harvey Facts, Damage, Costs," *The Balance* (website), September 30, 2017, https://www.thebalance.com/hurricane-harvey-facts-damage-costs-4150087

고, 160만 개의 치료제를 배포하기 위해 파트너사와 함께 일했다. 국민적 성원에 힘입어 적십자사는 첫 두 달 동안 가장 심각한 피해를 입은 가구 중 약 573,000가구에 2억 2900만 달러의 재정 지원을 할 수 있었다.[2] 하비는 2017년 가을에 미국을 강타한 유일한 대형 재난은 아니었다. 실제로 하비가 텍사스에 상륙한 지 45일 만에 적십자사는 일마Irma, 마리아Maria, 네이트Nate 등 연이은 허리케인을 포함한 5건의 크고 복잡한 재난에 대응했다.

예측 불가한 재난에 빠르게 대응해야 하기 때문에 적십자사에는 항상 민첩성이 요구된다. 그러나 하비의 경우, 그러한 대응 능력조차 도전을 받았다. 즉, 피해 규모와 이용 가능한 지원의 양이 합쳐져 적십자 콜센터를 순식간에 제압할 만큼 전화의 홍수를 일으켰다. 그 결과, 적십자사는 아마존 커넥트Amazon Connect[3]의 구현 전문 APNAWS Partner Network[4] 파트너사인 보이스 파운드리Voice Foundry[5]의 서비스를 진행했다. 아마존 커넥트는 아마존 고객 서비스 담당자들이 전 세계적으로 사용하는 것과 동일한 기술을 기반으로 하는 셀프 서비스 클라우드 기반 고객 지원 센터 서비스다. 48시간 내에 새로운 콜센터가 가동됐고 아마존 직원들은 허리케인 피해 지역 3곳에 대한 전화 요청을 받고 있었다. 이것은 일반적인 적십자사의 자원봉사 콜센터를 보완하는 데 도움이 됐다. 2주 후 최고 통화량이 줄어들자 아마존 커넥트 기반 콜센터는 디프로비저닝됐다.

이러한 엔터프라이즈 민첩성의 승리는 신속하게 대응하는 적십자 문화, 재해 당시 노력을 동원하고 집중하는 능력, 그리고 대응 방법을 알고 있는 APN 파트너의 숙련된 경험에 의해 가능했다. 애자일 소프트웨어 이관과 마

---

2   American Red Cross (blog), "Hurricane Harvey Response: At the 2 Month Mark," November 2, 2017, http://www.redcross.org/news/article/local/texas/gulf-coast/Hurricane-Harvey-Response-At-2-Month-Mark

3   https://aws.amazon.com/connect/

4   https://aws.amazon.com/partners/

5   https://voicefoundry.com/

찬가지로, 이러한 승리는 조직 사일로에서 일하는 소규모 교차 기능 팀의 행동을 통해서도 달성됐다.

이번 경우, 3명의 보이스 파운드리 전문가로 팀을 구성했다. 이들은 매일 두 번씩 통화를 할 수 있도록 지원했으며 적십자, 보이스 파운드리, 아마존의 리더들도 여기에 동참했다. 이 팀은 밤사이 모였고 다음날 아침 일찍 아마존 운영자들이 종종 매우 감정적인 전화 통화를 처리하도록 훈련시키면서 통화 경로 규칙을 분석하고 다시 사용하기 시작했다. 그들은 가치를 빠르게 반영할 수 있는 최소 수준의 실행 가능한 해결책을 만드는 데 집중했다. 그리고 지속적인 통합CI, continuous integration이 핵심인 좋은 데브옵스 프로세스에서처럼, 팀은 다양한 자원봉사 콜센터를 하나의 통화 경로 시스템으로 빠르게 통합했다. 새로운 전화선을 프로비저닝하는 데 걸린 48시간 동안, 팀은 완전히 새로운 콜센터를 설치하고, 라우팅 규칙을 제정하고, 새로운 운영자들을 훈련시켰는데, 이 정도 규모의 콜센터를 세우려면 보통 4~5개월 정도 걸렸을 것이다.

나에게 있어 이 이벤트의 가장 흥미로운 점 중 하나는 콜센터가 조립되는 속도뿐만 아니라 그것을 분해하는 속도였다. 필요할 때 나타났고, 목적을 이룬 후 사라졌다. 이는 정확히 클라우드 인프라를 민첩성의 강력한 원동력으로 만드는 일종의 탄력성이지만, 이러한 탄력성이 비즈니스 전체를 위해 존재할 수 있고 배포될 수 있다는 건 정말 흥미로운 일이다! 이러한 현상은 사전 학습된 머신러닝 모델도 몇 분 안에 비즈니스를 하는 새로운 방식을 지원할 수 있는 오늘날의 클라우드 전형이라고 생각한다.

조직의 민첩성을 생각하다 보면 헤스Hess6를 빼놓을 수 없다. 헤스는 많은 사업을 빠르게 포기해야 한다는 사실을 알게 됐다. 이 에너지 회사는 클라우드

---

6 https://aws.amazon.com/solutions/case-studies/hess-corporation/

와 AWS 플랫폼으로 이전함으로써 6개월 만에 인수 업체로 이전할 수 있는 IT 자산을 준비할 수 있었다.

또한 healthcare.gov를 처음 시작한 후 확장성 또는 대응성에 더 이상 문제가 없는, AWS상에서 운영하는 세 가지 새로운 제품을 개발한 CMS ^{Centers for Medicare and Medicaid 7}도 있다.

이 외에도 루이지애나 교정국[8]은 수감자들의 인터넷 접속을 엄격히 통제해, 감옥에서 석방됐을 때 취직을 준비할 수 있게 해야 하는 도전 과제에 직면해 있었다. 이에 대한 솔루션은 아마존 워크스페이스 ^{Amazon Workspaces 9}에서 제공하는 가상 데스크톱을 중심으로 한 것이었다.

이러한 각 사례는 조직이 클라우드를 사용해 까다로운 상황에서 새로운 종류의 민첩성을 달성할 수 있는 방법을 보여준다. 그러나 허리케인 하비를 둘러싼 독특한 상황에 대응해 적십자사가 어떻게 재해 구호 노력을 빠르게 확장하고 축소했는지에 관한 이야기는 클라우드를 이용해 조직의 민첩성을 달성하는 비일비재하고 극적인 사례다.

---

7 https://aws.amazon.com/solutions/case-studies/healthcare-gov/

8 https://aws.amazon.com/solutions/case-studies/louisiana-doc/

9 https://aws.amazon.com/workspaces/

43

미래가 그대를 불안하게 하지 마라: 나의 클라우드 여정

– 토마스 블러드 / AWS EMEA 엔터프라이즈 전략 담당

원문(2016년 11월 14일): http://amzn.to/embrace-cloud-future

> "미래가 그대를 불안하지 하지 마라. 현재와 맞서 싸울 때 그랬듯이
> 이성이라는 무기를 들고서 미래와 맞서게 될 것이다."[1]
> – 마르쿠스 아우렐리우스 Marcus Aurelius

어떻게 출혈을 멈추게 하지? 우리가 스스로에게 물어봐야 할 질문이었다.

우리 사업부 중 한 곳은 수개월 동안 수익이 감소했고, 뭔가 조치를 취해야 했다. 회원 수는 우리의 기대와는 거리가 멀었고, 고객 경험은 개선이 필요했다. 우리 사이트는 우리가 원하는 만큼 신뢰할 수 없었다. 새로운 기능과 제품을 출시하는 데 시간이 너무 오래 걸렸다.

이는 FTSE 100에 포함된 회사에서 글로벌 마케팅 기술과 웹 개발을 선도하면서 내가 직접 겪은 상황이다. 나는 (월드 와이드 웹WWW, World Wide Web이 나타나기 전부터 시작해서) 20년 이상 기술자로 일해왔고, 조언을 주는 정도이더라도 뭔가 해야 한다고 느꼈다. 나는 어떤 기업의 임원과 팀을 이루어 이러한

---

1 명언 번역 참고: https://m.blog.naver.com/lavenda999/221165256237 – 옮긴이

도전의 근본 원인을 조사하기 시작했다.

몇 가지 사실이 명확해졌다.

1. 비즈니스 모델이 10년 이상 진화했지만 기술은 보조를 맞추지 못했고 원래 의도하지 않았던 용도로 사용되고 있었다.

2. 사업 우선순위는 증가하는 기술 부채와 증가하는 기술적 표류 문제를 해결하기 위한 작업을 배제했다.

3. 플랫폼의 복잡성과 기술 부채는 개발 중에 예기치 못한 문제를 야기하고, 버그, 가동 중단, 계획되지 않은 작업을 초래했다.

4. 이렇게 증가하는 압력에 대처하기 위해, 기업은 이미 연장된 출시 일정에 며칠 또는 몇 주를 더 추가한 대규모 QA 노력에 투자했다.

5. 이러한 현실 문제들이 결합해, 기업의 이행 능력을 심각하게 저해했다. 신제품은 수개월간의 개발 및 테스트가 필요하며, 사업을 연간 두세 번의 베팅으로 제한했다.

그 시스템은 수년간 매우 수익성이 높았고 많은 영역에서 매우 최적화됐다. 우리는 레거시 시스템을 효과적으로 진화시키기 위해 몇 년간 합심해 노력해야 한다는 사실을 빠르게 깨달았지만, 기존 플랫폼의 리팩토링을 고려했다. 경쟁 우선순위와 예산의 한계를 고려할 때, 이것은 단순히 비현실적이었다.

대신 AWS를 활용한 클라우드 네이티브 플랫폼 개발을 위한 그린필드 프로젝트를 제안했다. 이를 통해 기존 요구사항을 충족하면서 신제품과 기능의 출시 기간을 단축할 수 있다. 처음에 사업부 집행 팀과 글로벌 CISO는 우리의 제안을 두려움에 떨며 받았다. 우리는 가정을 명확히 하고, 역량을 설명하며, 위험을 완화하기 위해 주의를 기울였다. 지도부는 성과를 거두었고 해당 프로젝트는 승인됐다.

비즈니스의 위험 요인을 제한하기 위해, 이 새로운 접근 방법의 효과를 증명할 기능적 프로토타입을 개발하고자 소규모 크로스 펑셔널 cross functional 팀을 만들었다. 90일 동안 예산을 지원받았고, 규정 준수와 보안의 제약 안에서 신속한 결정을 내릴 수 있는 (대부분의) 자율 재량권을 받았다.

90일 후, 팀원 13명이 프로토타입 결과를 시연했다. 비즈니스 요구사항을 충족했을 뿐만 아니라 이제 몇 분 내에 간단한 기능 변경 및 버그 수정을 수행하고 출시할 수 있게 됐다. 이전에는 IT에 관여해야 했던 비즈니스를 위한 셀프 서비스 기능을 개발했으며, 일반적인 몇 주 또는 몇 달이 아니라 며칠 또는 몇 주 내에 새로운 제품 기능을 구현, 개발 및 출시할 수 있음을 입증한 바 있다. 우리는 또한 처음으로 과도하게 프로비저닝된 데이터 센터에 의존하지 않고도 온디맨드 방식으로 확장할 수 있었다.

이러한 초기 성공 이후, 서비스와 역량을 확장하기 위한 추가 예산과 공격적인 일정을 받았다. 우리의 로드맵은 주로 고객 확보, 이행, 고객 지원 및 지속적인 참여를 위한 사용자 이야기에 초점을 맞추고 있다. 또한 기업이 제품 경험을 직접 관리할 수 있는 추가적인 셀프 서비스 기능을 만들고 싶었다. 마지막으로, 데브옵스 원칙에 따라 플랫폼을 확장해 개발자가 제품과 기능을 더 잘 개발, 유지 및 강화할 수 있게 하고자 했다.

우리는 일을 하면서 배웠다(우리 중 AWS 경험이 많은 사람이 아무도 없었다). 원래 팀의 구성원들은 결국 애플리케이션을 구축, 테스트, 배포, 확장 및 유지 관리하기 위한 시스템을 포함하는 셀프 서비스 인프라 도구를 만들겠다는 목적으로 영구적인 플랫폼 팀을 구성했다. 이 팀은 프로토타입을 배포한 지 몇 달 만에 여러 지역에 있는 다른 사업부로부터 도움을 요청받았고, 이제 CCoE로 전환하고 있다.

또한 내부 요구를 해결하는 부수적인 이익을 얻었다. 예를 들어, 이제 제품을 개발하고 운영하는 데 드는 비용을 이전보다 더 세밀하게 이해하고 있다는 사실을 깨달았다. 성능 및 비용을 위해 각 서비스를 독립적으로 최적화하기 위해 메트릭스를 사용할 수 있다. InfoSec 팀이 파악한 결과를 좀 더 반복 가능한 자동화된 형태로 수정할 수 있도록 보안 운영을 개선했다. 비즈니스 운영 역시 프로세스를 쉽게 계측하고 자동화할 수 있는 확장 가능한 프레임워크를 사용해 최적화할 수 있다. 마지막으로, 기술 변화는 의사소통을 개선하고 우리의 민첩한 관행에 더 많이 참여하며 혁신과 실험을 강조함으로써 문화에 활력을 불어넣을 수 있는 방법을 모색하는 것이다.

우리의 클라우드 진출은 성공적이었고, 다른 팀과 사업부가 따르고 개선할 4가지 클라우드 도입 단계^{SofA, Stages of Adoption}에 근거해 느슨하게 내비게이션 차트를 구축했다. 이 여정은 쉽지 않았고 미리 알았더라면 좋았을 것이 많다. 그러나 이 2년 동안 나는 클라우드 여정의 전략적 중요성을 철저히 확신하게 됐다. 나는 AWS가 일부 이해관계자들이 말한 것처럼 '지나치게 공격적인' 또는 '불가능한' 목표를 달성할 수 있는 능력을 우리에게 부여한 영향력 증폭기^{force-multiplier}라고 생각한다.

이런 것들 덕분에 나에게 아마존 웹 서비스의 유럽, 중동, 아프리카^{EMEA} 지역 엔터프라이즈 에반젤리스트로 일할 기회가 주어진 것이 아닐까 한다. 나는 고등학교까지 독일에서 자랐고, 25년이 지난 지금은 고향인 유럽으로 돌아가기를 고대하고 있다. 나에게 가장 흥미를 불어넣는 것은 어떻게 프로세스와 기술을 발전시켜 실현되지 않은 잠재력을 풀어낼 것인가 하는 것이다. 즉, 그것이 결과물의 수준을 향상시키든, 고객과 직원들의 삶을 덜 복잡해지게 하든 말이다. 과거에는 솔루션을 다시 들여다보고 개선하거나 비용 효율성을 높이기 위해 IT 의사결정과 투자에 몇 년 동안 묶여 있었다. 하지만 오늘날에는 클라우드 서비스의 출현으로 비즈니스를 지속적으로 개선하거나 재창출할 수 있는 기회가 생겼다. AWS는 우리가 고객들에게 우수한 서비스를 제공하도록 도와주는 데 있어 혁신적인 것이었다. 이제, 나도 여러분이 같은 일을 하도록 돕고자 한다.

그러니 수시로 체크인해서 당신의 클라우드 여정이 어떻게 전개되고 있는지 내게 알려주기 바란다. AWS는 당신의 비전을 실현하기 위해 무엇을 할 수 있을까? 기업이 클라우드를 도입하기 위해 어떤 부분에서 솔직해야 하는가?

44

왜 커머셜 사업부가 정부 IT에게 배워야 할까

– 마크 슈워츠 / AWS 엔터프라이즈 전략 담당

원문(2017년 10월 26일):
http://amzn.to/commercial-sector-learn-from-government-IT

AWS에 입사하기 전에는 미국 국토안보부[1] ^{DHS, Department of Homeland Security}의
15개 산하 기관 중 한 곳인 미국 이민국^{USCIS, US Citizenship and Immigration Services}[2]
의 CIO였는데, 내가 정부에서 일한 건 이때가 처음이자 유일했다. 그 이전
에는 커머셜 부문 기업의 CIO 겸 CEO를 역임했다. 내가 어떻게 갑자기 공
공부문에서 일하게 됐을까? 다음 경력을 어디에서 쌓아야 할지를 결정하려
던 당시, 예전에 따로따로 운영되던 기관들을 합병하는 바람에 미국 국토안
보부가 IT와 관련해 어려움에 직면하고 있다는 기사를 우연히 읽게 됐고, 그
것은 내 도전 의식을 자극했다. 내가 정부 IT를 고칠 수 있는지 알고 싶었다.
나는 어려운 문제를 좋아한다.

하지만 그것은 사실 어려운 문제였다. 국토안보부는 연방 관료주의의 모든
어려운 이슈들을 모두 다 그대로 떠안고 있었으며, 그 우산 아래서 운영되는
산하 기관을 통제하기 위한 일련의 정책과 과정은 이민국에 추가되어 있었
다. 그 결과는 변화를 거부하는 일종의 조직 관점의 슬러지였으며, (아마도

---

1   https://www.dhs.gov/
2   https://www.uscis.gov/

의도하지 않게) 구식의 IT 접근 방식을 필요로 했다.

그럼에도 불구하고, 그곳에서 근무하는 동안 우리는 미국 이민국의 시스템을 클라우드와 데브옵스 업무로 이전할 수 있었고, 고객 요구에서 기능 설계로 이전하는 사용자 중심 설계 접근 방식을 도입할 수 있었다. 6개월에서 12개월에 한 번씩 코드를 사용자에게 공개하는 것에서 일주일에 몇 차례 또는 하루에 몇 차례씩 새로운 기능을 배포하는 것으로 전환했다. 이 과정에서 클라우드로 전환해 인프라 비용을 75% 절감하고, 문화를 전환하고, 직원들이 새로운 기술을 계발하게 했다.

이 모든 것을 위해 QA, 보안, 프로젝트 감독, 조달에 대한 새로운 접근법을 만들어내면서 많은 측면에서 혁신을 해야 했다. 심지어 우리의 시스템이 항상 탄력적으로 작동하도록 하기 위해 넷플릭스 카오스 몽키 Netflix Chaos Monkey [3]를 국토안보부 운영 환경에 출시했다.

내가 AWS 고객들과 더 많이 일할수록, 대외 행사에 더 많이 참석하고 청중에게 더 많이 발표할수록, 미국 정부 기관을 변화시킬 때 직면했던 도전 과제들이 IT 혁신을 추진하려는 모든 민간 기관과 비슷하거나 동일하다는 사실을 더 많이 깨닫게 된다. 변화의 본질은 조직 관점에서 추진을 막는 장애물에 직면하게 될 거라는 것을 의미한다. 정부와 커머셜 분야의 변화 에이전트는 관료주의, 조직 내 정치, 이해당사자들의 상반된 요구, 다른 세계에 대해 설정된 감독 메커니즘 oversight mechanism, 예산 제약, 컴플라이언스 요건 제약, 일반 관성, 신기술 역량 부족, 그리고 직원들이 두려워하고 혼란스러울 수도 있는 문화적 변화의 필요성 등을 처리할 필요가 있다.

정부 기관을 극단적인 형태로 모든 문제가 존재하는 실험실이라고 생각해보자. 그리고 사람들이 모든 것을 알고 있다는 사실을 추가해보자. 즉, 언론,

---

3 https://netflix.github.io/chaosmonkey/

미합중국 의회, 미국 회계감사원GAO, Government Accountability Office, 미국 관리예산실OMB, Office of Management and Budget, 다양한 조사관, 옴부즈맨, 그리고 일반 대중들은 사후 결과를 놓고 IT 변화를 이끄는 사람들에 대한 평가나 비판을 하게 된다. 문제 해결을 위해 이것은 여러 면에서 본질적인 도전 환경이다. 문화적 혁신을 위해 만든 해결 방안이 무엇이든 사실상 완전무결해야 하고, 꼼꼼하고 깐깐한 검증 절차를 견뎌내야 하며, 수많은 제약사항들을 극복해야 한다. 아이러니하게도, 여러분이 만들어내는 모든 영향과 충격은 과장되고 구체화될 것이다.

다시 말해, 어떤 아이디어가 정부 기관에서 문제가 없다면 거의 확실하게 커머셜 조직에도 적용할 수 있다는 얘기다. 정부 기관은 일종의 실험하고, 빠르게 실패하고, 새로운 것을 배우는 곳이라고 보면 된다(그렇더라도 의회에 이렇게만 말하면 안 된다).

우리가 팀으로서 거대 관료주의를 변화시키기 위해 무엇을 배웠는지에 대해 설명한다. 내가 쓴 두 권의 책 『The Art of Business Value』[4]와 『A Seat at the Table』[5]에서도 이 아이디어 중 몇 가지를 읽을 수 있다. 그러나 여기서는 변화가 극도로 어려운 환경에서 변화를 일으키기 위한 높은 수준의 아이디어를 얘기해보고자 한다.

- **비전을 수립하라**: 변화가 어려운 환경에서는 언제나 맞춰보고, 시작하고, 좌절하고, 안타까운 타협을 할 것이다. 가장 큰 위험 중 하나는 이러한 좌절이 누적되면서 직원들이 길을 잃어버릴 수 있다는 것이다. 즉, 트랜스포메이션이 단지 불완전한 일련의 계획들로 뒤죽박죽되는 것이다. 리더들은 변화가 어디로 향하는지 강하고 생생하며 설득력 있

4 https://www.amazon.com/Art-Business-Value-Mark-Schwartz/dp/1942788045
5 https://www.amazon.com/Seat-Table-Leadership-Age-Agility/dp/1942788118

는 비전을 세우고 유지해 이런 일이 일어나지 않게 하는 것이 중요하다. 여기서 '유지'라는 단어를 의도적으로 선택했는데, 노력을 시작하는 시점에 비전을 '한 번' 세우는 것만으로는 충분하지 않기 때문이다. AWS의 글로벌 엔터프라이즈 전략 책임자인 스티브 오반이 13장 '무엇이 좋은 리더를 위대한 리더로 만드는가?'에서 지적했듯이, 비전은 가능한 한 자주 강화돼야 한다.

- **점진적으로 움직여라**: 강하고 타협하지 않는 비전의 균형을 맞추기 위해, 조직은 소규모의 점진적인 목표 달성을 위해 추진해야 한다. 아무리 심한 장애물이 있더라도 변화는 'Day 1 정신'에 맞춰 올바른 방향으로 움직이기 시작해야 한다. 그리고 올바른 방향으로 움직인다는 것은 회의를 하고 발표 자료를 준비하는 것을 의미하지는 않는다. 결과에 영향을 미치는 구체적인 변화를 의미한다. 우리는 항상 "비전을 향해 우리가 나아갈 수 있는 가장 작은 일이 무엇인가?"라고 물었다. 즉, '비전은 크게, 실행은 작게'이다.

- **실행하고 관찰하라**: 나는 크리스토퍼 에이버리Christopher Avery의 기사에서 따온 이 용어가 마음에 든다(그도 이 용어를 어딘가에서 인용했다고 한다). 애자일 접근 방식이 점검과 적응을 촉진하는 것처럼 어려운 환경에서의 변화는 자극과 관찰을 필요로 한다. 어떤 것을 시도해보고 그 반응이 무엇인지 보기 전에는 당신이 직면하게 될 모든 장애를 알지 못한다. 그리고 어떤 변화가 기대했던 것보다 쉬울지는 실험을 해보기 전까지는 알 수 없다. 중요한 것은 생각한 대로, 계획한 대로 시도해보는 것이다. 최대한 배울 수 있는 방법으로 도전해보기 바란다.

이러한 높은 수준의 기술들이 여러분이 클라우드 여정을 시작하는 데 도움이 되기를 바란다. 이미 정부에서 시도하고 테스트해봤으니, 아주 잘 작동할 것이다!

45

클라우드 마이그레이션을 혼자서 하려고 하지 말고, 클라우드 버디 시스템을 이용하라

– 필립 팟로프^{Philip Potloff} / AWS 엔터프라이즈 전략 담당

원문(2017년 8월 22일): http://amzn.to/dont-fly-solo-cloud

에드먼드닷컴의 AWS 올인 마이그레이션으로 배운 점들

버디 시스템^{buddy system}의 개념은 학교, 직장, 어드벤처 등 삶의 많은 부분에서 수십 년 동안 사용돼왔다. 대학 신입생들이 상급생들과 오리엔테이션에서 짝을 이루는 것이든, 공군 조종사와 윙맨^{wingman}이든, 주말 스쿠버 다이빙 파트너와 함께하는 것이든, 대부분의 버디 시스템은 다음 두 가지 중 하나를 위한 것이다. 첫 번째는 안전으로, 보통 스포츠나 위험한 활동에서 서로의 뒤를 보고 지킨다. 그리고 두 번째는 새로운 학생이나 근로자들이 일반적인 초기 함정을 피하기 위해 좀 더 경험이 많은 친구와 짝을 지어 훈련과 지도를 제공함으로써 자신감을 가지고 더 빨리 나아가는 것이다.

개인적으로, '클라우드 버디'가 있었다면 2012년에 과도한 불안과 실험 활동의 상당 부분이 해소되었을 것이다. 그때 나는 북미에서 가장 큰 자동차 쇼핑 웹사이트 중 하나인 에드먼드닷컴^{Edmunds.com}의 CIO로서 클라우드로의 올인^{all-in} 여정을 시작했다.

하지만 오늘날과 달리 성공적으로 클라우드 마이그레이션을 하고 있는 다른 회사들로부터 엄청나게 큰 버디 시스템 리소스를 찾기란 당시로서는 어려웠다. 넷플릭스 외에 규모, 관리 마이그레이션 프로그램 또는 성숙한 컨설팅 파트너 생태계가 포함된 AWS 올인 참조 사례가 있었다면 해결이 훨씬 수월했을 것이다. 다행히도 현재 클라우드 마이그레이션에 초점을 맞추고 있는 인력, 프로세스 및 기술의 풍부함은 우리가 에드먼드닷컴에서 했던 것처럼 조직이 단독으로 클라우드 채택을 가속화하고 비용 절감을 극대화하기 위한 전문지식 수준을 통해 그 어느 때보다 올인 전략을 구현할 수 있음을 의미한다.

평생 서핑을 해온 사람으로서, 아무리 위험한 상황이라고 해도 서핑에 버디 시스템은 안 맞는다고 생각한다. 궁극적으로는 혼자 하는 게 가장 좋다고 생각한다. 하지만 요즘은 서핑을 위해 세계의 새로운 지역으로 여행할 때 좀 더 실용적인 방법을 택하는 것을 선호한다. 나는 그곳에 가봤던 친구를 찾으려고 노력한다. 그리고 내가 노를 젓기 전에 알아야 할 모든 것을 나에게 알려달라고 할 수 있다. 암초는 얼마나 얕은가? 상어가 많이 출몰하는가? 어떤 조수가 가장 좋은가? 이러한 조언을 듣고 이 경험이 득이 되면, 불안 요인이 줄어들고 더 좋은 경험을 할 수 있게 된다.

나는 최근 AWS에서 엔터프라이즈 전략 팀을 구성하는 전직 CIO 그룹에 합류했다. 우리의 목표는 기술 임원들이 클라우드 퍼스트 전략을 생각하고 개발할 수 있게 돕는 것이며, 우리가 하는 방법 중 하나는 축적된 지식을 활용하는 새로운 마이그레이션 가속화 프로그램을 발명하고 단순화하는 것이다 (경험을 위한 압축 알고리즘은 없다). 전직 CIO와 AWS 고객으로서 우리는 자체적으로 클라우드 마이그레이션을 주도해왔고, 그 과정에서 모든 형태와 규모의 비즈니스를 혁신하는 데 도움을 주었으며, 우리의 이야기는 새로운 파도를 헤쳐나갈 때 나의 서핑 친구들로부터 받는 조언과 매우 비슷하다.

돌이켜보면, 에드먼드닷컴 마이그레이션 이야기에는 세 가지 중요한 사실이 있다. 뒤에서 보겠지만, 지난 2016년 초에 에드먼드닷컴 데이터 센터를 폐쇄했음에도 불구하고 우리가 거쳤던 프로세스는 대부분의 엔터프라이즈 마이그레이션에서 오늘날 겪고 있는 클라우드 도입 단계^{SofA}와 여전히 매우 비슷하다.

우리는 이 고성능 데이터 센터 운영을 완전히 포기할 것이다

사실, 이건 100% 정확하지는 않다. 당시 CIO로서 나의 주된 목표는 비즈니스 요구보다 앞서가는 기술을 제공하는 것이었다. 클라우드 마이그레이션이 시작되기까지 7년 동안 우리는 매우 효율적인 인프라 운영 및 데브옵스 사례로 간주되는 것을 개발하기 위해 지칠 줄 모르는 노력을 해왔다. 그러나 이러한 효율성은 매일 자동화된 릴리스와 전례 없는 안정성을 제공했음에도 불구하고 비즈니스에 많은 비용을 초래했다. 이 비용은 지원 코드(즉, 사설 클라우드와 데브옵스 툴셋)에 대해 회사의 한정된 컴퓨팅 리소스를 더 많이 할당하고 고객 요청을 처리하는 애플리케이션 코드(새로운 고객용 기능 및 서비스)에 대한 리소스는 충분하지 않게 할당하는 데서 비롯됐다. 우리가 보유한 기존 역량에 대한 손실 없이 사용자 코드에 대한 지원 코드 비율을 유지할 새로운 패러다임이 필요했다.

2011년/2012년 떠오르는 클라우드 모멘텀은 퍼블릭 클라우드, 구체적으로는 AWS 규모의 클라우드가 여러분이 개인 회사로서 얻을 수 있는 것보다 더 경쟁력 있는 가격으로 더 나은 인프라를 제공하고 더 높은 수준의 서비스를 제공할 수 있다는 대안을 제시했다. 그러나 실제 결과는 훨씬 더 '클라우드화'되어 있었다. 즉, 클라우드에 설치할 경우 이미 검증된 온프레미스상의 설치 결과보다 더 많은 비용이 들고 신뢰도가 떨어진다고 주장하는 언론들이 많았다. 넷플릭스에 의한 AWS의 초기 도입은 더 크고 더 잘 수립된 비즈니스가 클라우드에서 중요한 작업을 실행할 수 있다는 논쟁에 실질적인 신뢰성을 부여했다. 그러나 당시에는 에드먼드닷컴 사업을 위해 일대일 비교가 가능할 정도로 참조할 만한 구현 결과였는지 파악하기 어려웠다.

그 당시에는 입증된 클라우드 채택 패턴을 활용하는 데 도움이 될 버디 시스템 마이그레이션 리소스가 없었기 때문에 피어 참조가 매우 중요한 것처럼 보였다.

이러한 지식을 전혀 갖추지 못한 채, 우리 회사는 제때에 회사 전체의 클라우드 마이그레이션 표준 관행이 되는 두 가지 단계로 비즈니스 사례를 구축했다.

1. 클라우드에서 중요한 운영의 실행 가능성을 입증하는 개념 증명^{PoC} 프로젝트
2. 철저한 조사 과정을 거쳐 현재 인프라 지출 프로파일과 최소 비용 비교(또는 그 이하)를 보여주는 올인 클라우드 운영의 현실적인 재무 모델

지나고 나서 보니, 클라우드 실행 가능성을 입증하기 위해 에드먼드닷컴의 핵심 웹사이트 전체 버전을 세우기로 결정한 것은 개념 증명을 위한 가장 빠르거나 가장 쉬운 선택은 아니었다. 그러나 두 명의 전담 엔지니어들이 거의 6개월 동안 시행착오를 겪으면서 우리는 심지어 가장 심하게 반대하는 사람들조차 클라우드가 에드먼드닷컴의 진정한 선택이라는 명백한 증거를 확보했다. 오늘날, AWS와 훌륭한 시스템 통합^{SI} 업체들은 우리가 택한 경로보다 훨씬 더 빨리 마이그레이션 비즈니스 사례를 증가시키기 위해 랜딩 존^{landing} ^{zone}[1], AWS 클라우드 도입 프레임워크$^{CAF, Cloud Adoption Framework}$[2]의 구성요소

---

[1] https://www.slideshare.net/AmazonWebServices/aws-enterprise-summit-netherlands-creating-a-landing-zone

[2] https://aws.amazon.com/professional-services/CAF/

와 같은 버디 시스템 접근 방식을 개발했다.

우리는 클라우드 경제 분야에 깊이 파고들면서 다음 단계를 밟을 수 있는 결과에 대해 충분히 만족했다. 이 시점에서 클라우드 네이티브 아키텍처 채택을 통해 실현된 막대한 생산성 향상을 아직 발견하지 못했지만, 클라우드로의 전환이 회사를 파괴하지는 않을 것이라고 확신했다.

재무 모델 개발도 결코 쉽지 않아 보였다. 모델은 현실적이어야 했고, 지나칠 정도로 과감하게 최적화를 해내겠다는 생각은 자제해야 했다. 우리는 이미 효율적이고 검소했고, 솔직히 운영비 최종 산정 결과가 증가할지 혹은 감소할지 알지 못했다. 그래서 한 달 이상 분석을 한 결과, AWS로 2년 마이그레이션 계획을 완료한 후(기본 데이터 센터 임대 만료와 동기화됨) 상당한 운영 비용 절감을 보여주는 보수적 모델이 있다는 사실에 약간 놀랐다. 이것은 자본 설비 지출로 매년 절약되는 수백만 달러 외에 추가 항목이었다. 또한 이 계획은 순수한 리프트 앤 시프트 가정을 기반으로 했기 때문에 일종의 홍수 방지용 모래주머니이기도 했다. 우리가 마이그레이션하는 동안 현저히 더 많은 운영 지출^{OpEx} 절감을 해낼 수 있을 것이라고 자신했다. 하지만 솔직히 어떻게 증명해야 할지 알지 못했다.

우리에게 유리한 재무 모델과 개념 증명 결과의 강한 증거를 바탕으로 CEO에게 흥미롭고 우호적으로 받아들여질 만한 발표를 했고, CEO는 즉각 우리의 AWS 마이그레이션 권고안에 승인했다.

내가 지적할 스타일적 오류 하나는 자유로운 현금 흐름 저축 예금을 지나치게 강조했다는 점이다. 승인을 얻기 위해 꼭 필요한 사전 요건이라고 생각했던, 우리에게 유리하게 나온 운영 비용 결과를 거의 완전히 무시했었다. 대신 나는 비용 절감 부분을 조합해 더 큰 결과를 만들어내는 데 초점을 맞췄다. 하지만 운영 지출 전망 가정들을 백업한 것이 CEO에게 더 중요했다는 사실이 밝혀졌다.

비즈니스 사례의 메시지를 더 다듬고 클라우드 비용 절감을 예측하는 것은 오늘날 AWS 클라우드 경제학 그룹에서 특히 집중하는 것들이다.[3] 하지만 검증된 기술을 이용해 마이그레이션 및 TCO 모델링을 돕는 팀은 당시에 만들어지지 않았다. 오늘날, AWS에서 클라우드 경제학 그룹은 클라우드 여정에서 초기에 최고의 버디 시스템 리소스를 제공한다. 왜냐하면 수천 개의 마이그레이션 데이터가 있고 이러한 숫자는 비즈니스 사례의 일부로 서버 활용도 및 작업 생산성을 최대화해 비용 절감을 예측하고 정량화하는 데 도움이 되기 때문이다.

나는 우리가 실질적으로 이것을 연기하기로 했다고 생각한다

이 부분은 그다지 취약하진 않았다. 그러나 모든 단일 애플리케이션과 시스템을 다루는 프로젝트는 어떤 것이든 같은 규모의 위험 요인을 안고 있고 백엔드 강화 때문에 지연 또는 방해disruption를 전혀 용납하지 않는다. 그러나 일단 애플리케이션과 데이터의 마이그레이션이 이뤄지면, 여러분은 가장 큰 위험 요인이 장애 또는 성능 문제와는 아무 관련이 없다는 사실을 깨닫기 시작한다. 그런 것들은 서서히 끝날 것이기 때문이다. 마이그레이션을 하다가 중간에 멈춰버리면, 여러분의 클라우드 TCO 모델에도 영향을 미칠 뿐만 아니라 여러분 회사의 우선순위에서 저 멀리 밀려나 버리는 수가 있다.

앞에서 말한 것처럼, 여러분의 클라우드 마이그레이션에서 가능한 한 빨리 '버디를 만드는 것'이 매우 중요하다. AWS 마이그레이션 가속화 프로그램MAP, Migration Acceleration Program[4] 같은 프로그램 또는 AWS 데이터베이스 마이그레이션 서비스DMS, Database Migration Service[5] 같은 도구는 모두 우리가 에드먼

---

3   https://aws.amazon.com/economics/

4   https://aws.amazon.com/migration-acceleration-program/

5   https://aws.amazon.com/dms/

드닷컴의 마이그레이션 과정에서 직면했던 많은 어려운 문제들을 피하기 위해 만들어진 방대한 버디 시스템 리소스들의 예다. 이러한 리소스는 수천 건의 고객 마이그레이션에서 얻어진 경험, 그리고 오라클을 아마존 RDS 관리형 데이터베이스 서비스로 옮기는 것 같은 증명된 마이그레이션 패턴의 광범위한 목록을 담고 있는 프로그램 및 도구를 개발해왔다.[6]

그렇긴 하지만, 단일 마이그레이션을 통해 우리 방식에서 느꼈던 것처럼 가치 있는 몇 가지를 얻은 것 같다. 그리고 나는 이러한 학습 결과가 악몽 속에서 기어 다니지 않고 힘차게 결승선을 통과하기를 원하는 모든 클라우드 중심의 조직에게도 중요하다고 믿는다.

1. **초기에 마이그레이션 원칙을 조정한다고 해서 절충된 아키텍처가 제대로 만들어지지 않거나 실패하는 것은 아니다.** 클라우드 마이그레이션 전략에는 클라우드 민첩성에 적응할 수 있을 만큼 유연한 원칙과 클라우드에서 작업한 경험이 필요하다. 우리는 실제로 코어 컴퓨트(EC2)와 스토리지(S3, EBS)만을 활용한다는 원칙을 가지고 에드먼드닷컴 마이그레이션을 시작했다. 그러나 이는 아마존 RDS, 아마존 클라우드워치^{CloudWatch}[7], 아마존 다이나모DB^{DynamoDB}[8] 같은 상위 레벨의 AWS 서비스에 익숙하지 않았기 때문이며, 우리는 고객 코드에 더 많은 시간을 할애할 수 있는 기능을 포함하여 이러한 새로운 클라우드 네이티브 서비스의 통합과 비용 이점을 매우 빠르게 실현했다. 2017년 8월 기준으로, 에드먼드닷컴은 30가지 이상의 AWS 서비스를 이용하고 있다.

2. **리팩토링 여부 결정을 위해 2주 규칙을 사용한다.** 우리는 리팩토링을 기회에 따라 이행할 수 있게 하는 유연한 원칙으로 2년 마이그레이션 계획

---

6 https://aws.amazon.com/rds/

7 https://aws.amazon.com/cloudwatch

8 https://aws.amazon.com/dynamodb

을 시작했다. 그러나 데이터 센터 임대 만료로 인해 어떤 이유가 있더라도 2년 마이그레이션 목표를 늦출 수 없었고, 따라서 리프트 앤 시프트는 종종 기본 실행 요건이 됐다. 그러나 일단 마이그레이션이 좀 더 전반적으로 진행되면서, 그 팀은 오늘날에도 여전히 사용하고 있는 특정한 2주간의 경험 규칙을 개발했다. 만약 2주 이내에 우리의 스택에서 최적의 구성요소나 서비스를 리팩토링할 수 있다면, 우리는 리프트 앤 시프트 대신 리팩토링을 할 것이다. 예를 들어, NFS 기반 공유 스토리지 아키텍처는 리팩토링 목록에서 높은 위치에 있었지만 2주 규칙을 준수하지 않아 마이그레이션 윈도 맨 마지막에 진행하게 됐다. 한편, 새로운 2주 규칙을 사용해 마이그레이션하는 동안 로드 밸런싱, 캐싱, OS 배포 및 DNS 같은 많은 사항이 리팩토링됐다. 마이그레이션 전체 진행 일정 또는 개발 주기에 따라 다른 진행 기간을 이용할 수 있지만 에드먼드닷컴에서는 2주 또는 1개 단위의 개발 스프린트가 최적의 제약 조건이었다. 이런 경우에 좋은 버디 시스템 리소스는 AWS 애플리케이션 검색 서비스Application Discovery Service[9]이며, 시스템 통합SI 업체는 간단한 리프트 앤 시프트 또는 기회주의적 리팩토링에 가장 적합한 후보 애플리케이션을 결정하기에 앞서 애플리케이션의 종속성을 파악하고 매핑하는 데 사용한다. 이제 여러분은 AWS 마이그레이션 허브 Migration Hub[10]에서 마이그레이션 상태를 추적할 수 있다. AWS의 글로벌 엔터프라이즈 전략 책임자 스티븐 오반이 쓴 6장 '애플리케이션의 클라우드 마이그레이션을 위한 6가지 전략'을 읽어보기 바란다. 이해하기 쉽게 쓰인 이 글을 통해 매우 유용한 구조를 제공한다.

---

9 https://aws.amazon.com/application-discovery/
10 https://aws.amazon.com/migration-hub/

3. **현재 팀을 버리고 클라우드 올스타 그룹을 고용할 필요는 없다.** 에드먼드닷컴은 '클라우드 전문가'는 말할 것도 없고 클라우드 마이그레이션을 위해 특별히 단 한 명의 직원도 고용하지 않았다. 여기서 얻은 교훈은 명확한 리더십과 명확한 목표와 주요 결과를 제공하는 CCoE에 상응하는 역량을 갖추는 것이었다. 클라우드 마이그레이션 팀장인 아짓 자드 가온카르Ajit Zadgaonkar는 원래 자동화된 테스트 팀(SDET)을 이끌기 위해 영입됐다. 그의 팀은 이미 기존 운영Ops 팀과 자동화된 프로비저닝 및 지속적인 통합 및 제공에 대해 협업한 경험이 있다. 다시 스티븐 오반은 15장에서 이 주제에 대해 "클라우드로 성공하기 위해 필요한 사람들은 이미 여러분 곁에 있다."라고 썼다. 여기서 또 다른 중요한 고려사항은 시스템 환경에 대해 아무것도 모르는 새로운 클라우드/디바이스 엔지니어들과 중요 애플리케이션의 종속성, 흐름 및 비즈니스 요구사항에 대한 수년간의 해당 분야의 전문지식을 보유한 기존 팀 사이에서 선택하는 것이다. 나의 AWS 동료 조너선 앨런은 클라우드를 위해 기존 팀을 훈련시키고 준비시키기 위해 캐피털 원에서 겪었던 과정을 상세히 설명했다.

사용자와 문화 구성요소를 올바르게 확보하는 것은 기술 결정만큼 중요하다. 왜냐하면 마이그레이션이 가속화되고 더 많은 애플리케이션을 만질 때 조직 전체의 일관성을 보장하는 내부 버디 시스템을 가능하게 하기 때문이다.

나 자신의 미래를 망치지 않아 다행이다

세 번째이자 마지막 이야기는 조직 내에서 나의 새로운 위치와 입장에서 본 마이그레이션에 대한 맺음말이다. 우리가 AWS로의 이전을 완료한 직후, 나는 COO/CIO에서 전환해 에드먼드닷컴 최초로 최고 디지털 책임자CDO, Chief

Digital Officer가 됐다. CDO로서 나는 차세대 광고 플랫폼을 개발하고 온라인 자동차 소매 및 메시징 애플리케이션 같은 새로운 비즈니스 모델을 시장에 선보이는 데 주력했다. 그래서 클라우드 서비스 제공에서 소비로 넘어갔다. 그리고 돌이켜보면 나는 확실히 까다로운 고객이었던 것 같다!

모든 애플리케이션과 데이터가 예정대로 AWS로 마이그레이션된 후 에드먼드닷컴은 IT 비용 지출을 30%까지 줄일 수 있었다.[11] 팀은 클라우드 네이티브 아키텍처(오토스케일링, 마이크로서비스, 애드혹 컴퓨팅)로 스택의 모든 구성요소를 최적화하거나 다시 생각하기 rethink 시작하거나 단순히 구성요소를 AWS 서비스로 교체 replace 해 훨씬 더 큰 절감 효과를 얻었다. 나의 새로운 팀들이 작업하던 많은 이니셔티브들은 처음에 AWS로 마이그레이션된 것과 전혀 다른 모습을 한 기술 프로파일을 갖고 있었고, 어떤 경우에는 완전히 서버리스 형태가 되기도 했다. 서버리스 아키텍처를 위한 버디 생태계가 이미 급성장하고 있으며, 클라우드와 온프레미스 설치 간의 비교에 대한 계산을 변화시키고 있다.

AWS 람다 Lambda [12], AWS 일래스틱 빈스톡 Elastic Beanstalk [13], 아마존 키네시스 Kinesis [14], AWS 글루 Glue [15] 같은 AWS 서비스는 에드먼드닷컴이 자체 개발하는 것이 결코 합리적일 수 없었고 이러한 서비스는 이전에는 상상할 수 없었던 속도로 고객을 위한 새로운 기능을 제공했다. 그리고 앞으로 데이터 센터에서 달성할 수 있는 것과 클라우드 네이티브 서비스의 차이는 점점 더 커질 뿐이다. 예를 들어 인공지능, 머신러닝이 주류인 상황은 여러분의 평범한 웹 애플리케이션과는 매우 다른 기술 프로파일을 필요로 한다. 그러한 뚜렷한

---

11 https://aws.amazon.com/solutions/case-studies/edmunds/
12 https://aws.amazon.com/lambda
13 https://aws.amazon.com/elasticbeanstalk/
14 https://aws.amazon.com/kinesis/
15 https://aws.amazon.com/glue/

기술과 전문화된 컴퓨팅 용량을 사내 인프라 환경에서 유지하는 것은 대부분의 조직을 위한 최선의 선택과는 거리가 멀다.

물론 목표는 여러분이 자신의 기술과 사업을 리인벤트할 수 있게 돕는 것이다.

이와 별도로 버디 시스템을 사용해 마이그레이션을 최대한 빨리 시작하거나 완료해보기 바란다. 그러면 인프라 유지 관리에 대한 지원 코드 의무사항을 줄이고 클라우드 네이티브 서비스를 사용해 더 많은 고객 코드를 제공할 수 있을 것이다.

가장 큰 변화는 간단한 단계에서부터 시작된다.

46

문화는 아침식사로 전략을 먹는다: XOIT와 높은 다문화를 향한 프리드킨의 여정

– 내티 구르 / 프리드킨 그룹 최고 정보 책임자[CIO]

원문(2017년 3월 16일): http://amzn.to/friedkin-xiot

CIO와 중앙 IT의 역할이 명령과 통제에서 벗어나 기간 업무[LOB, line-of-business] 지원으로 이동하고 있다고 느낀 지 오래다. 몇몇 조직을 보면 아마존처럼 완전한 탈중앙화를 향해 한 걸음 앞서 나가고 있다(탈중앙화란 문화와 모범 사례를 통해 팀들이 독립적으로 운영하게 하는 것을 의미한다). 시장 출시 시점과 일관성 간의 트레이드 오프를 고려하는 이러한 트렌드는 매우 중요하다.

나는 프리드킨 그룹[Friedkin Group]의 CIO인 내티 구르와 그들의 문화적 변혁에 대해 흥미로운 토론을 해왔다.[1] 테러와의 전쟁에 대한 과거 이력을 통해 내티는 이러한 트렌드에 대해 흥미로운 관점을 갖게 됐고 그는 감사하게도 다음과 같은 내용을 소개해주기로 했다.

◆ ◆ ◆

퍼블릭 클라우드 전환의 주요 이유 중 하나는 좀 더 민첩하고 고객에게 보다 빠르고 안정적인 서비스를 제공하기 위한 비즈니스라는 점이다. 하지만 그것으로 충분할까? 단지 필요한 기술적 변화인가, 아니면 비즈니스로서의 문

---

1 https://www.linkedin.com/company-beta/46754/?pathWildcard=46754

화도 변화시킬 필요가 있는가?

예전에 전 세계 최고의 반 테러 조직 중 한 곳에 IT 서비스를 제공한 적이 있었다. 내가 이 조직과 일을 시작했을 때, 그들은 계속 늘어만 가는 자살 폭탄 테러에 골머리를 앓고 있었다. 그리고 이 조직은 오랜 시간이 걸려서야 그들이 실패한 이유가 적 내부의 변화 때문이라는 걸 깨달았다. 다시 말하면, 적의 조직 구조는 하나의 중앙 집중형 집단에서 '국가 파괴'라는 동일한 목표를 지닌 수천 개의 테러 조직으로 바뀌었다. 일단 이 목표를 이해하고 나면 모든 테러 조직은 다음과 같은 독특한 결정을 내린다. 즉, 다른 조직과 동일한 조직 구조와 운영 방식을 도입하고, 오래된 조직의 사일로들을 소규모의 하이브리드 그룹으로 세분화한다. 이 소규모 그룹 각각은 명확한 목표 달성을 위해 기존의 오래된 조직의 전문성을 필요로 했다. 이들 집단은 또한 그룹 전체의 목표에 도달하는 데 필요한 일을 하기 위해 완전한 자율성과 완전한 허가를 가지고 운영되도록 만들어졌다. 이 변화는 성공적이었고 조직은 전쟁에서 승리했으며, 내가 그곳에 있는 동안 매우 중요한 교훈을 배웠다.

사일로는 IT의 최악의 적이다. 나는 전 세계 여러 조직에서 엔터프라이즈 아키텍처 컨설턴트로 일하면서 그리고 IT 조직에서 일하면서 이 점을 봐왔다. IT 그룹이 잠재력을 최대한 발휘해 그들의 회사에 완전히 기여하는 것을 사일로가 방해한다고 주장하는 사람은 아무도 없을 것이다.

오늘날, 대부분 대기업들의 주요 경쟁자들은 한 기업을 파괴하고 인수하려는 동일한 목적을 공유하는 수천 개의 서로 연결되어 있지 않은 스타트업들이다. 국가가 이러한 문제에 직면했을 때 전쟁에서 이기기 위해 국방 조직 구조를 바꿀 수 있다면 왜 기업은 IT 조직 구조와 운영 방식을 바꾸지 않는 것일까?

테러 조직과 스타트업은 아예 근본적으로 다르지만, 조직의 특성을 보면 몇 가지 공통점이 있다. 예를 들어 리소스가 한정되어 있는 작은 규모여서 구성원들에게 조직 내부의 많은 부분에 대해 책임을 지도록 하는 경향이 있고, 그룹 구성원들이 스스로를 관리할 수 있도록 힘을 실어주고 있다. 테러 조직과 스타트업의 또 다른 유사한 점은 구성원들 사이의 신뢰다. 구성원들은 어느 누구도 그들에게 벌을 주지 않을 거란 걸 알고 실수를 하거나 엉뚱한 생각을 할 수 있다. 너무 극단적으로 본 것 아니냐고 할 수도 있겠지만 그만큼 권한을 맡기고 신뢰하는 건 전 세계적으로 큰 영향을 끼친 도요타 생산 시스템의 이면에 깔려 있는 두 가지 원칙이다.

새로운 세대들이 직장에 진입하는 것처럼 세상은 끊임없이 변화의 흐름 속에 있다. 신세대마다 작업에 대한 기대가 다르고, 이전 세대와 다른 가치관을 가지고 나아간다. 리더로서, 지속적인 성공을 유지하기 위해 우리 조직이 다음 세대에게 매력적으로 보이게 하는 일은 우리의 책임이다. 이를 위해 현재 조직의 구조에 대해 생각해보고, 그것이 다음 세대에게 매력적이냐고 물어본 적이 있는가?

하이브리드 팀의 성공, IT 사일로가 실제로 조직에 피해를 주고 있다는 사실, 신뢰와 권한 강화에 대한 이해, 그리고 마지막으로 새로운 세대를 끌어들이려는 필요성, 이 모든 요소가 우리의 IT 그룹을 구조화하고 조직하는 새로운 방법을 찾도록 나를 몰아붙였다.

과학적인 관리와 위계 질서 개념이 우리에게 먹히지 않을 것이라는 사실은 초기부터 분명했지만, 대안을 만드는 데는 많은 시간과 당혹스러운 실수가 필요했다. 그 돌파구는 홀라크라시 Holacracy [2]의 발견이었다. 그러나 이러한 경영 철학은 많은 잠재력을 갖고 있고 우리를 올바른 길로 인도할 수는 있지

---

2 관리자 직급을 없애 상하 위계질서에 의한 의사 전달이 아닌 구성원 모두가 동등한 위치에서 업무를 수행하는 제도를 의미(출처: https://m.blog.naver.com/PostView.nhn?blogId=xorms007&logNo=220664311811&proxyReferer=https%3A%2F%2Fwww.google.com%2F) – 옮긴이

만, 우리의 기업 문화에는 너무 많은 측면이 있었다. 따라서 우리는 홀라크라시를 대폭 조정하고 (기하급수적으로 성장하는 IT Exponentially growing IT 를 의미하는) XOIT라는 것을 개발했다.

다음은 XOIT가 성공하는 데 도움이 된 주요 원칙이다.

첫째, 명확한 IT 목적을 정의해 사일로를 무너뜨렸다. 그러고 나서 우리의 목적에 도달하는 데 필요한 주요 기능에 대해 생각했다. 거기서부터 우리는 그룹의 목적, 그룹의 도메인(집단이 소유한 것), 집단의 어카운트에 대한 책임 등을 정의해 각 기능을 그룹으로 전환했다. 다음 단계는 각 그룹을 하위 그룹과 해당 그룹의 목적에 도달하는 데 필요한 역할로 나누는 것이었다. 모든 하위 그룹과 역할에 대해, 그 목적과 도메인, 계정 등을 정의했다. 작업을 완료했을 때 IT 목적에 도달하는 데 필요한 모든 역할을 포함하는 그룹을 클러스터링했다. 일단 구조가 갖춰지고 나면 모든 동료를 각자의 지식, 경험, 선호도에 따라 역할에 배정했다. XOIT에서는 하나의 황금 규칙golden rule 이 있는데, 바로 '각 역할과 도메인을 책임지거나 책임지는 각 그룹은 어떻게 목적에 도달할지 결정하는 완전한 자율성과 권한을 가져야 한다'는 것이다.

각 그룹별로 자율성과 권위에 대한 전권을 갖도록, 기존의 관리자 역할과 더불어 3명의 보조 관리자들이 다음과 같은 역할을 서로 겹치지 않게 수행하도록 세분화했다. 첫 번째 역할은 그룹의 일상적인 운영을 책임진다. 이 역할은 상위 그룹의 리더가 지정한 관계자에 의해 채워진다. 두 번째 역할은 그룹의 구조화 및 운영 방식에 대한 책임을 진다. 즉, 이 역할은 그룹의 다른 역할, 목적, 도메인, 그리고 그룹 내의 회계 처리를 정의하고 그룹 정책을 수립한다. 이 역할은 모든 팀원에 의해 선출된다. 세 번째 역할은 일반적으로 고전적인 매니저가 맡을 가능성이 있는 것으로, 모든 행정 담당 직원에 대한 책임을 진다.

자체 관리가 이 철학의 핵심이긴 하지만, 그룹과 역할이 어카운트에 대한 책임을 잘 유지하는 것이 중요하다. 따라서 각 그룹은 누구나 앞에서 움직이든, 뒤에서 움직이든, 그냥 그대로 서 있든 간에 어느 그룹에게나 명확한 지시사항을 주는 간단하고 측정 가능한 지표를 정의했다.

끝으로, 그룹 내에 역할을 채울 때 관계자들이 긴장했던 경험을 바탕으로 그룹의 운영 방안 및 조직 구성에 대해 새로운 제안을 하는 관계자들을 도울 수 있는 절차를 도입했다. 이러한 제안의 핵심 요지는 그룹 구성원이 그 제안으로 인해 그룹이 퇴보할 거라는 걸 명백히 보여줄 수 없다면 실제로 테스트를 해봐야 한다는 것이다. 이를 통해 실험 정신을 북돋울 수 있다.

우리의 측정 지표, 고객 및 이해관계자 피드백은 모두 긍정적이고 중요한 IT 변화를 의미한다. 우리가 완벽하다는 뜻은 아니다. 아직 갈 길이 멀고 긴 여정의 시작에 있다. 그러나 그 증거는 이 새로운 조직과 운영 방식이 긍정적인 결과를 낳고 있음을 보여준다.

추가 정보 및 XOIT 추적에 대한 자세한 내용은 https://friedkingroupcio.com/을 참고하기 바란다.

47

분노의 질주: 클라우드 컴퓨팅의 진화를 통해 빌더 속도를 가속화하는 방법

– 일리야 엡스테인 / 엔터프라이즈 솔루션즈 아키텍트(AWS 솔루션 아키텍처 팀)

원문(2017년 5월 15일): http://amzn.to/cloud-builder-velocity

AWS 엔터프라이즈 전략의 책임자로서, 나는 감사할 것이 많다. 다우 존스의 CIO로서 클라우드를 이용해 대규모 비즈니스 혁신을 주도한 후, 이제 세계 최대 기업들(뉴스 코퍼레이션, 캐피털 원, GE)이 클라우드를 이용해 비즈니스를 변화시키는 모습을 맨 앞에서 지켜볼 수 있게 됐다. 이 자리는 업계에서 가장 똑똑하고 혁신적인 사람들, 즉 고객뿐만 아니라 AWS 내부에서 배울 수 있는 기회를 제공한다. 살면서 자주 겪는 일이지만, '만약 그때 알기만 했더라면' 나는 일을 아주 다르게 했을 것이라고 생각하는 사람들로부터 아이디어를 얻곤 한다. 최근 그러한 아이디어 중 하나를 AWS의 훌륭한 솔루션즈 아키텍트 중 한 명인 일리야 엡스테인으로부터 선물로 받았다.

◆ ◆ ◆

진입장벽이 무너지고 백 년 이상 된 브랜드 이름보다 사용자 경험이 더 큰 의미를 갖는 등 유례없는 시장 분열 상태의 세계에서 CEO들은 IT를 가지고 기존과는 다른 대화를 기대하게 된다. CIO와 CTO들은 IT 공급업체와 대화하던 것에서 비즈니스 파트너와 대화하는 식으로 바꾸려 하고 있다. (비즈니스가 IT를 기다리는) IT 공급업체와의 대화는 대체로 이런 식이다. "인프라가 언제 준비되고 언제 OOO 기능을 제공할 것이며, 어떻게 내 예산을 OOO 까지 줄일 수 있는가?" 이와는 대조적으로 (IT가 비즈니스를 기다리는) 비즈니스 파트너와의 대화는 매우 다르다. "온디맨드 프로비저닝을 통해 필요한 것을 자유롭게 구축하시기 바랍니다. 여기에 활용할 수 있는 새로운 보안 API가 있습니다. 여기 우리가 실행한 파일럿의 결과가 있습니다. 그리고 이번 달에는 X까지 비용을 절감할 수 있습니다." 후자는 제품 출시라는 단일 목표를 염두에 두고 IT 부서가 주도적으로 시작한다. 그리고 혁신과 제품 개발의 가속화는 빌더가 속도를 높이는 데 달려 있다.

이를 위해 IT는 비즈니스를 차별화하고 빌더가 더 빨리 움직일 수 있도록 하는 과제에 초점을 맞출 필요가 있다. 비즈니스를 차별화하지 않는 IT 과업은 자동화하고 가능한 한 많은 기능을 즉시 제공하는 플랫폼으로 떠넘겨야 한다. 이러한 패러다임의 전환은 변혁을 필요로 하며, 스티븐이 자주 얘기하듯이, 그것은 종종 기반 기술보다 사람들과 당신의 조직에 더 큰 영향을 미친다. 많은 고객에게 있어 이것은 다년간의 여정으로서, 그들이 깨달았든 아니든 클라우드가 생기기 훨씬 전에 시작됐다.

가상화 이전 시대

가상화 이전 시대에는 수작업으로 인프라를 구축했다. 인프라스트럭처를 프로비저닝, 랙 설치, 스택, 배선 작업, 설치 및 구성하는 데 몇 달이 걸렸다. 대부분의 애플리케이션은 엄격한 상호 의존성과 수작업 기반의 배포 기능을 갖춘 단일 애플리케이션이었다. 설치 및 구성 가이드는 일반적으로 수백 장은 아니더라도 수십 장 분량이었다. 데이터 센터 효율성도 과제였다. 이처럼 프로비저닝 주기가 길면 기업은 사용량이 가장 많은 시간에 필요한 것보다 25~40% 더 많은 프로비저닝을 수행하는 경우가 많았다. 리소스의 낭비가 너무 심해 활용률이 10% 미만인 경우가 많았다. 이 모델에서는 개발, 인프라 및 운영 팀이 모두 사일로로 운영되어 모든 변경에 대해 몇 주 또는 몇 개월의 계획이 필요하다. 환경 전반에 걸쳐 표준화가 거의 이뤄지지 않은 상태에서 모든 것을 수동으로 관리하고 운영했기 때문에 운영 자체가 중요한 과제가 됐다.

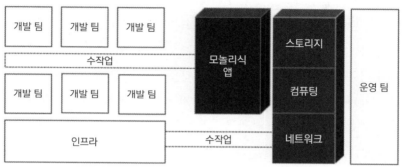

▲ 가상화 이전 시대의 배포 구조

가상화/프라이빗 클라우드의 징조

가상화와 프라이빗 클라우드는 더 나은 방법일 것 같았다. 이들은 서버 효율성 향상, 인프라 설치 공간 절약, 자동화 및 새로운 서비스 제공 모델 활성화 외에, 가장 중요한 비즈니스 대응력 향상을 추구했다.

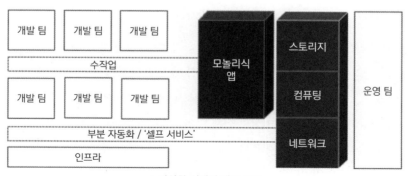

▲ 가상화 시대의 배포 구조

실제로 서버 가상화는 전력 및 냉각 소비에 긍정적인 영향을 미쳤고 심지어 조직이 일부 데이터 센터를 통합 및 합리화하도록 허용했지만, 약속된 많은 이점은 완전히 달성되지 못했다. 서버 프로비저닝 시간이 단축되어 서버를 몇 분 안에 스핀업할 수 있는 경우가 많지만, 실제로는 프로비저닝과 용량 계획이 크게 개선되지 않았다. 빌더들은 여전히 자사 제품의 예상되는(그리고 규정하기 힘든) 사용 패턴에 근거해 피크peak 시점에 필요한 용량을 조달해야 한다. 경우에 따라 빌더는 장애 복구DR, disaster recovery 시나리오를 수용하기 위해 이 규모를 두 배로 늘려야 한다. 이것을 여러 사업부로 확산하는 비즈니스 사례들은 자본 지출CapEx을 정당화하기 위해 3년에서 5년 사이에 개발되고, 대부분의 경우 그들이 결국 돈을 지불하지 않는다는 사실을 알게 됐다.

인프라 팀은 가상화가 지원하는 자동화를 활용하기 시작했지만, 대부분의 경우 이 기능이 개발 팀으로 확장되지 않았다. 셀프 서비스 제공 모델은 여전히 대부분 수동이며, 제한된 자동화를 사용해 며칠 또는 몇 주간의 승인이 필요한 경우가 많다. 변화가 어려운 이유는 팀들은 여전히 사일로 형태로 일을 하고, 이러한 여러 사일로 전체에 걸쳐 변화를 조율하는 과정에서 종종 거의 관리가 잘되지 않는 엄청난 관료주의적 오버헤드가 동반되기 때문이다. 궁극적으로, 빌더의 속도 관점에서 거의 달성되는 것이 없다. 빌더들은 여전히 그들의 생산성에 영향을 주는 제한된 자동화에 의해 좌절한다. 여전히 너무나 오랜 시간이 필요해서 비즈니스를 위해 뭔가가 이뤄질 가능성이 거의 없다.

다행스러운 점은 시스템 환경을 가상화하기 위해 몇 단계를 취하거나 프라이빗 클라우드 전략을 추구하는 조직들이 마이그레이션을 이미 완료하지 않은 고객들보다 이러한 진화의 다음 단계로 더 빠르게 이동할 수 있다는 점이다. 가상화는 단지 가상 머신의 실제 마이그레이션을 단순화하는 것뿐만 아니라, 조직이 변화하고, 비즈니스 요구에 적응하고, IT 인력의 역량을 향상시키는 데도 반영된다.

클라우드로의 여정

클라우드 전환을 완료하면 고객이 가상화의 충족되지 않은 부분을 실현할 수 있게 해준다. 사용한 만큼 비용을 지불하는 네트워크, 컴퓨팅, 스토리지, 데이터베이스를 비롯한 기타 리소스의 온디맨드 프로비저닝은 전례 없는 민첩성을 제공하고 개발 팀의 속도를 가속화하는 데 도움을 준다. 그러나 클라우드에서조차도 이러한 변화는 즉시 이뤄지지 않는다. 개발 팀의 속도는 도입의 여러 단계를 통해 고객의 클라우드 여정에 따라 가속화된다.

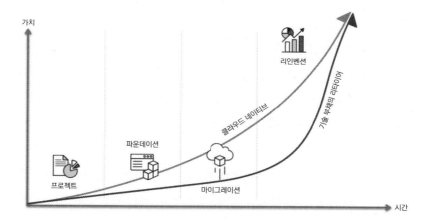

클라우드 도입: 마이그레이션 단계를 통한 프로젝트

클라우드 도입의 첫 3단계에서는 (1) 몇 가지 프로젝트에서 시작해 이점을 배우고, (2) CCoE 팀을 통해 조직 혁신의 기반을 마련하며, (3) 대규모 마이그레이션을 실행해 빌더의 속도를 직접적으로 가속화하는 몇 가지 핵심 요소를 실현하기 시작하는 것이다.

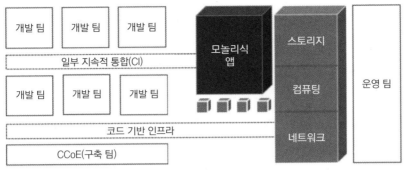

▲ 초기 클라우드 도입 개발 구조

- **코드로서의 인프라**: 프로젝트 단계 초기에 고객들은 어떤 특정한 것들을 수동으로 할 수 있다. 그러나 파운데이션 및 마이그레이션 단계로 전환하면서 코드로서 인프라스트럭처 개념을 수용한다. 즉, 모든 인프라는 단순히 스크립트로 자동화된 것이 아니라 코드(즉, 클라우드 양식)로 개발되고 유지된다. 이러한 템플릿은 몇 분 내에 전체 환경과 스택을 배포하는 데 재사용할 수 있다.

- **CCoE** Cloud Center of Excellence : CCoE 팀은 핵심 인프라 템플릿을 개발 및 유지 관리하고, 참조 아키텍처를 설계하고, 개발 팀을 교육하며, 애플리케이션을 클라우드로 마이그레이션할 수 있도록 돕는다. 개발 팀은 인프라를 코드 파이프라인으로 활용하고, 애플리케이션을 위한 지속적인 통합 파이프라인을 개발하기 시작하고 있다.

- **AWS 서비스 도입**: 이러한 초기 단계에서는 아마존 EC2 Elastic Compute Cloud [1], 아마존 EBS Elastic Block Store [2], 아마존 ELB Elastic Load Balancing [3], 아마존 S3 Simple Storage Service [4], AWS IAM Identity and Access Management [5], AWS

---

1 https://aws.amazon.com/ec2/

2 https://aws.amazon.com/ebs/

3 https://aws.amazon.com/elasticloadbalancing/

4 https://aws.amazon.com/s3/

5 https://aws.amazon.com/iam/

KMS^{Key Management Service 6}, AWS 클라우드포메이션^{CloudFormation 7}, 아마존 클라우드워치^{Amazon CloudWatch 8} 같은 AWS 기반 서비스들을 도입하는 비중이 높다. 고객들도 가능한 한 단일 애플리케이션을 쪼개고 AWS 관리형 서비스를 이용하기 시작하고 있다. 이러한 단계에서 상위 수준의 서비스를 도입하는 정도는 일반적으로 고객의 마이그레이션 전략과 클라우드 네이티브 애플리케이션 비율, AWS 플랫폼의 전체 범위를 활용하기 위해 리호스팅, 리플랫폼, 또는 리팩토링하는 비율에 따라 달라진다.

- **보안**: 보안은 전통적으로 민첩성에 큰 장애물이 될 수 있지만, AWS에서 적절하게 구현될 경우 투명성, 감사성 및 자동화 수준을 온프레미스 환경보다 훨씬 더 크게 달성할 수 있다.

클라우드 채택: 혁신 단계

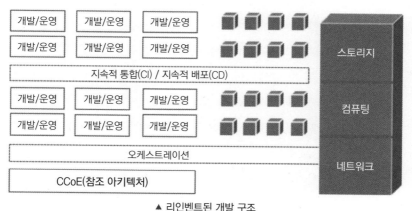

▲ 리인벤트된 개발 구조

---

6 https://aws.amazon.com/kms/

7 https://aws.amazon.com/cloudformation/

8 https://aws.amazon.com/cloudwatch/

고객이 초기 도입 단계를 거치고 나면 개발 팀의 속도가 크게 향상된다는 것은 의심의 여지가 없다. 그러나 대부분의 경우 최적화할 기회는 마이그레이션 단계로 끝나지 않는다. 고객이 마이그레이션의 일부로서 클라우드 네이티브로 그들의 모든 애플리케이션을 리아키텍팅할 기회나 리소스를 거의 갖지 못한다(7장 '클라우드 네이티브(리프트 앤 시프트)' 참조). 이것은 빌더의 속도를 더욱 가속화하기 위해 끊임없는 재창조 기회를 만들어낸다. 애플리케이션 리아키텍팅에는 종종 API를 사용해 모놀리스 시스템을 더 작은 서비스들로 분해하는 동시에 재사용성을 극대화해야 한다. 이러한 프로세스의 일환으로, 고객들은 애플리케이션의 차별화되지 않은 부분을 AWS 플랫폼으로 떠넘기고 대신 비즈니스 논리에 집중하려고 한다.

리인벤션 단계에서 조직은 일반적으로 데이터 유입을 위한 아마존 키네시스 Kinesis[9], 실시간 처리를 위한 AWS 람다Lambda[10], 관계형 데이터베이스 및 NoSQL 데이터베이스를 위한 아마존 오로라Aurora[11] 및 아마존 다이나모DBDynamoDB[12], 데이터 웨어하우징을 위한 아마존 레드시프트Redshift[13] 같은 좀 더 완전한 관리형 서비스를 선택해 빌더가 비즈니스 차별화에 최대한 많은 시간을 소비할 수 있게 한다. 가장 좋은 대기열, 메시징, API 관리 솔루션은 여러분의 비즈니스에 도움이 될 것 같지 않다. 오히려 여러분의 고객을 만족시키고 비즈니스 성장에 도움이 되는 것은 알고리즘, 비즈니스 워크플로우 및 실시간 분석이다. 이 단계에서는 운영을 진정한 데브옵스 모델로 전환하기 위한 좀 더 집중적인 노력도 볼 수 있다. 또한 CCoE는 참조 아키텍처, 거버넌스 및 컴플라이언스 프레임워크를 개발하고 개발 팀이 통합 CI/CD 파이프라인을 통

---

9   https://aws.amazon.com/kinesis/
10 https://aws.amazon.com/lambda/
11 https://aws.amazon.com/rds/aurora/
12 https://aws.amazon.com/dynamodb/
13 https://aws.amazon.com/redshift/

해 인프라와 애플리케이션을 모두 구현할 수 있는 더 많은 자율성을 제공하는 데 중점을 두고 있다. 또한 보안 팀은 DevSecOps 방법론을 채택하고 API를 통해 보안 기능을 노출해 속도를 높이고 있다.

컴퓨트 및 빅데이터의 진화

다른 관점에서, 이러한 진화가 클라우드의 컴퓨트 및 빅데이터 영역에서 어떻게 이뤄졌는지 살펴보자.

최근의 첫 번째 주요 컴퓨트 발전은 물리적 서버에서 데이터 센터의 가상 서버까지였다. 이 단계는 높은 활용률, 통일된 환경, 하드웨어 독립성 및 새로운 장애 복구[DR] 기능을 가져왔다. 다음 단계는 클라우드상의 가상 서버였다. 이로 인해 온디맨드 리소스, 확장성 및 민첩성 향상, 가용성 및 내결함성이 향상됐다. 하지만 빌더 속도 관점에서 보면 여전히 개선의 여지가 있다. 고가용성과 장애 복구에 대해 걱정도 해야 하고, 골든 이미지 관리와 서버 패치도 해야 하며, 워크로드에 맞는 적절한 인스턴스를 사용해야 한다. 빌더 관점에서 볼 때, 여러분이 원하는 것은 비즈니스 로직에 초점을 맞추고 그것을 일정이나 이벤트에 대응해 실행하는 것이다.

여기서 AWS 람다와 서버리스 컴퓨팅으로의 전환이 이뤄진다. AWS 람다를 사용하면 관리하거나 패치를 적용할 서버가 없다. 람다 서비스는 실행, 고가용성 및 확장성을 자동으로 관리하며 구축자는 자신의 기능을 간단히 작성한다. 예를 들어, 비드롤[VidRoll]은 AWS 람다를 사용해 실시간 광고 입찰을 위한 비즈니스 로직의 전원을 공급하고 비디오를 실시간으로 트랜스코딩한다.[14] AWS 람다를 통해 비드롤은 코드 재사용의 직접적인 결과로서 8~10명의 엔지니어가 할 작업을 2~3명의 엔지니어가 수행하게 할 수 있다.

---

14 https://aws.amazon.com/solutions/case-studies/vidroll/

또 다른 유사한 예는 AWS에서의 빅데이터 서비스의 발전이다. 고객은 아마존 EC2 및 아마존 EBS에서 자체 관리 하둡[Hadoop] 클러스터를 실행할 수 있다. 실제로 그들은 리소스의 온디맨드 제공, 종량제 모델, 많은 다양한 사례 유형 등과 관련해 일부 초기 장점을 볼 수 있다. 그러나 그러한 아키텍처들을 전제로 한 많은 도전은 클라우드에서 계속 지속될 수 있다. 예를 들어, 컴퓨트와 스토리지의 결합 특성 때문에 클러스터는 사용량이 많은 시간 동안 과도하게 활용되고 다른 시간에는 충분히 활용되지 못할 수 있다. 데이터를 HDFS로 유지해야 하므로 피크 시간이 아닐 때는 클러스터를 쉽게 종료할 수 없으며, 쿼리를 실행하기 전에 대량의 데이터를 로컬 HDFS로 계속 옮겨야 한다.

아마존 EMR[15]은 컴퓨트와 스토리지를 분리하고 S3를 지속적인 데이터 레이크로 활용함으로써 이러한 문제를 해결한다. 예를 들어, FINRA는 데이터를 S3에 저장하기 때문에 자체 관리하던 EC2 클러스터에서 2일 정도 걸리던 것과 비교해 EMR에서 새 HBase 클러스터를 시작하고 30분 이내에 쿼리를 받을 수 있다.[16] 데이터 스토리지로 S3를 활용해서 FINRA의 비용도 절감됐고, FINRA가 워크로드를 위해 클러스터를 적절하게 조정할 수 있게 됐다. 빌더와 데이터 엔지니어도 더 이상 장기적인 기술 결정에 얽매이지 않고 분석 플랫폼을 발전시키고 비즈니스 요구사항에 맞는 새로운 도구를 사용해 실험할 수 있다. 그리고 데이터 과학자들이 클러스터 관리를 내켜 하지 않는다면, 아마존 아테나[Athena][17]가 이에 대한 서버리스 옵션을 완벽하게 제공한다. 데이터 과학자는 실행 시간과 투명한 업그레이드를 통해 SQL 쿼리를 작성하고 프레스토[Presto] 엔진으로 즉시 실행할 수 있다.

---

15 https://aws.amazon.com/emr/

16 https://aws.amazon.com/blogs/big-data/low-latency-access-on-trillions-of-records-finras-architecture-using-apache-hbase-on-amazon-emr-with-amazon-s3/

17 https://aws.amazon.com/athena/

변화와 혁신에 대해 성공 여부를 가늠하고 최종 목표를 지키는 방법을 알기란 어려울 수 있다. 개발 팀의 속도에 집중하면 클라우드 성공을 위한 훌륭한 척도를 제공하며, 비즈니스 파트너가 되어 AWS를 통해 지속적으로 발전하고 리인벤트할 수 있는 의사결정에 도움을 받을 수 있다.

48

클라우드 전환에 대한 중요한 지침을 제공하기 위한 교리

- 조 청 / AWS 엔터프라이즈 전략 담당 및 에반젤리스트

원문(2017년 3월 8일): http://amzn.to/cloud-tenets

> "교리: 일반적으로 진실이라고 여겨지는 원칙, 신념 또는 신조;
> 특히 조직, 운동 또는 직업의 구성원들에 의해 공통적으로 유지되는 것"
> – 메리엄 웹스터^{Merriam-Webster} 사전

클라우드로 대규모 전환이 일어나는 것은 많은 개발, 운영 및 보안 프로세스가 더 이상 적용되지 않거나 클라우드에서 크게 변경됨을 의미한다. 예를 들어 많은 기업이 여전히 IT 서비스를 관리하기 위해 수동 프로세스(예: ITIL)에 의존하고 있지만, AWS는 ('코드로서의 인프라'라고 하는) IT 인프라를 프로비저닝하고 관리하기 위한 프로그래밍 방식의 액세스를 제공한다.

그러나 이러한 유형의 중대한 변화를 도입하는 것은 시작에 불과하다. 클라우드로 전환 중이거나 비즈니스에 가치를 제공하는 방식을 혁신하고자 하는 기업도 수많은 새로운 패러다임을 수용할 수 있는 방법을 찾아야 한다. 그리고 이러한 새로운 모델을 완전히 수용하려면 조직이 접근 방식과 프로세스를 어떻게 수정할지에 대한 일련의 결정을 내려야 한다. 하지만 그렇기는 해도 우리는 각 고객들에게 고유한 영역이 많다는 사실을 알고 있다. 그렇게

많은 결정에 직면하는 것이 큰 부담일 수 있다는 사실 또한 알고 있다. 특히 최선의 해답이 없을 때 말이다.

아마존의 리더십 원칙 Leadership Principles[1]은 우리의 행동과 문화를 안내하고 형성하며, 그것들은 고객들에게 서비스를 제공하기 위해 빠른 속도로 혁신하는 우리 능력의 핵심이다. 하지만 아마존의 프로그램과 팀에는 의사결정을 내리고 지역 특성에 맞춰 집중하거나 중요하게 생각해야 할 것들을 제공하는 데 도움이 되는 테넷, 즉 교리를 확립하는 문화가 있다는 걸 여러분은 알지 못할 수도 있다. 조직에 가장 적합한 의사결정을 안내하는 데 도움이 되는 클라우드 교리를 정의해보라. AWS의 동료 중 한 명이 말하길, "교리는 사실적으로 검증될 수 없는 중요한 질문에 대해 모든 사람이 동의하게 하는 것이다."

예를 들면 다음과 같다.

애플리케이션 팀이 AWS에서 사용할 수 있는 모든 서비스를 완벽하게 담당하고 제어하기를 원하는가? 아니면 서비스 표준을 적용하거나 AWS 위에 추가 제어판을 제공하겠는가?

이 질문에 대해 절대적으로 옳거나 그른 답은 없으며, 여러분이 보유한 시스템 환경이나 비즈니스가 여러분을 한 방향으로 또는 다른 방향으로 몰아붙일 가능성이 높다. 그러나 애플리케이션 팀에게 부여하고자 하는 통제나 자유에 대한 자신의 철학을 요약한 교리를 정의하는 것은 그 전에 우선 해결돼야 한다.

다음은 조직의 클라우드 교리를 정의하는 데 도움이 될 만한 그 밖의 질문들이다.

---

1 https://www.amazon.jobs/principles

어떤 유형의 개발자 경험을 만들고 싶은가? 스타트업 개발자의 경험을 보존하고 싶은가? 이렇게 하지 않으면 아마도 모든 상호작용이 코드를 통해 처리될 것이다. 사용자가 서비스를 수동으로 프로비저닝하거나 변경할 수 있게 하겠는가?

여러분이 생각하는 보안 관련 교리는 무엇인가? 기존 정책은 아마도 온프레미스 쪽으로 향해 있을 것이다. 바꿔 말하면 아마도 이것이 오히려 당신의 정책을 다듬을 기회일 것이다. 예를 들어 당신은 침입 탐지 기술을 사용하길 원하는가, 아니면 필요할 때 행동할 수 있는 능력을 가지고 모든 이벤트에 완전한 투명성을 허용하기를 원하는가?

AWS에서 어떻게 운영할 것인가? 완전 자동화인가? 기존 운영 프로세스와 일관성을 갖게 하는 것인가?

그리고 어떤 클라우드 서비스를 활용할 것인지에 대해 중앙 집중식 의사결정을 내릴 것인가? 아니면 개발 팀에 완전한 자율권을 부여하고 데브옵스 모델로 전환할 것인가?

여러분이 클라우드 교리를 정의하는 데 도움이 되도록, 나는 아마존 팀과 프로그램에 제공된 지침에서 가장 적절한 6가지 제안사항을 선정했다. 하지만 설명하기에 앞서, 이러한 것들을 생각해낼 수 있게 도와준 아마존의 직원들에게 큰 소리로 고마움을 표하고 싶다.

- **헌장이나 임무는 '무엇'인지를 명시하고, 교리는 '어떻게'를 명시한다.** 교리란 프로그램이나 팀이 임무나 헌장을 이행하기 위해 사용하는 원칙과 핵심 가치들이다. 헌장보다 나은 프로그램은 훌륭한 교리를 통해 알 수 있다.
- **기억에 남을 만해야 한다.** 기억에 남는 것은 효과적인 가르침과 관련이 있다. 최고의 교리가 기억에 남을 만하다는 건 경험을 통해 확인할 수

있다. 기억에 남는 교리의 두 가지 특성은 읽는 이의 도전의식을 북돋울 뿐만 아니라 간결하다는 것이다.

- **각 교리별 핵심 아이디어는 오직 하나뿐이다.** 단 하나의 본질적인 아이디어로 교리를 구체화하는 것은 그 교리를 기억에 남고 명확하게 만든다.
- **프로그램을 지정하라.** 좋은 교리는 사람들이 클라우드 프로그램에 열의를 갖게 할 것이다. 클라우드 프로그램과 관련이 없는 사람들도 이 교리가 프로그램에 대한 통찰력을 준다는 것을 알 수 있게 해야 한다. '우리는 세계적인 수준의 클라우드 기능을 갖게 될 것이다.'와 같이 많은 프로젝트에 적용되고 사실상 아무런 정보도 전달하지 않는 평범한 교리를 작성하는 실수를 해선 안 된다.
- **상담하라.** 교리는 개인이 어려운 선택과 절충을 할 수 있게 돕는다. 교리는 프로그램이 다른 것들보다 한 가지 일에 더 신경을 쓴다고 선언을 해서 입장을 명확히 하게 한다. 교리는 세세한 행동 지침을 규정하기보다는 가이드한다. 그리고 교리들 간에 작은 이해상충 같은 것이 있을 수 있는데, 뭐 괜찮다(예를 들면, 대응력 대 정책 또는 통제력 집행에 대한 주의사항 같은 것들이다).
- **교리가 여러분을 정직하게 해준다.** 집단적 사고 group-think 에 휘말리거나 특정 프로젝트의 뉘앙스에 정신이 팔려 전체적인 목표를 놓치기 쉽다. 뒤로 물러서서 교리를 설정한 다음, 도중에 그러한 교리를 고려하는 것은(다시 한 걸음 물러서서 볼 때만 변경하는 식으로) 더 넓은 전략을 추적하는 데 도움이 될 것이다.

액센추어 Accenture 의 클라우드 환경 전환을 위해 내가 정의한 가장 좋아하는 클라우드 프로그램 2개를 여러분에게 소개한다.

첫째, '신용카드로 최대한 신속하게 프로비저닝'하는 것처럼 '네이티브' 플랫폼을 직접 사용하는 만큼 신속하게 클라우드 서비스를 프로비저닝하고 관리할 수 있는 기능이 필요하다.

둘째, 애플리케이션 팀에게 인위적인 장벽(예를 들면, "AWS를 퍼블릭으로 배포하면 왜 사용할 수 없는가?" 같은) 없이 클라우드 서비스를 사용할 수 있는 제어/능력을 제공한다.

여러분 회사의 클라우드 교리는 무엇인지 궁금하다. AWS로 클라우드를 전환하는 분들에게 도움이 될 수 있도록 보내주시기 바란다.

49

기술 조직을 바꾸기 위한 CoE 구축

– 밀린 파텔^{Milin Patel} / 리아크^{Rearc} 수석 아키텍트 및 공동 창업자

지난 5년 동안 몇몇 엔터프라이즈 IT 트랜스포메이션에 참여한 건 대단한 행운이었다. 이 모든 것은 다우 존스 스티븐 오반의 주도하에 시작됐으며, 그곳에서 나는 클라우드에서 소프트웨어를 구축하고 운영하는 새로운 방법을 찾아내어 우리가 지속적으로 변화하는 고객 수요에 부응할 수 있게 해야 한다는 과제를 받았다. 스티븐은 이 책에서 우리의 여정에 대해 잘 설명해줬다. 내가 덧붙일 건 다우 존스의 데브옵스 운동을 이끌었던 3년이 내 생애에서 가장 많은 성취를 거뒀고 보람 있는 해였다는 것 정도다. 그만큼 나는 이 여정(마헤쉬 바르마^{Mahesh Varma}와 채드 윈저^{Chad Wintzer})에서 다른 회사들과 손잡고 다른 회사들과 클라우드의 잠재력을 발휘할 수 있도록 돕는 사업체 리아크^{Rearc}를 찾았다.

다우 존스와 리아크에서 우리가 성공한 것은 아마도 개발자들을 클라우드 여정의 중심에 놓고, 그들을 마치 사용료를 지불하는 고객으로 대했기 때문이 아닐까 한다. 이 이야기의 목표는 다우 존스에서 성공적인 CoE^{Center of Excellence} 팀을 만들고 운영해본 경험으로 조직을 혁신하려는 리더들에게 영감을 주는 것이다. 스티븐이 설명한 것처럼, 다우 존스의 CoE 팀은 우리의 소프트웨어 개발 및 운영 관행의 트랜스포메이션을 가능하게 했다. 이 CoE 스토리는 클라우드 및 데브옵스 채택에 더 적합하지만, 6단계 접근 방식을 적용해 조직 전체의 다른 문제를 해결할 수 있다.

내가 보기에 CoE 팀의 목표는 크고 널리 퍼져 있는 뿌리 깊은 조직 문제를 열린 사고방식으로 작은 범위에서 해결한 다음 작은 성과를 이용해 조직 전체로 규모를 조정하는 것이다.

다우 존스에서 우리에게 주어진 해결 과제는 **소프트웨어 이관/전달을 가속화**하는 것이었다. 2013년에 우리는 뉴스나 미디어 콘텐츠의 소비를 중심으로 소비자 행동의 큰 변화를 목격하고 있었다. 「월스트리트저널」(다우 존스의 일부)은 전통적으로 신문사였지만, 독자들은 전화기와 태블릿을 비롯한 연결된 기기로 뉴스를 보고, 듣고, 읽고 싶어 했다. 그들은 우리가 기기와 플랫폼 전반에 걸쳐 원활한 디지털 경험을 제공할 것으로 기대했다.

독자의 니즈^{needs}를 충족시키기 위해, 우리는 매우 빠른 페이스로 새로운 기능과 경험을 전달해야만 했다. 하지만 우리는 한마디로 너무너무 느렸다. 소프트웨어를 구축하고 운영하기 위해 당시 쓰고 있던 폭포수 방식(아래 다이어그램 참조)은 비즈니스 성장과 고객의 니즈를 만족시키지 못했다.

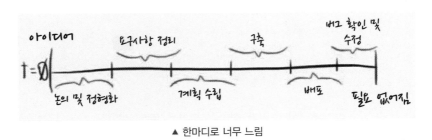

▲ 한마디로 너무 느림

이 문제를 해결하는 유일한 방법은 소프트웨어 개발 및 전달(이관)에 대한 접근 방식을 근본적으로 바꾸는 것이었다.

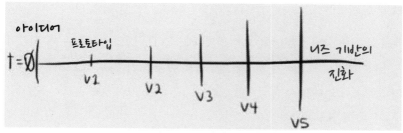

▲ 소프트웨어는 끊임없이 개선된다.

막대한 자본 비용과 느린 제공 주기를 지닌 인프라 기반 프로젝트에서 벗어나 실패와 재정적 위험을 두려워하지 않고 신속하게 반복할 수 있는 소프트웨어 엔지니어링 기반의 클라우드 퍼스트 접근 방식으로 전환해야 했다.

스티븐은 이러한 문제와 클라우드로 작업한 초기 경험을 고려할 때 클라우드 기반 기술과 데브옵스 기술이 솔루션의 필수 요소라고 확신했다. 그러나 특정 방식으로 일하는 데 이미 익숙한 대규모 조직을 데려다가 인프라, 운영, 소프트웨어 제공에 대해 알고 있는 모든 것을 어떻게 하면 바꿀 수 있을까? 당시에는 우리가 얻을 수 있는 회사 내부 지식도 별로 없었다. 이 모든 것이 다우 존스에 있는 우리 CoE Center of Excellence 팀(내부적으로 데브옵스 팀이라고 함)의 구성으로 이어졌다. 나는 지금도 우리 CoE 팀의 창립 멤버 3명 중 한 명이 될 수 있는 기회를 얻게 되어 매우 영광으로 생각한다.

우리의 임무를 한마디로 요약하면 개발 팀이 민첩성과 자신감을 가지고 고객을 위해 멋진 디지털 경험을 제공할 수 있는 올바른 툴링과 관행을 알아내는 것이었다.

클라우드는 솔루션에 암묵적으로 포함됐다. 왜냐하면 우리가 올바른 답을 찾을 때까지 계속 실험하고, 빠르게 실패하고, 다음 실험으로 넘어가기 위한 소프트웨어 개발 민첩성을 제공하는 것이기 때문이었다. 차별화되지 않은 대규모 마이그레이션을 추상화한 클라우드 서비스를 이용해야 고객에게 집중할 수 있었다.

목표의 최종 상태는 분명했지만, 거기에 도달하는 방법은 만드는 데 시간이 걸렸다. 여기서 소개하는 6단계 접근법을 통해 여러분도 조직 내에서 다양한 경로를 고려해볼 수 있었으면 한다.

1단계: 팀 구성

CoE 팀은 작게 출발해야 한다. 다우 존스에서 이 일을 한 후, 좋은 사람들을 초기 팀의 일원으로 두는 것이 얼마나 중요한지 깨달았다. 초기 팀 구성원으로 눈여겨봐야 할 중요한 특성은 다음과 같다.

- 실험 주도: 실패로부터 학습하고 신속하게 반복할 수 있는 능력 보유
- 대담함: 상황에 도전하는 것을 두려워하지 않음
- 아이디어화 단계에서 성공적인 구현으로 전환 가능
- 개발자 생산성 및 운영 우수성의 영향 평가
- 타인을 통한 기술 확장 가능

우리의 CoE는 강한 기술력과 다양한 배경을 갖춘 엔지니어들로 구성되어 있다. 여러분 회사에서 최고 수준의 1등급 엔지니어링 인재는 대개 조직 내에 상당한 신뢰가 구축되어 있어 조직 전체에 긍정적인 영향을 끼치기 쉽다. 개인적으로는 내부 직원들이 가장 잘할 것으로 생각하지만, 새로 채용한 직원 또는 전략적 파트너들과 내부 직원들이 섞여 있는 것도 여러분의 CoE 노력에 박차를 가할 수 있다. 우리의 경우 네트워크, 스토리지, 시스템 관리 및 소프트웨어 개발을 이해하는 엔지니어가 필요했다. 초기 팀이 내부 채용으로 만들어지는 동안, 우리는 계속해서 외부 채용 인원과 대졸 신입 사원을 추가했다.

2단계: 퀵윈의 실현

조직 트랜스포메이션의 큰 비전을 가지고, 비교적 작지만 중요한 단일 프로젝트를 성공적으로 수행하기 위해 초기 단계에서 범위를 좁힐 필요가 있다. 스티븐이 1장에서 설명한 것처럼 우리의 초기 프로젝트 중 하나는 홍콩의 데이터 센터에서 마이그레이션하는 것이었다.

▲ 리프트 앤 시프트 애플리케이션 마이그레이션

6주보다 짧은 기간 동안 월스트리트저널 아시아 데이터 센터를 AWS의 도쿄 리전에 (리프트 앤 시프트 방식으로) 마이그레이션했다. 그것은 CoE 팀에게 완벽한 출발이었다. 우리는 네트워킹(VPC, 로드 밸런싱, WAN 가속, 미국 데이터 센터와 도쿄 간의 데이터 복제), Amazon 머신 이미지AMI, 애플리케이션 성능, 트래픽 배포, 변경 관리 등을 파악해야 했다. 마이그레이션을 성공시키는 데 필요한 모든 결정을 내릴 수 있는 자율성이 있었기 때문에 이 일을 할 수 있었다.

클라우드상에 운영 환경을 처음으로 성공적으로 배포하면서 우리는 다른 조직에게 우리의 성과를 알리고 클라우드에서 운영 애플리케이션을 실행하는 단계를 극복할 수 있었다. 클라우드에서 운영되는 것에 대한 두려움과 불확실성이 줄어들었다. 모르는 것보다는 우선 가능한 것들 위주로 이야기를 풀어나갔다.

3단계: 리더십 지원 획득

기술 리더십 팀은 우리가 직면하고 있는 도전 과제와 이러한 과제 해결을 위한 실행 계획이 무엇인지에 대해 조직의 다른 사람들에게 분명한 메시지를 전달하는 것이 중요하다. 우리의 경우, 스티븐과 그의 리더십 팀은 CoE 팀이 할 일에 대해 빠짐없이 얘기해줬다. 새로운 기술을 위한 기초 수준의 도입이 절대적으로 필요한 반면, 나는 리더십 팀으로부터 전달되는 명확한 비전과 메시지가 똑같이 필요하다고 강하게 믿는다. 사내 블로그와 전사 대상 회의를 통해 조직 전체에 메시지를 더 강하게 전파했다.

4단계: 재사용 가능한 패턴 및 참조 아키텍처 구축

클라우드에서 첫 번째 애플리케이션 세트 실행 경험을 얻으면, 더 많은 애플리케이션을 실행에 옮기고자 할 때 어느 정도 반복 가능한 프로세스가 필요할 수밖에 없다. 여러 애플리케이션 팀과 의논을 하는 과정에서 몇 가지 패턴이 나타나기 시작했다. 다소 의견은 분분했지만 대부분 애플리케이션 팀에게 거부감이 없는 참조 아키텍처와 청사진을 구축할 수 있었다.

우리 CoE 팀은 참조 아키텍처를 구축하는 것뿐만 아니라 이러한 참조 아키텍처를 활용하는 애플리케이션의 프로비저닝과 운영을 자동화하는 데 필요한 툴을 구축하는 것에서도 훌륭한 성과를 거뒀다. 이와 더불어, 애플리케이션 팀들이 신속하게 애플리케이션을 가동하고 실행하면서 조직 전반의 패턴을 표준화하고 운영 오버헤드도 줄였다.

5단계: 계약 및 전파 교육

우리 팀의 초기 퀵윈과 리더십 팀의 지원을 바탕으로, 다른 팀들도 클라우드 전환에 참여하기 시작했다. CoE 팀은 이것을 기회로 삼아야 한다. 우리는 DevOps Days, 점심 식사와 함께 진행하는 워크숍, (데브옵스 유니버시티DevOps University 프로그램을 통한) 교육 세션 및 성공적인 클라우드 프로젝트에 대한 사례 연구를 진행함으로써 나머지 조직과 협력하기 시작했다. 우리 회사의 내부 고객(개발 팀)은 DevOps Days 및 워크숍에서 프로젝트 결과를 발표했는데, 이는 단순한 외부 프레젠테이션보다 훨씬 강력한 메시지였다. AWS와 Chef에서 아키텍트와 개발자 에반젤리스트를 데려오면서 분위기는 더욱 고조됐고, 우리가 얼마나 진지하게 변모하고 있는지를 보여줬다.

6단계: 규모 조정 및 재구성

일단 여러분이 새로운 접근법과 기술을 사용해 몇 개의 초기 프로젝트를 성공적으로 수행하면, 조직의 다른 사람들은 그들의 특정한 니즈와 문제들에 대해 CoE의 서비스, 도구 및 전문지식을 열심히 이용하려고 할 것이다.

CoE 기능을 다른 조직 전체로 확장하는 중요한 마지막 단계는 신중하게 계획해야 한다. 우리의 경우, CoE가 클라우드 및 데브옵스 기술을 도입하는데 걸림돌이 됐다는 사실을 다소 늦게 파악했다. 결국, CoE의 기능을 확장하기 위해 각 애플리케이션 팀 내에 연합 팀과 데브옵스 기능을 구축했다.

결론

강력한 리더십 팀의 지원을 바탕으로 데브옵스에 대해 상향식 접근을 한 결과, 우리가 무엇을 할 수 있는지도 알게 됐고 전례 없이 빠르게 고객에게 새로운 경험을 선사했다. 2013년 WSJ.com에 대한 변화로 야간 빌드 작업을 위해 매주 화요일과 목요일 오전 10시까지 개발자가 품질 검증 팀에 빌드 결과물을 제출하게끔 했다. 10~15명의 엔지니어들에게 몇 시간 동안 할 수 있는 온라인 미팅 장비도 있었지만 종종 빌드가 실패하기도 했다. 2016년에는 운영 환경 및 비운영 환경에 대한 여러 서비스 전반에서 하루 동안 100개 이상의 구현을 수행했다. 모두 다 야간 빌드 작업을 단 한 건의 누락 없이 수행했다. 가장 중요한 것은 운영상의 장애 건수가 현저히 감소했고 모든 엔지니어링 팀에 걸쳐 신뢰도 수준이 훨씬 높아졌다는 점이다.

50

클라우드 퍼스트 비즈니스 리인벤션에서 변화의 주도와 혁신의 관리

- 조 청 / AWS 엔터프라이즈 전략 담당 및 에반젤리스트

원문(2016년 12월 21일):

http://amzn.to/cloud-driving-change-innovation

"변화가 없다면 혁신도, 창조도, 발전을 위한 인센티브도 없다.
초반에 변화한 이들은 불가피한 변화를 관리할 더 좋은 기회를 얻을 것이다."
— 윌리엄 폴라드 William Pollard

나는 5년 전 샌프랜시스코에서 열린 큐콘 QCon 행사에 참석했을 때 엔터프라이즈 컴퓨팅의 미래를 발견했다. 그리고 아마존, 페이스북, 넷플릭스, 링크드인 같은 회사의 기술적으로 가장 앞선 아키텍트 및 엔지니어들과 함께한 이 행사에서 마이크로서비스와 분산 시스템으로의 이동 및 이러한 마이크로서비스 아키텍처를 호스팅하기 위한 AWS의 활용이라는 두 가지 주요 주제에 관한 세션을 집중적으로 들었다. 새로운 아키텍처는 AWS와 결합해 전례 없는 수준의 확장성, 탄력성, 가용성을 제공했다. 그러나 더욱 놀라운 것은 아마존닷컴과 넷플릭스 같은 사이트들이 다운타임 없이 플랫폼으로 진입할 수 있었던 혁신과 변화의 규모였다.

2011년 큐콘에 참석했을 당시에는 엔터프라이즈 아키텍처, 애자일 방식의 프로젝트 수행 및 이관, 그리고 혁신을 담당하는 액센추어의 IT 조직에서 관리 팀장으로 근무했다. 그 전에는 액센추어의 비즈니스 기능 중 많은 분야에서 글로벌한 대규모 IT 구현과 변혁을 추진하면서 15년을 보냈다. 하지만 현재는 AWS의 엔터프라이즈 전략 담당으로서 클라우드가 속도와 민첩성을 높이는 동시에 비용을 절감할 수 있도록 엔터프라이즈 기술 경영진과 경험과 전략을 공유하는 역할을 맡고 있다.

큐콘에서 나의 기술적인 깨달음을 되새기며(일단 행사가 끝나면, 새로 배운 것을 실행에 옮기고 싶어 했다) 즉각적으로 액센추어에서 아키텍처 원칙을 변경해 서비스 퍼스트 및 클라우드 퍼스트로 변경했다. 그런 다음 우리의 과제를 해결하기 위해 AWS 서비스를 적용하는 방법을 검토했다.

상표 스캐닝과 이미징 기술을 활용해 수백만 개의 문서를 수집하는 애플리케이션이 있었다. 그러나 이 시스템은 문서를 스캔하고 처리하고 사용자가 볼 수 있게 하는 데 며칠이 걸렸다. 고객 만족도가 낮고 수용할 수 없는 수준으로, 우리 팀은 이 애플리케이션이 AWS S3를 스토리지 메커니즘으로 사용할 수 있게 하는 아키텍처 구성요소를 개발했다. 이어, 사용자가 영수증을 찍어 S3에 저장할 수 있는 모바일 애플리케이션을 만들었다. 이렇게 해서 레거시 애플리케이션에 추가 부하 없이 몇 초 만에 더 빠른 저장 및 검색이 가능해졌다.

하지만 정말로 놀라운 결과는 비용이었다. 실제로 구현된 것은 물리적 스캐닝 솔루션의 필요성으로부터 벗어나 S3의 낮은 스토리지 비용을 활용했기 때문에 전용 시스템보다 100배나 더 저렴했다.

AWS를 활용하는 방법의 또 다른 예는 개발 서버 및 테스트 서버 관리에 있었다. 데이터 센터에서 서버 하드웨어의 95% 이상을 가상화했음에도 불구하고, 개발 및 테스트 환경의 탄력적인 사용 패턴은 이 하드웨어가 낮은 비율의 시간만을 활용했음을 의미하며, 이와 같이 잘 운영되는 운영 환경에서도 여전히 낭비가 너무 심했다. 그래서 개발 및 테스트 환경은 AWS로 전환됐고, 주말과 밤 사이에 서버 운영을 멈추도록 설정했다. 클라우드의 이점은 현시점에서는 분명했지만, 클라우드 또는 온프레미스 머신이 더 저렴하게 운영되는지에 대해서는 여전히 내부 논의가 있었다. 그러나 이러한 프로젝트를 통해 클라우드 기술에 대한 아키텍처, 엔지니어링 및 인프라 리소스를 교육하고 지원하는 데 투자하기 시작했다.

3년 전, CIO와 부서장이 새로 부임했고 액센추어 IT는 통합, 아웃소싱 및 비용 테이크아웃 시대에서 디지털화 시대로 전환했다. 많은 조직과 마찬가지로 클라우드, 모바일, 분석 및 기타 기능을 신속하게 채택해 최종 사용자 중심의 디지털 서비스를 구축해야 한다는 압박감을 느꼈다.

신속한 변화를 위해, 민첩하게 클라우드에 워크로드의 90%를 3년 내에 배치한다는 목표를 가지고 클라우드 대량 마이그레이션 프로그램을 시작했다. 이 프로그램을 시작한 지 1년 만에 동부 해안의 데이터 센터에 있는 모든 워크로드가 클라우드로 마이그레이션됐다. 또한 클라우드에 새로운 인프라의 90%를 프로비저닝했으며, 특히 새로운 투자와 연계된 경우 예를 들면 우리가 accenture.com 웹사이트를 리플랫폼했을 때, 그것은 AWS상에서 운영하게 됐다. 그 결과, 클라우드를 통해 최적화된 서버의 운영 일정과 서버 규모를 지원받아 연간 360만 달러의 절감 효과를 달성했다. 또한 클라우드에서 서비스를 실행하면서 더 나은 성능, 더 나은 업타임, 그리고 사고 발생 시 더 낮은 평균 해결 시간을 경험했다. 2016년 말 기준 60% 이상의 워크로드가 클라우드에서 운영되고 있다. 한편, 액센추어는 전체 목표의 90% 달성을 목표로 2017년 8월까지 주요 데이터 센터를 폐쇄하고 있었다. 이를 통해 클라우드가 더 저렴한지 여부에 대한 모든 논쟁을 잠재웠다.

액센추어가 클라우드, AWS 서비스로 빠르게 전환했음에도 불구하고, 여전히 넷플릭스나 아마존닷컴 같은 사례는 없었다. 그러나 2015년 회사 중역으로부터 1년도 안 되는 기간 내에 중요한 신규 기능을 구현하라는 지시가 있었을 때, 액센추어에서도 넷플릭스나 아마존닷컴 같은 변화가 일어났다.

일단 이 작업을 하기로 하고 나서 AWS에 마이크로서비스 기반 아키텍처를 구축하기로 결정했는데, 그 이유는 비즈니스가 반복적인 설계 프로세스를 활용해야 하고 변화하는 요구사항에 신속하게 대응할 수 있는 능력이 필요했기 때문이다. 이 능력을 확보하면서 새로운 기능과 변경사항을 운영 환경에 지속적으로 배포했다. 팀과 함께 최종 통계 결과를 검토했을 때, 놀라우면서도 먼 얘기라고 생각했던 결과를 보고 깜짝 놀랐다. 1년도 채 안 돼서

- 12개 이상의 주요 릴리스 배포
- 20개의 마이크로서비스 개발
- 다운타임 없이 시스템 환경에 4,000번 이상의 구현
- 거의 전 세계 약 40만 명에게 성공적인 서비스와 경험을 제공

이러한 주요 혁신 성과에 사업부 전체가 짜릿해했다. 그리고 나중에 "AWS 없이도 성공했을까?"라고 팀원들에게 물어보니 모두들 "당연히 아니죠!"라고 말했다.

마지막으로, 액센추어의 클라우드 환경으로의 전환을 되돌아보면, AWS SofA 멘탈 모델과 강력하게 연계되어 있음을 알 수 있다. 액센추어는 AWS 서비스를 활용하고 이해하기 시작할 수 있도록 몇 가지 프로젝트에서 시작했다. 그 후 클라우드 중심의 아키텍처와 엔지니어링에 초점을 맞춘 사람들의 그룹을 성장시켜 파운데이션 단계로 이동했다. 그리고 디지털 조직이 되기 위한 혁신적인 결정이 내려지자 액센추어는 클라우드로의 대규모 마이그레이션을 구현했다. 마지막으로, 우리가 개발한 최신 서비스를 통해 액센추

어는 새로운 수준의 기능, 속도, 확장성 및 가용성으로 어떻게 서비스를 설계하고 엔지니어링했는지 리인벤트할 수 있었다.

나는 모든 기업이 이와 같은(그리고 넷플릭스와 아마존닷컴 같은) 이야기들을 전달할 기회가 있다고 믿는다. AWS의 일원으로서 클라우드 여정에 있는 기업을 도울 수 있다는 사실이 너무나도 즐겁다.

51

클라우드에서 컴플라이언스 자동화의 3가지 이점

– 토마스 블러드 / AWS EMEA 엔터프라이즈 전략 담당

원문(2017년 1월 4일): http://amzn.to/automate-compliance-in-cloud

> "명성을 쌓는 데는 20년이 걸리고, 무너지는 데는 5분밖에 걸리지 않는다."
> – 워렌 버핏 Warren Buffett

나의 기술 경력은 컴플라이언스 및 보안 요구사항 지원이 전부였다고 해도 과언이 아니다. 경우에 따라 이러한 요구사항들은 극도로 부담스러웠다. 예를 들어, 우리 팀이 몇 달 동안 업무 시간의 50% 이상을 국방부 감사 준비로 보낸 적이 있다. 하지만 거의 모든 경우에서 회사의 보안과 컴플라이언스를 준수하면서도 우리가 업무를 더 효율적으로 할 수 있도록 자동화 솔루션의 사용을 적극적으로 추진했다. 이제는 클라우드로 전환하면 인력 충원이나 추가 비용 증가 없이도 컴플라이언스 작업을 크게 개선할 수 있는 잠재력을 확보할 수 있다.

좀 더 자세히 알아보자.

컴플라이언스 담당자는 일반적으로 기업의 재무, 조직 및 평판에 대한 위험을 평가하고 관리하는 책임을 진다. 이는 산업과 지리적 리전에 걸쳐 사람, 프로세스 및 기술에 내재된 복잡성과 규제적 변화 때문에 기업 환경에서 아주 힘든 작업이다.

업무와 규정 준수 사이에는 자연스러운 긴장감도 존재한다. 기업은 제품을 혁신하고 고객 경험을 개선해야 한다. 반면 컴플라이언스 팀은 신제품 및 기능 도입과 상충될 수 있는 위험 노출을 제한하거나 방지하는 데 주력하고 있다. 그래서 컴플라이언스 팀이 현상 유지를 모색하는 경우가 많다. 말하자면 비즈니스와 컴플라이언스 사이에 있는 자연스러운 긴장 관계는 (에둘러 표현하면) 팽팽한 압박이 있을 수 있을 뿐만 아니라 비용도 증가할 수 있고 시장 출시 시기도 늦어질 수 있다.

일반적으로 컴플라이언스 팀은 연간 컴플라이언스 평가에 참여하고 보고서를 작성하며 교정 조치에 대한 목표를 설정한다. 그런 다음 비즈니스 팀과 기술 팀은 발견사항을 수정하는 일정을 제시한다. 제품 관리자와 기술 리더들은 컴플라이언스의 중요성을 이해하지만, 그들은 종종 평가를 '연습'으로 간주하고 가치를 창출하는 데 방해가 된다고 생각한다. 비즈니스 리더들은 이러한 '비기능' 요구사항이 향후 몇 분기 동안의 전략적 로드맵에 없는 것으로 리소스를 전환시킬 것이라고 믿기 때문에 연례 컴플라이언스 보고서의 결과를 두려워한다. 또한 개발 프로세스에서 준수 여부는 사후 고려사항으로 자주 다뤄진다. 그러나 불행히도 경험에 따르면, (방치된 채) 규정 준수 문제가 결국 기술 부채로 변할 수 있다.

컴플라이언스 프로세스가 부담스러운 것으로 인식되는 경우가 많지만, 그 결과는 고객에게 의미 있는 가치를 더할 수 있다. 실제로, 법적 및 윤리적 고려사항에 의해 고지된 준수 여부는 특히 검토가 보안, 신뢰성 및 대응성을 포함하는 경우 훌륭한 고객 경험을 보장하는 품질의 척도로 봐야 한다. 클라우드 전략은 비즈니스 및 규정 준수 관계자들 간의 관계를 전환해 기업과 고객의 결과를 개선함으로써 여기에서 중요한 역할을 할 수 있다. 구체적으로는 제품이나 서비스 라이프사이클 초기에 컴플라이언스 요구사항을 포함시킴으로써, 가치 제안을 개선하는 동시에 정책 및 규정 목표를 달성하도록 보장할 수 있다.

방법은 이렇다.

첫째, AWS로 전환하면 즉시 비용 절감 효과가 생긴다. 클라우드로의 여정을 진행하는 동안, 나는 AWS 책임 공유 모델^{Shared Responsibility Model}[1]이 우리의 친구라는 사실을 깨달았다. 옛날에는 규제 준수를 보장하기 위해 물리적 인프라를 관리해야 했다. 이 때문에 기술 이니셔티브를 지원하기 위해 하드웨어를 조달해야 하는 상황이 추가로 지연됐다. 아울러 이로 인해 운영 부담도 커졌다. 왜냐하면 대개 추가 인력 없이 인프라 팀에게 더 많은 작업을 의미하기 때문이다. 워크로드를 클라우드로 이동함으로써 안전하고 규정을 준수하는 물리적 인프라의 유지에 대한 책임을 AWS로 전환해, 우리 스스로는 제공할 수 없었던 리소스와 전문지식을 갖추게 됐다. 달리 말하면, 능력을 키우는 동시에 직접 보안을 담당해야 하는 영역을 줄일 수 있었다. 이로써 운영 팀은 추가 자동화 생성 같은 부가 가치 작업에 집중할 수 있게 됐다.

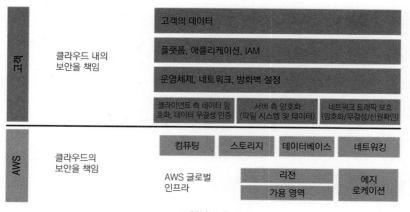

▲ AWS 책임 공유 모델

---

1 https://aws.amazon.com/compliance/shared-responsibility-model/

둘째, 워크로드를 클라우드로 이동하면 자동화가 향상된다. 환경은 표준화되고 승인된 템플릿을 기반으로 구축될 수 있으며, 그 후에는 버전을 제어할 수 있다. 이 개념은 '코드로서의 인프라'로 알려져 있으며 보안 및 컴플라이언스 이점은 심오하다. 인프라스트럭처를 코드로 관리하는 경우 보안 모범 사례를 준수하는 스크립트를 사용해 인프라스트럭처를 자동으로 검증할 수 있다. 또한 AWS는 자동으로 확인할 수 있는 AWS 컨피그^{Config}[2]의 컴플라이언스 룰 정의를 지원한다. 그 결과, 자동화를 이용할 때 컴플라이언스 팀은 정기적인 시스템 검토에 의존하지 않고 시스템을 변경할 때마다 법적 요건과 보안 요건을 검증할 수 있다. 또한 컴플라이언스 및 보안 테스트 자동화는 소프트웨어 개발 프로세스에 정책 위반을 방지할 수 있는 잠재력을 가지고 소프트웨어 개발 프로세스에 도입이 가능하다. 마지막으로, 조사 결과를 일일 보고서에서 포착해 특정 개인에게 문제를 할당하거나 자동화된 교정조치 응답을 유발하는 티켓팅 시스템으로 보낼 수 있다. 예를 들어, 캐피털 원은 클라우드 플랫폼에서 정책을 정의하고 프로그래밍 방식으로 시행하기 위해 사용하는 클라우드 커스토디안^{Cloud Custodian}[3]이라는 룰 엔진을 개발했다.

셋째, 자동화된 프로세스 또는 수동 검토에서 문제를 확인할 때 교정조치는 훨씬 더 쉽게 구현될 수 있다. 예를 들어 인프라 취약성의 경우 인프라 템플릿은 코드로 수정할 수 있으며, 모든 향후 구현에 자동으로 적용된다. 애플리케이션에 문제가 있는 경우, 애플리케이션에 수정사항을 배포하거나 AWS 웹 애플리케이션 방화벽^{Web Application Firewall}[4]에 룰을 추가하는 등의 보상 제어를 구현해 위험을 완화할 수 있다.

시간의 흐름에 따라 클라우드 전략에서 컴플라이언스와 보안을 가치를 더해

---

2 https://aws.amazon.com/config/

3 https://medium.com/capital-one-developers/cloud-custodian-9d90b3160a72#.5cwjzy2ce

4 https://aws.amazon.com/waf/

주는 고객 중심의 활동의 일환으로 보도록 컴플라이언스 문화를 발전시킬 수 있다. 운영 팀이 컴플라이언스 요구사항을 제품 백로그에 사용자 스토리로 포함하거나 개발자가 소프트웨어 개발 프로세스에 컴플라이언스 관련 테스트를 정기적으로 추가하는 경우 이 이정표에 도달하게 될 것이다.

AWS에서 컴플라이언스 프로세스를 자동화했는지 또는 이 항목에 대해 자세히 알고 싶다면 알려주기 바란다. 도움이 될 만한 부가 자료의 링크는 다음과 같다.

- AWS 거버넌스 자동화

  https://d0.awsstatic.com/whitepapers/compliance/Automating_Governance_on_AWS.pdf

- 아마존 EC2 Security Groups에 대한 AWS 계정 구성 변경사항 및 API 호출을 모니터링하는 방법

  https://aws.amazon.com/blogs/security/how-to-monitor-aws-account-configuration-changes-and-api-calls-to-amazon-ec2-security-groups/

- AWS의 DevSecOps 소개(Slideshare)

  https://www.slideshare.net/AmazonWebServices/introduction-to-devsecops-on-aws-68522874

- AWS re:Invent 2016: 컴플라이언스 아키텍처: 캐피털 원 가드레일 자동화 방법

  https://youtu.be/wfzzJj3IiDc

52
호기심 비용 낮추기

– 마크 슈워츠 / AWS 엔터프라이즈 전략 담당

원문(2018년 1월 3일): http://amzn.to/Lowering-Cost-of-Curiosity

미국 금융산업규제당국^{FINRA, Financial Industry Regulatory Authority}의 최고 정보 보안 책임자^{CISO} 존 브래디^{John Brady}는 AWS 공공 부문 블로그에 올린 글에서 클라우드에 데이터 레이크를 구축해 호기심 비용을 줄이는 것에 대해 이야기하고 있다. 이 개념은 클라우드와 데브옵스를 사용한 실험 비용을 줄이는 것이 혁신을 장려하기 위한 엔터프라이즈에서 핵심인 민첩성과 혁신에 대해 내가 생각하는 방식과 일치한다. 호기심 비용은 기본적으로 동일한 아이디어를 데이터로 해석한다.

FINRA는 증권업계의 중요한 한 부분, 즉 미국에서 공개적으로 사업하는 중개 회사들을 규제한다. 사기, 남용, 내부자 거래 사례를 찾아 투자자를 보호하고 시장 건전성을 유지하는 역할을 수행한다. FINRA는 매일 6테라바이트의 데이터를 수신하고 처리하는데, 이는 평균 370억 개의 새로운 레코드를 의미한다. 하지만 성수기에는 750억 개 이상의 트랜잭션이 들어오기도 한다. FINRA 분석가들은 이 데이터에 대한 분석을 실행하고 종종 600테라바이트가 넘는 데이터에 대한 대화형 쿼리를 실행한다. 또한 수년간의 과거 데이터(페타바이트 규모)를 몇 주나 몇 달이 아닌 몇 분 또는 몇 시간 만에 조회할 수 있다.

그들은 의심스러운 패턴을 찾고 있기 때문에(여기서 '의심스러운'이란 것이 항상 미리 잘 정의되어 있는 건 아니다) FINRA 분석가들이 호기심을 가질 수 있는 것이 중요하다. 그리고 FINRA가 클라우드에서 데이터 레이크를 통해 달성할 수 있는 속도와 저비용은 이러한 호기심을 실행 가능하게 한다. 즉, 어떤 의미에서 이것은 이를테면 첫째, 모든 요구사항을 미리 정의하지 않고도 가능성을 탐색할 수 있는 상태, 둘째, 결과에 대한 신속한 피드백을 받고 그 피드백을 사용해 접근 방식을 수정할 수 있는 상태, 셋째, 그들이 발생시킬 수 있는 가설을 확인하거나 반박할 수 있는 변화에 빠르게 적응할 수 있는 상태인 데이터 민첩성이라고 할 수 있다. 호기심 비용을 낮추는 것이 이 상태를 달성하는 데 중요하다. 또한 이는 기업이 데이터를 민첩하게 사용하기 위해서도 필요하다.

물론, 분석가들이 자유롭게 호기심을 가질 수 있도록 할 때 보안은 중요한 고려사항이다. 대부분의 기업에게 개인 정보를 비공개로 유지하는 것은 분석에 있어 중요한 고려사항이다. FINRA의 경우 데이터의 무결성과 금융 산업 규제 준수는 특히 중요하다. 그렇기 때문에 FINRA는 우수한 애자일 개발 역량에 맞춰 보안 엔지니어링을 초기 프로세스에 도입했다. 실제로 FINRA의 데브옵스 프로세스는 완벽한 규정 준수 환경을 보장하기 위해 구현의 일관성을 제공하며, AWS 도구는 지속적인 보안을 모니터링해 운영 중인 시스템을 감독할 수 있게 돕는다. 브래디에 따르면,

> 클라우드로 전환한 지난 4년 동안, 비교적 소규모 조직으로서 클라우드에서 훨씬 더 안전할 수 있으며, 노력과 투자 비용 측면에서 훨씬 더 낮은 비용으로 더 높은 수준의 보장을 달성할 수 있다는 사실을 깨닫게 됐다. AWS의 보안은 패치 적용, 암호화, 감사 및 로깅, 사용 권한 및 컴플라이언스 등 여러 차원에 걸쳐 온프레미스 데이터 센터보다 우수하다고 판단했다.

나도 브래디와 같은 생각이다. 미국 이민국USCIS의 CIO로서 일하던 당시, 비교적 규모가 큰 조직으로서도 클라우드에서 특히 브래디가 얘기한 것과 유사한 차원의 비교를 할 때, 우리는 미국 국토안보부DHS 데이터 센터보다 더 안전하다는 주장을 자주 했다.

브래디의 설명에 따라 FINRA 솔루션의 구체적인 내용에는 프로세스 초기에 보안, 감사 및 컴플라이언스 그룹의 참여, 보안 그룹을 이용한 서버들의 세분화, AWS KMS Key Management Service를 이용한 키 관리, 아마존 EC2 및 AWS 람다에서 상속할 수 있는 제어 사용, 데브옵스 자동화 설정, 그리고 개발 및 구축 프로세스 중에 테스트 및 규정 준수를 보장하는 프로세스 등이 포함됐다.

이러한 보안 통제 장치를 통해 FINRA는 호기심의 위험뿐만 아니라 비용도 줄일 수 있었다. 빅데이터를 민첩하게 만드는 것이 무엇을 의미하는지 살펴보려면, 브래디가 쓴 블로그 1부[1]와 2부[2]를 읽어보기 바란다. 이를 통해 기업의 민첩성을 새로운 차원에서 바라볼 수 있을 것이다.

---

1 https://aws.amazon.com/blogs/publicsector/analytics-without-limits-finras-scalable-and-secure-big-data-architecture-part-1/

2 https://aws.amazon.com/blogs/publicsector/analytics-without-limits-finras-scalable-and-secure-big-data-architecture-part-2/

53

클라우드로 시작하기 위한 12단계

– 조너선 앨런 / AWS 엔터프라이즈 전략 담당 및 에반젤리스트

원문(2018년 1월 5일): http://amzn.to/12-Steps-To-Get-Started

> "시작할 때 가장 어려운 것은 시작하는 것 그 자체다(시작이 반이다)."
> – 가이 카와사키 Guy Kawasaki

임원진들은 클라우드 전환 결과를 신속하게 제공해야 한다는 압박을 받고 있다. 성공을 위해 완벽한 준비를 한다면서 여러분이 진행 중인 것을 멈추게 해서는 안 된다. 즉, 앞서간 사람들의 교훈을 통해 시간과 돈을 절약한다.

아마존 웹 서비스의 엔터프라이즈 전략 담당으로서, 나는 지금 대규모 글로벌 기업들이 AWS의 힘을 발견하고 이용하는 것을 돕기 위해 전 세계를 다니고 있다. 클라우드로의 여정을 진행 중이고 수많은 고객들과 함께 일하는 임원진들은 항상 그들보다 앞서간 사람들로부터 어떠한 교훈을 배울 수 있는지를 이해하려고 한다.

뒤늦게 깨달았지만, 여기서는 시작하면 12단계를 거쳐야 한다. 그에 따른 각각의 결과는 다음과 같다.

1단계: 너무 생각하지 말고 개발자를 지정하고 시작하라!

무조건 시작하라. 기술을 개발하고 결과물을 이관하는 데 초점을 맞추기 바란다. 여러분에게 필요한 모든 도움을 받을 수 있다. 그리고 여러분의 질문에 대한 모든 대답은 이미 작성되어 있다. 전향적 사고를 하는 한 명의 엔지니어 또는 개발자로부터 시작한다. 그리고 콘솔을 통해 AWS를 사용하고, 서비스를 파악해 EC2 테스트 인스턴스를 가동한다. 나의 클라우드 여정에서 우리는 매우 작은 팀으로 출발했고, 초기에 얻은 교훈들을 종합했으며, 우리의 여정을 지속적으로 알렸다.

2단계: 단일 스레드 리더 역량을 강화하라

내 경험상 과도기에 단일 스레드 리더의 지지가 없다면 치명적일 수 있다. 이 리더십 기능은 단순히 위임될 수 없다. CIO 또는 최소한 CIO 직속 보고 라인에 있을 경우 방향을 제시하고 장애요인을 제거할 수 있도록 이러한 노력을 주도하고 매일매일 가시성 있게 보여야 한다. 그뿐 아니라 비용, 보안, 제품 개발 속도 등에서 퍼블릭 클라우드 전환을 통해 얻을 수 있는 엄청난 혜택을 강화하기 위해 리더십 팀 전반에 걸쳐 포괄적인 임원진의 지원 및 보호를 받을 수 있어야 한다.

즉, 단일 스레드 리더는 모든 변화에 대한 구심점이 돼야 한다. 이들은 클라우드 전환에 대해 잘 들어야 하고, '우리는 할 수 있다'는 자세를 보여줘야 한다. 내가 캐피털 원 영국지사에서 이러한 역할을 맡았을 때, '당신의 가정된 모든 제약 조건은 논쟁의 여지가 있다'라는 교리를 사용했고, 이를 통해 사람들은 그들이 인지한 문제를 일종의 기회로 볼 수 있었다. 끝으로, 단일 스레드 리더는 다음과 같은 아주 중요한 3가지 단계를 수립해야 한다.

3단계: 2피자 클라우드 비즈니스 오피스를 생성하라

아마존의 2피자 팀 컨셉은 약 8~10명으로 이뤄진 팀을 의미한다. 그리고 이 경우 퍼블릭 클라우드로 옮기면서 엔지니어 및 개발자에게 전략적 감독 및 전술적 보호막을 제공해야 하는 가상 리더십 팀을 의미한다. 이 클라우드 리더십 팀은 모든 사람의 두려움을 고려하고 이를 해결하는 것이 필수적이다.

최고의 클라우드 비즈니스 오피스^{Cloud Business Office} 팀에는 다음이 포함된다.

- 단일 스레드 오너십을 가진 CIO 또는 직속 보고자
- 구매 및 제공업체 관리 팀장
- 법무 책임자
- 최고 정보 보안 책임자
- 최고 재무 책임자 또는 직속 보고자
- 인프라 책임자
- 납품 책임자
- 클라우드 엔지니어링 팀의 엔지니어링/제품 관리자
- 위험 관리 책임자(대부분의 조직에 필요하지만 특히 규제 대상)
- 감사 책임자(대부분의 조직에 필요하지만 특히 규제 대상)

이들은 회사에서 수립한 애자일 방식을 따르고, 진행 상황을 검토하고 장애 요인을 제거하기 위해 적어도 매주 정기 회의를 해야 한다.

4단계: 사용 중인 교리(실천하면서 보완할 수 있도록 준비하라)

교리의 정의는 다음과 같다. "일반적으로 진실이라고 여겨지는 원칙, 신념 또는 신조; 특히 조직, 운동 또는 직업의 구성원들에 의해 공통적으로 유지

되는 것." 공통 교리를 통해 모든 사람이 '어떻게'라는 질문을 이해할 수 있는 공통 참조 프레임을 만들 수 있다. 이걸 만들 때는 많은 사람들에게 피드백을 얻되, 작지만 강력한 목록을 만들기 위해 노력하기 바란다. 나는 지난 1년 동안 수많은 클라우드 교리를 작성도 하고 읽기도 했다. 여러분만의 교리를 만들 때 고려해야 할 중요한 사항들은 다음과 같다.

1. **비즈니스 목표를 명확히 하라.** 비용을 절감하려고 하는가? 디지털 네이티브로 전환하려고 하는가? 애플리케이션 풋프린트를 줄일 것인가? 아니면 데이터 센터를 폐쇄할 것인가? 이걸 전부 동시에 수행하기는 어렵다. 나라면 모든 신규 애플리케이션은 먼저 클라우드로 전환하고, 기존 애플리케이션은 리프트 앤 시프트 형태로 전환한 다음, 애플리케이션을 최적화하고 기존의 것은 제거할 것이다. 자세한 내용은 6장을 참조하기 바란다.

2. **퍼블릭 클라우드 파트너를 선택하라.** 기업이 너무 많은 플랫폼, 사람, 프로세스, 기술 패러다임으로 인해 집중을 제대로 못 할 수 있으므로 주요 플랫폼을 이용해 조직을 전문가 수준으로 만드는 데 초점을 맞춘다.

3. **보안 목표에 동의하라.** 모쪼록 이 백서를 읽고, AWS 프로페셔널 서비스 ProServe 팀에서 이에 관한 조언을 얻고, 감독 기관의 컴플라이언스 준수 요건을 바탕으로 거꾸로 일하기working backwards를 실천해보기 바란다. 이렇게 하면 엔지니어와 개발자들이 '왜' 특정 방법이 필요한지 이해할 수 있고 더 폭넓게 도입을 진행할 수 있다.

4. **여러분의 팀이 여러분이 필요로 하는 팀이라는 것을 기억하라.** 새로운 인재를 영입하기 위해 매우 오랜 시간이 걸릴 수 있으니 회사 임직원들에게 투자를 많이 하기 바란다. 교육, 실습, 공인 자격증을 통해 엄청난 격차를 이뤄낼 수 있을 것이다.

5. **여러분은 그것을 만들고, 지지한다.** 구축한 것에 대한 소유권을 갖는 2피자 팀은 비즈니스에서 큰 변화를 가져올 수 있다. 2피자 팀은 아마존의 확장, 혁신에 사용하는 주요 메커니즘 중 하나다.

6. **명령하고 통제하든지 아니면 그냥 믿고 맡기되, 엔지니어와 개발자들이 시도한 방법은 꼭 검증하기 바란다.** 둘 다 장단점이 있다. 자세한 내용은 12단계를 참조하기 바란다.

5단계: 여러분만의 질문 목록을 만들어라

리더십 팀(모두)은 궁금한 것이 많을 것이다. 안타깝게도 회의실에 그런 궁금증을 풀어줄 사람이 없는 상태에서 답을 찾느라 시간도 많이 허비하고 진전도 별로 없을 수 있다. 우선 질문 목록부터 잘 작성하고, 계속 진행을 하면서 목록에 있는 질문사항들을 잘 준수하고 있는지 확인하기 바란다.

최고의 팁: 많은 질문에 빠르게 답을 얻고 싶다면 AWS와 함께 이그제큐티브 브리핑 센터EBC 세션을 진행하기 바란다. 언제나 환상적이고 깨달음을 주며 흥미진진한 이 세션은 시애틀에서 열 수도 있고 여러분이 있는 국가에서 진행할 수도 있다. 세션 일정을 잡으려면 AWS의 영업 담당자에게 얘기하기 바란다. 그러면 질문에 대한 답을 얻을 수 있도록 작업을 여러분과 함께 할 것이다. 아니면, 나에게 연락 주시기 바란다.

6단계: 여러분만의 2피자 클라우드 엔지니어링 팀을 만들어라

AWS 클라우드와 함께 사용할 전체 클라우드 엔지니어링 팀을 만드는 것은 매우 중요하다. 여기서 '전체'라는 단어는 매우 중요하다. 이 팀은 다음을 포함한 여러 기술 유형으로 구성돼야 한다.

- **인프라 엔지니어**: 기존 IP 주소, 경계 보안(방화벽), 라우팅, 서버 빌드 표준 및 그 사이에 있는 모든 것을 이해하고 있음
- **보안 엔지니어**: 회사의 보안 목표를 충족하기 위해 모든 것이 구축 및 코드화됐는지 확인할 수 있는 역량을 갖추고 있음
- **애플리케이션 엔지니어**: 구축 중인 애플리케이션의 코딩 논리가 구축되도록 보장함
- **운영 엔지니어**: ITIL 요소를 클라우드의 이점을 누릴 수 있도록 조정할 수 있어야 함
- **리드 아키텍트**: 깊고 넓은 도메인 경험을 갖추고 있어야 함. 이상적으로는 이 사람도 '코드로서의 인프라'에 대한 경험이 있을 것이다.

AWS 서비스와 기능을 최적의 방식으로 사용하는 방법을 확실히 이해한다면 이 역시도 클라우드 전환을 크게 가속화할 것이다. 이 클라우드 엔지니어링 팀은 하나의 물리적 그룹으로 협력해야 한다. 원격 근무는 가능하지만 가장 좋은 방안은 아니다. 또한 이 팀은 여러분 회사의 클라우드 전환을 위해 최선을 다해야 하며, 한쪽 책상만으로는 제대로 수행되지 않을 수 있다.

7단계: 파트너사 또는 AWS 프로페셔널 서비스 팀을 섭외하라

클라우드 엔지니어링 팀은 아마도 최상의 접근 방식과 도구 관점에서 타당한 의견이 있을 것이다. 그리고 어떤 업무를 데이터 센터에 그대로 유지할지, 어떤 업무를 폐기할지 등에 대해 강한 느낌을 받을 것이다. 이 과정을 가속화하기 위해, 그 일을 해본 적이 있는 전문가들을 섭외하기 바란다.

8단계: 보안, 컴플라이언스 및 가용성 목표를 바탕으로 거꾸로 일하라

무엇보다도, AWS 클라우드는 안전하다. 하지만 AWS 책임 공유 모델을 클라우드 엔지니어링 팀과 클라우드 비즈니스 오피스에서 시간을 들여 확인하는 것은 매우 중요한 우선순위 과제다(다음 그림 참조). 그런 다음 AWS 솔루션즈 아키텍처 팀 / 프로페셔널 서비스 팀의 전문가들과 협력해 보안 목표를 충족하기 위해 딥 시큐리티 Deep Security 도구를 적절하게 사용하고 있는지 확인하기 바란다. 사용 가능한 환경 구성 방법은 여러 가지가 있지만, 가급적 회사의 외부 규정 준수 기준(PICDSS, HIPAA) 등을 바탕으로 '거꾸로 작업하기 working backwards' 바란다. 또한 AWS와 협력해 규정 준수 및 보안 목표를 충족하는 모범 사례를 채택했는지 확인하기 바란다. 일단 이렇게 하기로 했다면, 이것들을 문서로 작성하고 공유한다. 또 사람들이 원한다면 잘 시도해볼 수 있도록 리더십 팀과 단일 스레드 리더에게 직속 보고할 수 있는 채널도 확인하기 바란다.

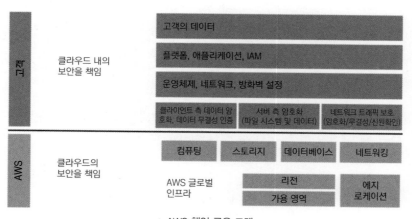

▲ AWS 책임 공유 모델

9단계: 중요하지만 치명적이지는 않은 것을 운영 시스템으로 옮겨라

여러분은 운영 시스템에 의미 있는 무언가를 할 필요가 있다. 내가 캐피털 원에서 근무할 당시, 팀의 목표는 첫 번째 마이크로서비스를 무중단으로 옮기는 것이었다. 최종 완료일을 정해놓는 대신 최소 기능 제품[MVP, Minimum Viable Product]을 설정하고 클라우드 엔지니어링 팀이 여기에 집중하게 한다. 경험상 이렇게 하면 무언가를 무중단으로 옮기는 데 며칠에서 12주까지 소요될 수 있다고 한다. 만약 12주 이상 걸린다면, 앞에서 했던 방법은 잘 맞지 않는 것이다. 따라서 회고를 진행하고 '왜?'를 다섯 번 하는 방법을 써서 이유를 파악한다.

10단계: 팀을 교육시키고, 경험을 얻게 하고, 자격증을 취득하게 하라

CCoE의 핵심 역할은 클라우드 여정을 진행하는 모든 사람이 긍정적이고 전향적으로 관리되도록 보장하는 것이다. 확장을 위해 교육과 자격증 프로그램을 잘 배치하는 것 또한 매우 중요하다. 이 책에서 이러한 내용을 포괄적으로 다뤘다.

11단계: 마이그레이션 시작: "계획은 쓸모없다. 그러나 계획 수립에 모든 게 담겨 있다." – 드와이트 D. 아이젠하워[Dwight D. Eisenhower]

일단 여러 팀이 모였다면, 진짜 마이그레이션을 생각할 수 있는 상태가 됐다. 그리고 팀이 얼마나 쉽게 AWS상에서 구축할 수 있는지 알게 되면서 클라우드에 새로운 것을 구축하는 것은 기본 사항이 된다. 여전히 엄청난 규모로 1년 내내 밤낮없이 유지 보수와 업그레이드가 필요한 모든 기존 시스템은 어떨까? AWS로 마이그레이션한 모든 고객이 AWS 마이그레이션 가속화 프로그램^{MAP}을 위해 AWS와 협력하기에 좋은 장소로 클라우드 비즈니스 오피스가 있다. 마이그레이션 과정을 구체화하려면 애플리케이션 마이그레이션에 가장 적합한 방법에 대한 간단하면서도 포괄적인 의사결정 가이드인 6R을 사용하기 바란다. 가장 간단한 방법으로, 6가지 색상의 스티커 메모지를 써서 리더들과 함께 작업했다. 여기서 수집한 수많은 제안들 중 20%는 MAP의 방향 설정을 위한 비즈니스 사례를 만드는 데 도움이 됐다. 최고의 프로그램들은 MAP 파트너와 함께 신속하게 달성할 수 있도록 리호스트, 일부 리플랫폼, 약간의 리아키텍팅을 최대한 활용하기 위해 지속적으로 계획하고 있다.

12단계: 신뢰하되 검증하라

마지막으로, 많은 대기업이 때때로 다시 되묻는 질문은 "통제(특히 보안)와 혁신의 균형을 어떻게 맞춰야 하는가?"다. 그것은 단정적으로 대답하기 어려운 질문이다. 관리자와 사용자가 안전하고 비용 최적화된 클라우드 인프라에 대한 정책 규칙을 쉽게 정의할 수 있게 하는 캐피털 원의 클라우드 커스토디언^{Cloud Custodian}에서는 놀라울 만큼 잘 맞았다. 나의 좋은 친구이자 전직 캐피털 원 동료인 카필 탠가벨루^{Kapil Thangavelu}는 자신이 제품 매니저로 있는 이 훌륭한 오픈소스 프로젝트에 대해 "2017년 AWS re:Invent에서 3M이 클라우드 커스토디언 도구를 활용해 거버넌스를 지원하고 올바로 설정하도록 하는 방법을 소개한 세션은 한마디로 환상적이었다."라고 얘기했다.

다시 한번 이 문구를 기억하기 바란다. "여러분이 임의로 가정한 모든 제약 조건은 논쟁의 여지가 있다."

찾아보기

AWS 전환 모범 사례와 엔터프라이즈 IT의 미래

발 행 | 2021년 5월 31일

지은이 | 스티븐 오반
옮긴이 | 남궁영환

펴낸이 | 권 성 준
편집장 | 황 영 주
편 집 | 이 지 은
디자인 | 윤 서 빈

에이콘출판주식회사
서울특별시 양천구 국회대로 287 (목동)
전화 02-2653-7600, 팩스 02-2653-0433
www.acornpub.co.kr / editor@acornpub.co.kr